“十二五”国家重点图书出版规划项目
当代中国城市—区域:权力·空间·制度研究丛书
主编/刘君德

工业园区转型升级中的土地利用政策创新

卢为民　著

东南大学出版社
SOUTHEAST UNIVERSITY PRESS
·南京·

内容提要

工业园区是城市经济发展的重要载体。推动工业园区转型升级，是加快经济发展方式转变，提升产业国际竞争力的重要途径。本书从理论和实证两方面进行综合研究。在分析国内外大量相关理论和实践经验基础上，建构了土地利用调控的理论框架和政策创新体系；以上海为例，结合工业园区发展过程中存在的问题，提出了促进产业转型升级的土地利用调控路径：融合发展、集群发展、联动发展和集约发展。并分别研究提出相应的创新政策：从区域空间结构优化的角度，提出促进产城融合发展的土地利用创新政策；从工业园区内部空间结构优化的角度，提出促进产业集群发展的土地利用创新政策；从解决新增建设用地不足的角度，提出促进工业园区联动发展的土地利用创新政策；从盘活存量用地的角度，提出促进工业园区二次开发的土地利用创新政策。

本书可供工业园区、城市规划、土地管理、城市管理、城市研究等人员阅读，也可供房地产及相关高校专业师生等人员学习。

图书在版编目(CIP)数据

工业园区转型升级中的土地利用政策创新/卢为民著.
—南京：东南大学出版社，2014.1
(当代中国城市—区域：权力·空间·制度研究丛书/
刘君德主编)
ISBN 978-7-5641-4318-3

Ⅰ.①工… Ⅱ.①卢… Ⅲ.①工业园区—土地利用—
研究—中国 Ⅳ.①F424

中国版本图书馆 CIP 数据核字(2013)第 133803 号

书　　名：工业园区转型升级中的土地利用政策创新
著　　者：卢为民
责任编辑：徐步政　　　　编辑邮箱：xubzh@seu.edu.cn
文字编辑：李　贤

出版发行：东南大学出版社
社　　址：南京市四牌楼 2 号　　　邮　　编：210096
网　　址：http://www.seupress.com
出 版 人：江建中

印　　刷：江苏兴化印刷有限责任公司
排　　版：南京新洲印刷有限公司照排中心
开　　本：787mm×1092mm　1/16　　印张：12.25　　字数：288 千
版 印 次：2014 年 1 月第 1 版　　2014 年 1 月第 1 次印刷
书　　号：ISBN 978-7-5641-4318-3
定　　价：39.00 元

经　　销：全国各地新华书店
发行热线：025—83790519　83791830

当代中国城市—区域:权力·空间·制度研究丛书

目录

总序

中国行政区经济理论的缘起、发展与未来

城市—区域问题是当代中国现代化建设中极其重要的命题,也是我国人文社会经济科学学者们长期关注的领域。改革开放以来,我从事城市—区域问题的研究主要侧重于行政区划视角。

我从 1983 年开始介入行政区划问题,1989—1993 年提出“行政区经济”概念,以后又提出发展和完善中国特色的“行政区经济”理论,至今已经有 25 个年头多了。2008 年,我与我的部分学生们一起认真商讨和策划,决定与东南大学出版社合作出版《当代中国城市—区域:权力·空间·制度研究丛书》(以下简称《丛书》),意在为构建具有中国特色的行政区经济理论注入新的活力,并从权力·空间·制度视角对当代中国城市—区域发展问题进行新的探索。如今,经过近 3 年的筹划与准备,《丛书》终于问世了!

在《丛书》出版之际,我作为“行政区经济”这一概念和理论的创始者,很有必要就行政区经济理论形成的来龙去脉和相关问题作一些说明,这对那些有志、有兴趣介入行政区经济理论建构的同志,或希望能够利用行政区经济理论来揭示或解释当代中国各种城市—区域的社会经济文化现象或问题以及规划、建设管理部门的同志们来说,可以提供更为清晰的学术发展思路。

这里,我主要循着行政区经济理论的形成与发展过程,就四个方面作一些简要说明:(一)我对行政区划问题研究的缘起是什么?我是怎么提出“行政区经济”理论概念的?(二)以新学科建设和人才培养为标志的“行政区经济”理论体系与内容框架形成的实践工作与理论建设这两个方面做了哪些重要工作?(三)行政区经济理论体系还有哪些重大问题需要进一步深入研究与思考?(四)“行政区经济”理论可否适应未来世界各国行政区划问题的研究?或者说,行政区经济能否作为一种理论思想向更深、更广的方向不断拓展,使行政区经济具有更广泛的解释力?通过对这四个相互关联的问题的回答,以期引起大家对行政区经济理论的进一步关注、思考和努力;也希望行政区经济理论能够在本套《丛书》的相关专著中得以发展、深入。

一

在世界人类文明发展史上,行政区划是关于国家政治、行政体制与地域空间相互耦合的重要文化成果之一。行政区划的建立不仅关系到国家与社会的长治久安与繁荣稳定,而且关系到国家行政结构的组织方式,关系到国家区域权力空间结构的发展趋势与调整方式。因此,行政区划问题不仅表现为一种外在的区域政治权力的空间投影,而且体现了一种内在的政治思想方式与内涵。

天下大势,合久必分,分久必合,无论从我国古代王朝时期的封建帝制到皇朝时期的郡县制与行省制,还是近代以来政党时期的民主制,怎样解决从古到今的朝代更替或政

党执政问题，一直是人们孜孜以求的政治理想。我国古代的行政区划问题就是每每伴随着王朝兴衰更替而不断调整的。从我国古代历史看，每一次王朝更替之后，都会在行政区划体制方面发生重大变化。反过来说，每一次大的行政区划体制的调整，都是为了及时适应国家政治与行政体制改革方面的重大改变。

1983年，我被委派担任中国科学院南方亚热带丘陵山区综合科学考察队第三分队队长，1984年起在安徽皖南山区、浙江省西部和南部山区以及福建省闽江流域开展丘陵山区的综合科学考察工作。在皖南贵池县考察时，当时的贵池县委、县政府主要领导向我反映，贵池县发展的主要问题是行政区划问题，希望考察队能帮助他们解决或向有关部门呼吁。这让我感到很意外，也引起了我的关注。但因为我们当时并没有行政区划方面的科考任务，所以，在结束贵池科考任务的第二天，我就留下两位同志，一起就行政区划问题进行细致、深入的调研，重点考察被当地称之为"三国四方73家房客"的多头管理体制问题以及撤销池州地区、将贵池划归长江北部安庆地区管辖后的影响问题。我们认真听取了当时贵池县有关部门和方方面面的意见，并对行政区划与管理体制现状中存在的问题进行了实地考察。之后，我带着问题回到了上海，在完成有关皖南综合科考报告的同时，对贵池县行政区划问题进行了深入思考，确实觉得贵池县乃至于整个皖南地区都存在着行政区划变动频繁、撤并随意、层次重叠、部门林立、条块分割、多头管理等问题，严重影响了机关工作效率，浪费了行政经费，使一个文化历史悠久、开发建设条件良好的贵池在城市—区域经济发展方面受到重重阻力。我当时深深意识到，由于行政区划体制造成的无谓的资源浪费现象和经济发展缓慢、城市建设无序等问题的严重性，让人十分痛心！

在这种情况下，我与几位同志商议决定以考察队的名义向时任中共中央总书记的胡耀邦上书（华师科〔1984〕第106号文《关于安徽省贵池县经济体制问题的情况与建议》），力陈安徽省皖南地区贵池县行政区划存在的问题，希望能给予解决。出乎意料的是，仅仅只过了十余天时间，华东师范大学党委就转来了有关领导的批示，肯定了我们所反映的意见。这件事给了我莫大鼓舞，也使我决定对行政区划问题进行深入研究，并就安徽省的有关行政区划问题给予了持续关注。1985年5月，我再次带领考察队员对皖南地区的行政区划问题进行专题深入调研，发现大量问题，写成2万余字的专题文章：《安徽省皖南地区行政区划体制的调查与思考》，作为考察队的重大成果发表于《安徽省南部丘陵山区国土开发与整治》的专著（华东师范大学出版社，1987）中，该文又被收录于《中国行政区划研究》（中国社会出版社，1991）。

1986年11月，考察队赴福建闽江上游建溪流域进行了为期两个月的综合科学考察，同样发现这一地区存在行政区划与行政管理体制问题，遂于1987年2月以书面报告（《关于福建省建阳地区行政区划及闽江委员会体制等问题的情况与建议》）向福建省有关部门作了反映，同样得到了积极回应。

这可以说是我开始对行政区划问题进行研究的缘起。

1989年，我们完成了南方亚热带丘陵山区的综合科学考察任务，出版了一系列重要成果。1990—1991年，在全国大规模开展国土规划的背景下，我多次受邀参加了安徽省计委召开的有关地区（黄山、安庆、池州、宣城、合肥等地市和安徽沿江带等）国土规划评审会，在会上，我根据多年考察的经验体会与发现，指出了行政区划体制因素对中国国土资源开发、城市—区域经济发展的强烈影响，提出了“行政—经济区”的概念。我认为：“这种行政—经济区对推动我国社会主义生产力的发展起着主导作用。然而正是行政—经济区，在地方分权体制下，使各级地方经济发展追求‘大而全’或‘小而全’，导致区域经济的封闭性特点，从而对整体经济的发展带来消极影响。”（专文《关于我国行政区划体制问题的初步探讨》发表于1991年中国社会出版社出版的《中国行政区划研究》）。1992年，在广州召开的“全国首次经济特区和沿海开放地带行政区划研讨会”上，我进一步强调了中国转型期行政区划的重要作用，明确提出了“行政区经济”的概念，阐明了随着我国政治经济体制改革的深入推进，行政区域政府的经济功能将逐步淡化的观点。1993年，我与我的第一位博士生舒庆同志合作在《经济地理》第1期上发表了《论行政区划、行政管理体制与区域经济发展战略》一文，首次比较系统地对行政区经济的结构特征和淡化行政区经济功能等问题进行了论述。这可以说是我对行政区经济概念的提出阶段。

二

随着我们对行政区划研究的不断深入与“行政区经济”理论在学术界和政府部门引起的积极反响，特别是基于行政区划改革的必要性与紧迫性，1990年，经国家民政部批准，在华东师范大学成立了中国行政区划研究中心。迄今为止，这是国内唯一的专门从事行政区划问题的专业研究机构。

如果说“行政区经济”理论的提出，是意图把我国现行行政区划现实问题研究推进到理论认识阶段的话，那么，中国行政区划研究中心的设立，则为我国行政区划体制问题的系统深入研究提供了一个重要的组织平台。在国家民政部的关心指导下，在华东师范大学党政有关部门的大力支持下，我作为中国行政区划中心的“领头羊”，在这一阶段与我的历届学生们（包括9名与我合作的博士后）一起，主要做了两个方面的工作：

一是积极投身行政区划现实问题的实证与论证、规划工作及理论研究，完成了一批较有分量的研究成果，为中央主管部门和地方政府的行政区划与行政管理体制改革提供了决策依据。这主要表现在我与我的学生们一起，在近20年的时间里，先后完成了40余项与行政区划相关的课题。最主要的有：“江苏省苏、锡、常地区行政区划改革研究”、“江苏省‘三泰’地区行政区划调整研究”、“海南省设市预测与规划”、“社会主义市场经济条件下城市行政区与经济区关系综合研究”、“浦东新区行政区——社区体系研究”、“我国国民经济分级调控空间组织模式可行性方案研究”、“中国大都市公共行政组织与管理模式研究”、“上海创建国际大都市的行政区划改革研究”、“中国城市化进程中的行政区划体制改革与创新研究”、“关于海南省调整海口市行政区划方案的论证报告”等。其中，“江苏省苏、锡、常地区行政区划改革研究”获全国高校首届人文社会科学优秀成果一等奖（1995），“上海行政区划体制改革与浦东新区建制镇区划调整及城镇发展战略研究”获上海市第四届决策咨询研究成果一等奖（2001），“关于海南省调整海口市行政区划方案的论证报告”（2002）作为附件上报国务院，获得国家有关主管部门和海南省政府的高度评价，不久海口市行政区划及时得到调整。

与此同时，我还参加了民政部组织的“全国设市预测与规划”和各省（区）市预测与规划的系列成果评审，以及山东、江苏、广西、广东、湖北、安徽、新疆、贵州等省区有关城市发展和设市预测规划的考察活动，掌握了大量资料和有关情况。通过这些实践活动，使我更进一步深深体会到行政区划问题研究的重要性、紧迫性和艰巨性、敏感性，也使我对“行政区经济”理论概念的有效性和解释力更有信心。

二是在大量研究实践的基础上，经过不断总结、提炼和萃取，行政区经济理论体系初具雏形，建立和完善了“行政区经济”的理论概念与框架内容，并在“行政区经济”理论的基础上，进一步提出了“行政社区”的概念和构建大城市自上而下“行政区—社区”管理体系的理论思维，使行政区经济理论体系更加丰满，更具有实践性。主要标志是出版了由我主编、我国首部以“行政区经济”冠名的《中国行政区经济与改革丛书》(华东师范大学出版社，2000)，这是一套力求符合中国国情、理论与实证结合的区域经济与管理及行政区划丛书。

这一时期，我们先后出版了 20 部约 450 万字的一批学术著作，初步展现了行政区划、行政区经济及其相关理论的学术成就。主要包括华东师范大学出版社出版的刘君德主编的《中国行政区划文献目录》(1992)、刘君德主编的《中国行政区划的理论与实践》(1996)，中国环境科学出版社出版的舒庆著《中国行政区经济与行政区划研究》(1995)，科学出版社出版的刘君德与靳润成、周克瑜编著的《中国政区地理》(1999,2007)和刘君德与靳润成、张俊芳编著的《中国社区地理》(2004)，华东师范大学出版社出版的舒庆、周克瑜著《从封闭走向开放：中国行政区经济透视》(2003)、汪宇明著《中国省区经济研究》(2000)、王德忠著《企业扩张——理论研究及其对中国行政区经济问题的应用分析》(2002)、刘君德、冯春萍、华林甫、范今朝著《中外行政区划比较研究》(2002)和程玉申著《中国城市社区发展研究》(2002)，以及东南大学出版社出版的刘君德、汪宇明著《制度与创新——中国城市制度的发展与改革新论》(2000)、卢为民著《大都市郊区住区的组织与发展——以上海为例》(2002)、黄俪著《国外大都市区治理模式》(2003)、张俊芳著《中国城市社区的组织与管理》(2004)，复旦大学出版社出版的周克瑜著《走向市场经济——中国行政区与经济区的关系及其整合》(1999)、林涛著《国民经济区域调控——中心城市调控模式研究》(2000)，上海社会科学院出版社出版的张玉枝著《转型中的社区发展——政府与社会分析视角》(2003)、陶希东著《转型期中国跨省市都市圈区域治理——以行政区经济视角》(2007)，湖南科学技术出版社出版的陈湘满著《中国流域开发治理的管理与调控研究》(2003)，中华工商联合出版社出版的秦学著《旅游业跨区域联合发展的理论与实证研究》(2004)等。

上述两个方面，前者侧重于实证研究、方案论证和理论研究，后者侧重于理论梳理和系统阐述，二者相互支撑、相互配合。通过实践与理论的有机结合，基本建立起“行政区经济”的理论体系框架。在我的第一位博士生舒庆的博士论文中比较系统地阐述了行政区经济的基本概念与理论内容。所谓“行政区经济”是指由于行政区划对区域经济的刚性约束而产生的一种特殊区域经济现象，是我国在从传统计划经济体制向社会主义市场经济体制转轨过程中，区域经济由纵向运行系统向横向运行系统转变时期出现的具有过渡性的一种区域经济类型。现阶段，我国“行政区经济”主要表现为以下特征：①企业竞争中渗透着强烈的地方政府经济行为；②生产要素跨行政区流动受到很大阻隔；③行政区经济呈稳态结构；④行政中心与经济中心的高度一致性；⑤行政区边界经济的衰竭性。

作为一个科学概念，“行政区经济”深刻揭示了我国转型期区域经济运行的本质特征与规律。由于“行政区经济”这一概念对我国自 20 世纪 80 年代以来由计划经济向市场经济转型的过程中,因行政区划而导致行政壁垒和地域分割的经济现象有着极强的概括力,从而被国内(乃至于海外的部分高校)一些学者和政界接受、引用。

自此以后,打破行政壁垒和地域分割,要求淡化政府直接干预行政区的经济功能、推进政府职能转变的呼声越来越高。这可以说是以建立华东师范大学中国行政区划研究中心为契机,以培养跨学科人才为目的,并通过大量实地考察、政策研究、区划方案论证和论著撰写等,从而使行政区经济的理论体系与框架逐渐深化和得以推广,这可以称得上是我推进行政区经济理论发展的第二阶段。

三

自"行政区经济"理论提出以后,在中国区域经济发展面临新的形势下,要求打破区域分割、推动区域联动发展、努力消除我国"行政区经济"负面影响的呼声也日渐高涨。事实上,正是在我与我的学生们形成的这个学术集体以及许多认同行政区经济理论学者的共同努力下,使得"行政区经济"理论客观上在积极推动我国城市—区域经济、社会发展与规划、建设管理的理论与实践研究方面,都起到了积极的影响作用。

研究认为,中国行政区经济的形成,与我国历史上的地方经济发展状况有关,而地方经济发展的传统又主要受三个因素的影响:①我国地域辽阔,自然条件和经济技术发展水平的地域差异大,拉开了地区之间经济收益的差距;同时,过于单一狭窄、传统的各类经济组织形式,阻碍了有组织市场的发育,导致难以形成全国性的统一市场。②国家统一,长期稳定,也使以省区为主的地方经济的各自发展成为可能。③我国市场发育状况决定了我国区域经济较低的联系水平,也导致我国经济长期被排斥在世界经济体系之外。上述因素使我国的地方经济往往囿于行政区域的范围内,呈现"封闭"式运行状态。

中国行政区经济形成的基础主要有两点:①传统形成的封闭式的省区经济使省区内外的经济差异逐步扩大,省区经济的稳定性进一步增强;②长时期科学技术水平低下和交通运输、通信条件落后,减弱了区域经济在更大空间和更高层次的聚合程度。以上两点加上其他一些历史、政治、文化因素,为行政区经济的孕育、发展提供了温床,同时也成为区域经济一体化发展的桎梏。

行政区经济理论还认为,新中国成立以后,在计划经济时期的中央与地方条块关系变动环境下行政区经济是以潜型形式存在的,一旦"条条"与"块块"之间的权力关系发生转移,即当"条条"与"块块"关系的平衡点向"块块"一方略有倾斜时,客观上就为行政区经济的强化创造了可乘之机。"大跃进"和"文化大革命"给我国区域经济发展打上了深深的烙印,也为行政区经济运行提供了基础。

行政区经济是在我国改革开放以后形成和发展的,新时期以来形成的区域经济冲突就是行政区经济在不同发展阶段运行的结果。我国的行政区经济运行大体上可以分为五个阶段:①1979—1984年,是"分灶吃饭"等改革措施下的盲目布局与引进阶段;②1985—1988年,是价格双轨制下的"原料大战"阶段;③1989—1992年,是紧缩政策下的市场疲软和封锁阶段;④1992—1997年,是金融秩序混乱和经济过热阶段;⑤1997年以后,是经济"软着陆"之后保护局部利益阶段。我们的研究认为,与世界上的其他国家,如采取市场经济体制的美国、计划经济体制的原苏联和混合经济体制的印度相比,它们都难以形成与中国行政区经济发育不相上下的土壤环境。因此,中国行政区经济是世界上表现最为突出的国家,也就是说,行政区经济是具有中国特色的。这主要表现在它有其独特的运行方式,即以企业为微观运行单位,在权力空间地域上和不同的行政区层次上表现出不同的特点。行政区经济理论认为,一旦全国统一大市场建立,行政区经济势必逐步瓦解,一种新型的区域经济关系将会形成、发展,但这可能还需要相当长的一段时间。

然而,随着对行政区经济理论认识的不断提高、行政区经济内容框架与理论体系构建的完善与发展,尤其是在对我国现阶段城市—区域经济社会发展、规划建设管理中存在的"行政区经济"现象已经具有较强的说服力和阐释效应的情况下,我认为仍有必要深入思考"行政区经济"理论的适用范围、理论扩展与深化提升的问题,概括起来主要有以下几个问题还需要回答:

(1) 行政区经济对我国当今转型期的城市—区域经济发展过程中存在的诸多特殊现象虽然已经有了较强的阐释力,但由此我们不得不进一步思考:我国的行政区经济现象只是在现阶段才有的吗?如果上溯,我国古代经济社会发展过程中有没有区域分割现象?如果有,这种区域分割现象是不是行政区经济现象?如果不是,那这种区域分割现象又怎样来解释?能不能运用行政区经济理论解释我国古代区域经济发展变迁中存在的由于行政区划引起的有关区域分割现象?

(2) 行政区经济理论是以西方市场经济理论体系为参照系的。那么,是不是只要我国社会主义市场经济体制建立和完善起来,行政区经济现象也就自然消失了?事实上许多人在引用行政区经济理论概念进行分析时往往也只看到其消极影响一面。人们要问,从我国城市—区域经济发展的过程来看,行政区经济到底有没有积极意义,或者正面效应?我们发现,行政区经济理论在经过实践不断检验的过程中,从区域经济理论发展动力、运行机制与运演过程来看,我们原来对行政区经济的正面的积极意义挖掘得不够,影响了对问题阐释的力度和全面性。事实上,仅以市场经济为唯一标准是远远不够的。因为市场经济也会失灵,在市场经济失灵的情况下,以国家干预为核心的市场经济与行政区经济有怎样的关系?而我国的社会经济发展也证明,如果没有以地方政府为主体的行政区域经济的高速发展,我国改革开放30年要取得这样的经济与社会发展的成就,那是难以想象的。因此,我们的研究认为,与通常人们所说的"诸侯经济"不同,中国转型期的行政区经济存在着"褒"(积极影响)"贬"(消极影响)双重属性,"行政区经济"的正、负面影响将伴随中国整个转型时期长期存在。如何不断扩大行政区经济的正面效应,逐步减弱行政区经济的负面影响,则是我们下一步研究中应该注意的问题。

(3) 行政区经济主要是以我国新时期以来从计划经济向市场经济转型过程中出现的一种区域经济现象为研究与解释的对象,这也是行政区经济理论体系广为接受的原因所在。但与此相关,让我不能释怀的是:在原苏联、东欧社会主义国家从计划经济向市场经济转型的过程中,是否也存在行政区经济现象?2005年的12月,乌克兰驻华使馆的一位高级参赞在看过我们的行政区经济论著后,专程来沪找我,和我讨论行政区经济问题,他说,像中国现阶段存在的"行政区经济"现象在乌克兰也是存在的,并指出,乌克兰也要推进行政区划体制改革。近年来,我国香港和台湾地区也不断有学者来访,并邀请我赴港、台宣讲行政区经济理论问题。事实上,我国香港、台湾地区,乃至于美国等一些大学已经有不少学者关注中国内地的"行政区经济"理论问题,包括在研究生的论文选题中将行政区划和行政区经济问题作为重要研究内容。这不得不促使我更进一步深入思考,是否在全球范围内也普遍存在行政区经济现象？除了东欧国家，我们可以而且有必要作为一种比较性的研究对象外，欧盟是否也可以作为一个案例进行深入研究？全球有230多个不同政治体制的国家，是否也可以尝试用行政区经济理论进行探索性研究呢？更为重要的是，如何通过这种研究把我们的行政区经济理论与国际上通行的制度经济学理论、区域政治学与区域社会学理论以及城市—区域治理理念等相关的现代学术思想进行对接，也许这将是我们需要长期开展并与海外学者合作研究的重要命题。

从这个意义上看，随着全球经济一体化进程的不断加快和我国社会主义市场经济体制的深入推进与不断完善，我们开创的“行政区经济”理论也面临着不断创新与发展的机遇和挑战。它促使我们很有必要把“行政区经济”从一个理论体系框架提升到一门独特学科体系的高度，进而构建具有中国特色的区域政治经济学，这不仅是我国改革开放30年的一个重要学术思想成果，而且对研究现代世界国与国、地区与地区、各国内部地区之间乃至于国际性区域经济、政治、文化、社会等各类组织的区域空间权力结构与制度整合，将会起到非常积极的作用。如果站在这一高度看问题，我觉得更有必要把行政区经济理论体系逐渐向海外拓展，以此作为新的起点，进一步推动行政区经济理论研究走向新的更成熟的阶段。

四

我曾经说过：“随着社会主义市场经济体制目标模式的确立，如何建立一套与之相适应的、具有中国特色的、科学的社会主义行政区划体系，是一项具有重要理论和现实意义的科学研究工作，同时也是一项复杂而艰巨的任务。一方面，它要依靠行政区划的实践，不断地总结经验教训，从而摸索出一条适合我国国情的行政区划改革新路子；另一方面，也必须要有科学的理论作指导，即依靠科学的理论思维，把握事物的本质与规律，从而指导我国行政区划的实践。”

《周礼》说：“惟王建国，辨方正位，体国经野，设官分职，以为民极。”意思是说，建立一个国家，先要分辨清楚地理方位，然后划分行政区域，在此基础上，再分设官职，建立行政组织结构，以完成管理百姓的措施。如此简括的几句话，把国家建构的过程与要点勾勒得清清楚楚。由此可知，行政制度的建立，最根本的乃是行政区划与行政组织结构的耦合。但是，行政区划与行政组织机构又是根据什么确定的呢？二者之间又是怎样耦合的呢？这就必然涉及政治与行政制度的确立。用现代政治与行政理论来分析，就是先有权力主体，这就是政治与行政组织结构；而权力主体不可能是个空中楼阁，而是必须将其奠定在特定区域地理空间的基础上才更加坚实牢固。当国家一旦建立起来并运转的时候，它又不是随意的，而是必须根据特定的政治与行政制度，从而达到权力主体在特定社会空间良性运行的根本目的。我认为，行政区经济理论的第三个发展阶段，就是必须更加扩大和延伸学术视野，从区域政治、经济、社会、文化的系统整合的意义上，推动具有中国特色的行政区经济理论思想的建构，这也就是本丛书之所以命名为“当代中国城市—区域：权力·空间·制度研究”的根本所在，也是行政区划与行政区经济理论的新的学术增长点。

当然，随着现代政治、经济与社会的不断发展，人们对权力、空间与制度的认识已经有了很大变化。权力不再仅仅指单一的行政权力，而是扩展到了整个社会层面，这是由于现代行政的主体已经由政府扩展到各种企事业单位乃至群众团体，这必然导致权力的生产与再生产模式将面临一场重大变革。而空间也不再只仅仅是地理空间和空间差异问题，而是深入社会空间的各个层面，在一定意义上，社会空间的生产与再生产已经深刻改变了传统的对地理空间与空间差异理论的一般认识。同时，由于权力空间结构在要素排列上的深刻改变，这对权力空间秩序的生产与再生产形成了重大影响，不仅在一个国家内，而且在整个世界，新的权力空间秩序正在形成之中，因此，应积极寻求在新秩序建构的过程中，成为制度与规则的制定者之一，而不仅仅是一个模范的制度执行者。在这个意义上，建构以行政区经济理论为核心的具有中国特色的区域政治经济学理论的目的，就是为了根据不同侧面的空间尺度，对多元权力结构的行政权力与运行机制进行探讨分析，从而在特定的区域权力空间结构中占据主导地位。

如果说，时间是主导现代主义世界的话，那么空间化逻辑则主导着后现代社会。从过去到现在，人们已经认识到，在权力与空间发生作用时，空间的重要性得到了很大改变。福柯就明确地提出：空间是任何公共生活形式的基础，空间是任何权力运作的基础。因此，空间已成为资本主义条件下社会关系的重要一环，空间是在历史发展中产生的，并随着历史的演变而重新结构和转化。后现代空间化问题，在当代城市化的快速发展中已得到深刻反映。全球城市已成为经济、政治和文化权力重合的地方。这一观点实际上也得到了来自于城市政治学研究的大力支持。城市政治学是社会学科中的政治学分支领域，其研究的焦点问题就是城市公共决策的权力结构。在城市政治学的研究传统上，有两种城市政治结构模型：一是城市社区权力的“多元模型”(pluralist model)，即认为城市内各种社会群体与利益集团共同对城市的公共决策发生影响；二是“精英模型”(elitism model)，认为城市的主要公共决策是由少数精英分子和大的社会经济结构所决定的。但从主流模型的衍变来看，城市多元化的权力结构模型更成为与空间化逻辑主导形式相适应的一种主要模型。因此，努力发掘权力结构的空间化逻辑主导形式，就成为分析行政组织结构的行政空间与权力空间相互关系的生动起点。

而以我国行政区划与行政组织结构为核心的行政区经济理论体系，它的最大价值恰好在于它发现了我国以行政区域为单位形成的一种区域权力在空间经济的运行模式中所产生的各种现象，包括权力、空间与制度自身的各种问题。在某种程度上，行政区经济理论不仅是揭开我国当代最具有中国特色的区域政治经济学理论体系的一把钥匙，而且其最具有中国特色的学术前景也在于对于未来世界经济一体化进程中怎样通过以世界各国行政区划与行政组织结构之间的耦合关系研究，对现代国际区域政治经济学的发展作出中国学者应有的世界性贡献。

最后，我要对本丛书的出版情况作一点说明。20 世纪 90 年代中期以来，在华东师范大学中国行政区划研究中心先后出版了 20 本著作以后，近几年陆续又有一批由我指导的博士生通过了论文答辩，其中，有些学术成果已经问世，有的尚未出版。同时，近几年，还有国内其他学术领域的学者也主动与我联系；有的则通过各种渠道让我了解到他们也在应用行政区经济理论对不同的领域进行学术研究工作。因此，我希望能继续通过丛书的方式把这些成果比较系统地推出来，贡献给理论界、学术界和实践部门，让理论在实践中不断得到验证、深化和拓展。于是，经过与东南大学出版社的讨论、策划和历时 3 年的运作，这套丛书终于面世了。

我们设想本套丛书的结构大体包括五大部分:第一部分偏重于当代中国城市—区域权力、空间与制度的综合性理论研究;第二部分是权力、空间、制度视角的特定专题性研究;第三部分是权力、空间、制度视角的各类规划性研究;第四部分是当代中国行政区划改革研究;第五部分是我国几个大区域的综合性研究。上述五大部分相互配合形成比较完整的丛书体系,力求理论与实践的统一和行政区经济理论思想的融合。

此次丛书出版强调两个方面,一是开放性,二是创新性。本套丛书除选择一批我近年指导完成的优秀博士论文外,还特别吸收别的学科和实践领域应用行政区经济理论进行研究的拓展之作,体现开放性;同时,还特别希望和鼓励能在理论上提出新观点的创新之作,即使在理论框架和思想观念上还不是特别成熟,我们也很欢迎,体现创新性。

我衷心希望,能够推出一批质量上乘、观念新颖的学术创新著作,能够有更多有志于行政区经济理论研究的同行加入进来,能够使具有中国特色的行政区经济理论思想早日更加成熟起来!

本套丛书得以顺利组织、写作、出版,决定于两个因素:一是众多作者经过多次讨论形成的共识与全力以赴;二是国家民政部行政区划与地名管理司、东南大学出版社和华东师范大学资源和环境科学学院领导的大力支持。非常荣幸的是,我们请到陆大道院士、胡序威研究员、杨汝万教授、王邦佐教授、邓伟志教授和崔功豪教授担任本丛书的学术顾问,他们都是不同学科长期从事城市—区域问题研究的国内外著名的专家、学者,他们的支持给了我们很大鼓励,也增添了新的动力。让我十分高兴的是,在丛书组织过程中,华东师范大学资源和环境科学学院人文地理学科被批准为国家重点学科建设项目与上海市重点学科建设项目单位,我们及时得到项目的支持,因此,这套丛书的出版也是“华东师范大学人文地理学”(No. B410)项目重要的成果之一。

还要说明的是,中国行政区划与行政区经济理论是一个新的、具有探索性的研究成果,本丛书中的一些观点,特别是有关行政区划改革的设想只代表作者的看法,衷心欢迎各类学科的理论工作者与政府部门的实际工作者提出批评建议。

刘君德

1 绪论

1.1 研究背景

推进产业结构的优化升级，是我国实现经济跨越式发展的重要途径。随着经济全球化、信息技术以及新技术革命的发展，国际产业结构正进行着新一轮的调整，新的国际劳动分工格局正逐步形成。为了抢占国际产业发展制高点，提高城市产业竞争力，我国不少大城市都在加快推进产业结构调整，通过多种手段促进产业转型升级。《中华人民共和国国民经济和社会发展第十二个五年规划纲要》明确指出："十二五"期间，要以科学发展为主题，以加快转变经济发展方式为主线，坚持把经济结构战略性调整作为加快转变经济发展方式的主攻方向。上海作为我国最大的经济中心，推进产业转型升级的形势更为急迫，任务相当艰巨。《上海市国民经济和社会发展第十二个五年规划纲要》指出："创新驱动、转型发展"是上海经济社会发展的总方针，重点是要"按照高端化、集约化、服务化，推动三二一产业融合发展，加快形成服务经济为主产业结构的发展方针，大力推进产业结构战略性调整，优化产业布局，加快构建以现代服务业为主、战略性新兴产业引领、先进制造业支撑的新型产业体系，不断提高产业核心竞争力。"

产业结构调整是宏观调控的重要内容。调控产业结构的手段很多，传统手段主要有财税政策、金融政策、技术政策等，近年来，我国更加注重土地政策、规划政策在调整产业结构中的作用。2003 年下半年开始，中央明确提出，将土地政策作为宏观调控的重要手段，充分发挥土地政策的宏观调控作用。为此，国务院《关于发布实施〈促进产业结构调整暂行规定〉的决定》(国发〔2005〕40 号)提出了具体要求，即"加快制定和修订财税、信贷、土地、进出口等相关政策，切实加强与产业政策的协调配合，进一步完善促进产业结构调整的政策体系。"2007 年的中央经济工作会议，再次要求将土地政策作为宏观调控的重要手段，加强与产业政策的协调配合。《中华人民共和国国民经济和社会发展第十二个五年规划纲要》也指出："加强财政、货币、投资、产业、土地等各项政策协调配合，提高宏观调控的科学性和预见性，增强针对性和灵活性，合理调控经济增长速度，更加积极稳妥地处理好保持经济平稳较快发展、调整经济结构、管理通胀预期的关系，实现经济增长速度和结构质量效益相统一。"这个纲要再一次将土地政策列为宏观调控的重要手段。

土地政策作为宏观调控手段虽然已经在我国产业结构调整的实践中发挥了一定作用，但是在实施过程中也遇到了一些问题。

一方面，从理论上看，国际上比较成熟的宏观调控手段主要是财政政策和货币政策，二者都有比较扎实的理论基础和政策体系。而土地政策作为一项新的调控手段，其理论基础还比较薄弱，调控机理、政策工具等还不够清晰，调控措施也不完善，特别是在调控产业结构过程中如何与城市发展有机结合，还亟待研究。

另一方面，从实践上看，产业用地问题，同时涉及土地利用规划、城市规划和产业规划。但是长期以来,由于管理体制的原因,我国的产业规划、城市规划、土地利用规划分属于不同的部门管理,在规划目标和规划重点上各有侧重,自成一体,条块分割比较严重。例如,产业规划侧重于从经济学领域确定产业的发展定位、产业结构、产业组织、产业政策等;城市规划注重城市形态和空间布局等内容;土地利用总体规划则更强调耕地保护和土地的节约集约利用。因此,长期以来这三个规划难以有效搭配,甚至局部相互冲突,从而影响了规划的有效实施。在政策法规层面,从与产业用地规划直接相关的《开发区规划管理办法》来看,我国的《开发区规划管理办法》自 1995 年颁布实施,到现在已经十几年了,随着外部环境和经济形势等变化,已经难以适应产业发展和开发区转型升级的要求,同时,该办法由于是建设部发布的,形态规划和程序管理的成分较多,主要从规划管理的程序和步骤入手提出了要求,而对于如何促进产业集聚、产业集群发展,以及如何促进节约集约用地等方面,考虑得较少,亟须优化调整。

为此,本书将结合上海实际,从理论和实践两个方面具体探讨在市场经济条件下,如何将产业发展规划、城市规划与土地利用规划“三规”有机结合起来,充分发挥土地利用政策的调控作用,实现产业转型升级、土地节约集约利用以及城市功能提升的目标。

1.2 有关概念的界定

1.2.1 工业园区

从我国大城市的工业用地分布看,目前主要有三类,第一类是工业类的开发区,这类开发区的四至范围由国家有关部门认定后予以公告,并严格予以控制,比如,上海的漕河泾开发区、金桥出口加工区等。第二类是大型的工业基地,这类工业区没有明确的四至范围,一般都是传统的工业集聚区,比如,上海的宝钢工业基地、吴淞工业基地等。第三类是城镇工业区块,主要是指零星分散在城镇中的工业点。本书的研究对象主要是前两类工业园区。

1.2.2 产业转型升级

按照《国务院关于印发工业转型升级规划(2011—2015 年)的通知》(国发〔2011〕47 号)文的定义:“转型就是要通过转变工业发展方式,加快实现由传统工业化向新型工业化道路转变;升级就是要通过全面优化技术结构、组织结构、布局结构和行业结构,促进工业结构整体优化提升。”据此,本文认为,产业升级主要体现在三个层面:

从产业之间的比例关系看,产业升级是指第三产业的比例不断提高的过程。按照英国经济学家配第和克拉克的观点:随着经济的发展和人均国民收入水平的提高,劳动力首先由第一产业转向第二产业,然后再转向第三产业。库兹涅茨对“配第—克拉克定理”进行了补充,认为随着时间的推移,第一产业实现的国民收入在整个国民收入中的比重与该产业劳动力的相对比重一样,处于不断下降之中;第二产业实现的国民收入所占的比重大体上是上升的,但该产业中劳动力的相对比重不变或略有上升;第三产业劳动力的相对比重和国民收入所占的比重都是上升的。

从产业附加值变化看,产业升级是指产业链各个环节的提升和改进,主要是产业从价值链低端向价值链高端延伸，由低技术水平、低附加值状态向高技术、高附加值状态演变的过程。价值链是迈克尔·波特于 1985 年提出的。波特认为，每一个企业都是在设计、生产、销售、发送和辅助其产品的过程中进行种种活动的集合体。所有这些活动可以用一个价值链来表明。宏基集团创办人施振荣先生，在 1992 年为“再造宏基”提出了著名的“微笑曲线(Smiling Curve)”理论[①]，并作为宏基的发展方向。在此基础上，施振荣先生将“微笑曲线”加以修正，推出了所谓施氏“产业微笑曲线”。施先生用微笑曲线说明以第二产业为主的加工制造位于产业链附加值曲线的最底端，利润相对薄弱，企业如果要获得更多的附加值，就必须向两端延伸——要么向上游端的零件、材料、设备及科研延伸，要么向下游营销端的销售、传播、网络及品牌延伸。总体而言，越向两边走，企业获得的附加值就越多。同时，“微笑曲线”还表明发达国家的跨国公司通过产业内分工，从产品研发和设计、市场营销、品牌等技术、资金密集型的环节赚取大约 40%—50%高附加值；而发展中国家由于缺少技术，只能从事生产制造等劳动密集型产业，赚取微薄利润，这部分利润不会超过 15%。欧美和日本国家在“U”型曲线的两端，发展中国家在底部。发展中国家要想避免贫困化增长，必须依靠自身条件，努力进行产业升级，否则只能永远为发达国家“打工”。如图 1-1 所示。在全球产业链中，高端环节获得的利润占整个产品利润的 90%—95%，而低端环节只占 5%—10%。目前，我国一些加工贸易企业获得的利润甚至只有 1%—2%。

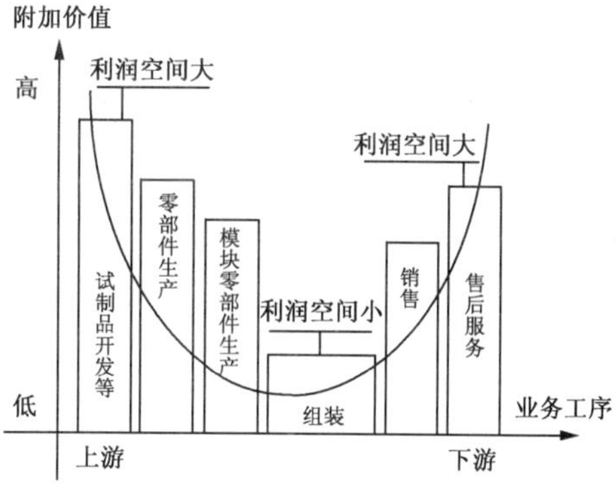

图 1-1　施振荣的微笑曲线图[②]

从产业发展的驱动力看[③]，产业升级是指从资源密集型、资金密集型向知识密集型演进的过程。随着国际分工格局的演进，国际分工的边界正从产业层次向价值链层次转换，一国的竞争优势也不再体现在某个特定产业或某项特定产品上，而是体现在产业链中所占据的环节或工序上。因为从产业链细分的角度看，技术密集型产业有它的劳动密集型环节(如高科技产品的加工装配环节)，劳动密集型产业有它的知识技术密集环节(如服装产业的服装设计环节)。从目前的国际分工看，发展中国家主要从事资源类初级产品的生产，发达国家主要从事制成品的生产；或者是发展中国家从事劳动密集型产品的生产，属于制造业的低端产品；发达国家从事资本、技术密集型产品的生产，属于制造业的高端产品。在这种分工格局中，产业边界是清晰的，形成以垂直分工为特征的国际分工合作体系。

1.2.3　土地利用调控

所谓土地利用调控，是指综合运用土地利用规划、城市规划、产业布局规划、土地

---

① 可参见 http://baike.baidu.com/view/635911.htm

② 可参见 http://baike.baidu.com/albums/635911/635911.html#0$246cca2a1bbb3fda023bf675

③ 可参见《浅析新型国际分工格局下开发区制造业的比较优势》(http://www.ahinvest.gov.cn/Html/2007-11-22/200711221036346699.htm)

供应政策等手段，通过优化调整土地利用结构和空间布局，达到推动产业结构调整的目的。

1.3 国内外相关研究动态

1.3.1 国外研究动态

土地利用调控从本质上讲是一种空间调控政策。从国外对土地利用调控的研究情况看，按照学科类别分，大致可分为城市地理学派、城市规划学派和经济学派三个流派。

首先，城市地理学派主要从企业获取最大利润入手研究产业（企业）的空间布局问题，由此产生了区位论、地租理论、门槛理论及空间均衡理论等一系列理论。例如，最早图能（Thünen，1826）提出了农业区位论。从研究围绕农产品消费中心（城市）的农业土地经营种类、经营强度，以及应当如何安排土地利用结构问题，把区位因素引入到土地利用的研究中，初步阐明了位置级差地租的概念。随后，德国经济学家韦伯（Alfred Weber，1909）认为区位因子决定生产区位，将生产吸引到生产费用最小的地点。阿朗索（W. Alonso）1964 年发表的《区位与土地利用》一书的研究将城市土地利用结构经济理论系统化。他认为，在土地利用通过价格机制进行调节的社会，原则上城市的每块土地都归愿意支付最高租金的人使用，而每个租地者又是根据他所能支付的地租和在该块地块上可能获得的最大收益，权衡决定愿意支付的最高租金。由于越靠近城市中心，其收益越大，运费越小，但同时地租也越高，从而形成围绕 CBD（中心商务区）的环形土地利用模式。20 世纪 60 年代，艾伦·斯科特（Allen J. Scott）通过分析企业内部、企业之间的劳动分工和生产组织过程中的纵向一体化和纵向分解、生产联系、集聚经济而得出现代工业的区位原则。他认为，当代西方国家中以大批量生产为核心的福特制正在衰落，而以更高的适应性的技术和制度结构为基础的灵活生产系统正在大规模地扩张。在这种不同产业和生产地分散和重新集中的空间变化和发展中，都为市中心新的产业和经济活动、新的生产社会关系和新的劳动力市场形式代替；城市边缘区也已不再单纯地靠廉价、缺少组织性的劳动力等因素来吸引资金密集型和低劳动技能的分支公司，相反，成为高度多样化的经济活动和经济增长的重要地域。

其次，城市规划学派主要从解决城市社会及环境等问题入手研究城市土地空间利用问题。主要包括：以解决城市过分密集庞大而产生的有机疏散理论以及田园城市、花园城市、星座城市等规划理论，对城市化进程中城乡一体化、郊区化、城镇群、城市连绵区、大都市区等城镇蔓延发展形态的分析研究以及城市土地利用的混合功能区理论等。例如，英国埃比尼泽·霍华德在其专著《昨天：通往真正改革的和平之路》中针对当时城市拥挤等问题提出了田园城市理论，强调城市化在地域和空间上应该保持低密度，城市生活应该回归绿色自然。芬兰学者伊利尔·沙利宁在其《城市：它的发展、衰败和未来》提出了城市有机疏散理论，分析了为缓解城市过分集中所产生的问题，强调必须将城市发展及其布局进行重新配置，城市在空间分布上应该保持较低的密度，生活应该分散化。

第三,经济学派主要从土地税收、土地金融、土地市场等角度研究土地资源的优化配置问题。例如,哥德伯戈和钦洛依(1990)在其著作《城市土地经济学》中,认为土地用途的变更受经济、人们的需求以及法律、行政管制等多种因素的影响,城市对土地的需求源自多种用途的需要,比如居住、行政办公、工商企业、道路、公园绿地等,也有一部分对土地的需求不是为了土地的生产特性,而是把土地作为价值来储存。在竞争的市场经济中,土地究竟用于哪一种用途,不仅取决于价格及各种用途所带来的收入,同时也取决于法律和土地使用管制等要求。

由于西方国家的土地大都是私有性质,土地的出售、出租权力主要集中在土地拥有者个人手中,政府很难运用土地政策进行调控,只是在城市规划等方面有零星的运用,比如在产业园区的空间环境营造、老工业基地改造等方面提出了创意园区的规划理念、棕地改造政策等。总的来看,国外对产业结构调整的政策主要还是集中在财税政策、金融政策、技术政策等方面,很少对城市土地利用结构与城市产业结构关系进行系统研究,更缺少促进产业结构调整的土地调控政策方面成果的系统性研究。

1.3.2 国内研究动态

从国内来看,土地政策作为宏观调控手段是2003年以后正式提出来的。相关的研究成果也是近年来才大量涌现的。有关促进产业结构调整的土地利用调控研究,大致可分为以下四类:

第一类是关于土地利用结构与产业结构的关系研究。例如,刘运通等(2002)以珠海市为例,分析了珠海土地利用的现状和主要问题,指出土地利用结构直接影响区域产业结构状况,土地利用结构的不合理一定程度上制约着区域产业结构的发展。徐萍(2004)以南京市为例,对城市产业结构与土地利用结构的关系进行了研究,在分析如何配置土地资源以满足产业结构优化的基础上,结合南京市产业结构和土地利用结构现状,分析南京市土地利用与产业结构的相关性,提出了优化产业结构和土地利用结构的对策措施。马东生(2007)介绍了土地利用和产业结构优化的相关概念,对土地利用变化的驱动机制进行了分析,并结合河北省的产业结构量变和质变的演变进程以及城市产业间土地资源利用进行了实证,最后就如何实现城市土地利用结构和产业结构“双优”目标提出相关建议。杨宇(2008)对城市土地利用结构与产业结构关系进行了定性和定量研究,并以成都市为例分析了成都产业结构和土地利用结构之间的相关性,提出城市土地利用结构与产业结构“双优化”的一些建议。王万茂指出,产业结构调整,在土地利用领域中,就是土地利用关系和结构的调整。土地利用结构是客观存在的事物,无时不在,关键在于其结构的合理性。只有合理的土地利用结构,才能保证一定地域内土地利用系统的良性循环;优化结构、合理配置和强化功能,才能达到以较少的土地消耗或投入取得较高的效益或产出。

第二类是关于空间整合对产业园区发展的促进作用研究。王兴平(2005)以苏州新加坡工业园区为例,对中国城市新产业空间的形成与发展机制、空间区位与空间结构规律以及空间整合的机制等进行了系统研究。他认为,在中国城市新产业空间的发展中,空间分化效应、创新与开放协同效应以及空间扩张的“光圈”效应构成了中国城市新产业空间的形成与发展机制,而区位效益规律和微观区位—结构功能相关规律构成了中国城市新产业空间的空间组织规律，并提出了促进中国城市新产业空间发展效益提高的空间整合协调机制和四层次的动态效益评价方法①。

第三类是关于土地政策促进产业结构调整的作用机制研究。例如，卢为民(2008)等认为，土地政策对产业结构调控作用，主要是运用土地政策工具，通过市场传导机制和行政命令传导机制，将操作目标和中间目标层层传递，直至实现最终目标，即实现产业结构调整的目的。

第四类是关于土地政策促进产业结构调整的具体措施研究。甘藏春(2009)②、刘随臣(2010)③等认为，以供地结构促进经济结构调整和经济发展方式转变。对资源消耗(特别是能源、土地)和环境污染型项目，限制或禁止土地供应；对见效快、就业多、效率高、能耗低、污染少、拉动力强、支柱作用显著的产业用地，要予以优先保障。将工业用地的价格、出让年期与竣工投产后产出效益有机结合，对符合产业结构调整优化方向的产业用地价格、租金和供应时序要予以优先考虑。欧名豪(1996)对土地利用置换的内涵作了概括，认为置换的基本思路是土地使用机制的转换、产业结构的转换、土地利用空间竖向置换与平面置换。刘彦随、倪绍祥(1996)从研究土地配置的模式入手，分析了土地配置的市场机制，并提出了土地市场化的指标体系和阶段目标。张谦益(1997)通过对于济南市的土地功能置换的研究发现，第三产业的发展、现代市场经济的发展与现代化建设，以及城市持续发展的需要，是土地置换的动力机制。

总的来看，国内对于促进产业结构调整的土地利用调控研究还比较零散，特别是受国内土地管理、城市规划、产业发展的管理体制分割等方面的影响，多数还都是局限于从各自行业内部的角度进行研究。例如，土地管理学科主要从侧重于土地供应政策的角度进行研究，城市规划学科主要是从空间结构调整的角度进行研究，而从城市规划、土地规划、产业规划"三规"整合的角度，研究如何通过土地资源的空间优化配置促进产业结构调整的机制和政策，相关成果还非常少见，结合我国产业园区目前存在的问题，探讨如何运用土地调控政策推进产业转型升级的研究，则更为少见。

1.4 研究思路和框架

本书的研究框架是(图 1-2)：首先，从理论层面研究促进工业区产业转型升级的相关理论，包括促进产城融合的理论、产业集群的理论、联动发展的理论、二次开发的理论等；在此基础上分析土地利用调控的机理，包括调控的政策工具、传导机制等。然后，结合上海工业园区产业升级中面临的形势和问题，提出土地利用调控的总体目标和路径。最后分别从产城融合、产业集群、联动开发、集约发展四个方面研究土地利用调控政策的具体举措。

---

① 王兴平. 2005. 中国城市新产业空间：发展机制与空间组织[M]. 北京：科学出版社.

② 甘藏春. 2009. 土地宏观调控创新理论与实践[M]. 北京：中国财政经济出版社.

③ 刘随臣. 2010. 推进土地调控的理论和实践创新[J]. 中国国土资源经济，(2)：4-6.

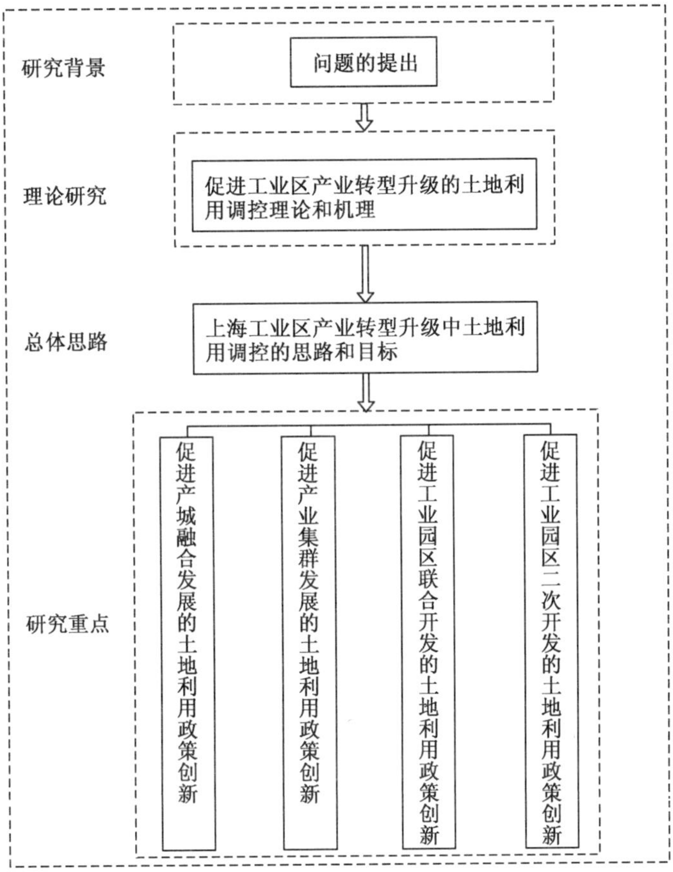

图 1-2　本书的研究框架

1.5　研究方法

在研究过程中，围绕如何更好地发挥土地利用调控手段促进产业转型升级，遵循演绎和归纳、比较分析和历史分析、实证和综合等研究方法的一般准则，注重从理论到实践，从个别到一般的逻辑思维方式，在研究方法上尽量体现自己的特色。主要采用以下几种方法：

(1) 注重案例分析、历史分析和比较研究的综合运用。一方面，以上海为例，结合大量的开发区、老工业区、大型企业等进行案例分析；另一方面，结合不同历史阶段国外大都市土地利用调控的经验模式，进行比较研究。从而为整个研究提供了扎实的实践基础。

(2) 注重问卷调查和规范研究方法的综合运用。本书通过对典型企业的问卷调查、实地访谈，结合国内外学者已有的研究成果，系统、全面地研究产业转型升级在地域空间上的自组织规律，并结合上海的实践情况，将经济学规范的研究框架引入本文研究，以增强理论的解释力。

(3) 注重针对现存问题和管理中的难点问题及薄弱环节进行分析，使研究结果更具可操作性和实用性。例如，结合当前影响产业转型升级的土地利用制约因素，以及规划土地管理的体制机制等问题进行深入分析。

（4）注重多学科理论的综合运用。本研究围绕促进产业升级的土地利用调控和政策创新问题，综合运用城市规划、经济学、公共管理、公共政策、经济地理、土地经济、系统论等学科理论，着力寻找结合点，构建促进产业升级的土地利用调控政策体系。

1.6 创新之处

（1）建立了促进大都市产业转型升级的土地利用调控理论框架和政策体系。本书在分析产业发展与土地利用的关系、产业结构与用地结构的关系，以及土地利用结构调整动力机制的基础上，从土地利用规划、城市规划、产业发展规划"三规整合"的角度提出了促进大都市产业转型升级的土地利用调控政策体系，包括规划策略、土地供应政策、利益调节政策、管理体制等形成的政策体系，以及土地调控政策的传导机制等。

（2）提出了促进上海工业区产业转型升级的土地利用调控路径。在分析产业发展趋势和上海工业区发展中面临的问题基础上，提出了加强土地利用调控、促进上海工业区产业转型升级的实施路径，即要实现"四个发展"：融合发展、集群发展、联动发展和集约发展。

（3）从优化区域空间结构的角度，提出了促进产城融合的土地利用创新政策。其中，在规划理念上，提出要由单纯"产业区"规划转向"产业新城"规划；建立"捆绑式"的土地出让机制，加快公建配套设施建设；以管理体制整合推动产城融合等观点，都富有一定的创新性。

（4）从优化工业区内部空间结构的角度，提出了促进产业集群发展的土地利用创新政策。首次分析了土地利用政策对产业集群发展的影响机制。在此基础上，提出了一系列新的土地利用调控政策。包括：适应产业转型要求的新的土地分类标准；根据产业集群发展的需要，在工业区控详规划编制上提出要增加新兴产业发展区、创建良好的创新空间和氛围、预留备用地、倡导混合用地等措施；在工业区土地管理上，实行"审批权上收，供地权下放"的办法；在土地供应上，建议实行产业链招商等。

（5）从解决新增建设用地不足的角度，提出了促进工业区联动发展的创新政策。包括：提出了科学选择联动开发合作伙伴的思路和原则；联动双方在产业统筹规划上的思路和方法；促进联动双方的利益调节机制、土地支持政策以及管理运作机制等。

（6）从盘活存量用地的角度，提出了推动工业区二次开发的土地利用创新政策。其中，包括：提出了工业区二次开发规划的思路和原则；激发企业二次开发积极性的土地政策创新路径（包括土地储备机制、土地转让机制、土地价格政策等）；促进地方政府加快土地二次开发的控增逼存机制；规范二次开发行为的工业用地用途管制制度等。

2 促进工业园区产业转型升级的土地利用调控机理

土地是经济社会发展的重要物质基础和载体,土地利用方式与产业结构密切相关。粗放的经济发展方式往往伴随着土地的大量消耗和粗放利用。同时,土地利用方式反过来也深刻影响着经济发展方式,粗放外延的土地利用方式会进一步固化和加剧落后的经济发展方式。因此,转变经济发展方式,推动产业转型升级,首先必须加快土地利用方式转变。

2.1 产业转型升级与土地利用调控的关系

2.1.1 产业发展与土地利用的关系

土地不仅是产业发展的载体,同时又是重要的生产要素。同样的土地,用来发展不同的产业,其产出效益往往相差很大。一般来说,工业用地的产出效益高于农业用地,服务业用地的产出效益高于工业用地。在工业用地内部,土地利用效益较高的是电子行业,其次是食品和机械行业。而在电子行业内部,光仪电产业的产出效益比较高,产业附加值也更高。

2.1.2 产业结构与用地结构的关系

产业结构与用地结构关系密切。企业或产业的用地结构和空间布局结构,往往影响到产业结构的变化①。

1) 产业结构的调整会影响到土地利用结构的变化

产业结构调整首先影响到土地资源的利用方式、结构和空间布局,进而影响到土地资源的配置和利用效益。任何社会生产总要落实到地理空间上,城市空间结构的演变本质上是社会经济活动在地域空间上的反映。所谓劳动地域分工,就是指相互关联的社会生产体系在地域空间上的分异,它是社会分工的空间组织形式。按照劳动地域分工理论,部门分工是地域分工的基础,地域分工则是部门分工在地域上的表现与落实,二者对区域的发展都起到至关重要的作用。

首先,从企业的用地决策看②,企业在用地布局选择上往往首先考虑产业比较土地生产率,在此基础上,寻找合理的空间发展区位。产业比较土地生产率是指产业在国民收入的相对比重与产业在总用地中的相对比重的比值。产业比较土地生产率反映了国民经济中各产业耗用土地的相对水平和产业结构变化情况。比如,金融保险业比较适合在

① 卢为民. 2008. 土地政策促进产业结构调整的路径分析[J]. 上海经济研究,(3):43-71.

② 国家土地督察上海局,浙江大学东南土地管理学院. 2010. 促进产业结构调整的土地政策研究——基于上海、浙江和福建的调研.

区位条件好、地租高的城市中心区发展，一般的加工制造业往往因用地效率较低而选择在郊区发展。企业的这种用地布局决策推动了土地资源在不同用途、不同用地者之间的优化配置。

其次，从产业结构调整对城市用地布局的影响看，产业结构的变化，必然带来产业用地的调整，并最终导致城市用地的空间集散。比如，通信设备、计算机及其他电子设备制造业对基础设施和环境质量要求较高，因而往往布局在郊区工业园区；而化学工业、金属冶炼及石油炼焦业等产业由于对环境影响较大，更倾向于布局在城市的远郊或更远的区域。在城市发展中，产业布局是城市布局的重要牵引力量，产业空间也成为城市空间的核心组成要素，产业空间布局是否科学往往决定着城市空间是否协调。以城市空间结构中的工作与居住为例，工作与居住的空间关系是影响城市空间结构的最重要关系。手工业时期，前店后坊的生产方式，生产、销售、居住合而为一，推进了家庭手工业的发展；工业化时期，大片城市工业区开始出现，以满足工业生产对规模经济的需求，但由于工业区会对居住环境产生干扰，在空间上倾向于相互隔离；知识经济和信息技术使原来互相融合的功能，因相互聚集的经济利益下降而走向分离，而原来互相排斥的职能随着技术的变化可能最终走向融合。同时，工业生产环境的改善使得工业对居住的影响越来越小，小型化、市场化、非标准化的工业完全可以融合在居住区内，从而使传统居住区中居住与城市其他职能的土地混合利用程度加大，工作与居住环境的联系更为密切。城市原有单一功能分区被突破，出现了生产—办公—商业—生活等综合空间，空间功能高度综合化并重叠，城市功能分区进一步模糊。

从产业布局对土地空间利用效率的影响看，当产业活动的部门选择、区位选择和空间布局合理时，土地的空间利用状况往往也比较合理，利用效率也较高；反之，当产业活动的空间布局出现问题时，土地空间的利用状况也很难做到合理，土地的集约利用效率也相对较低。土地的利用状态实质上是各种要素集聚与配置的空间表现，是经济活动在物质空间上的投影，反映了区域经济发展的空间结构、集聚特征和内在机理。可以说，产业布局是产业在特定区域土地利用情况的垂直投影，反映了土地空间的集约化利用程度。

2）土地利用结构又会直接影响到产业结构的变化

产业发展必须以土地为依托，产业结构优化必须以土地利用结构优化为前提。土地资源的合理配置，要求土地资源在各个产业中合理分配，并使土地利用效率最大化，这使得土地利用结构的不断调整成为产业结构调整的动力，进而推动产业结构的优化。城市产业结构的调整往往由土地资源在不同产业部门间的重新分配引发。尽管一个地区土地资源的特性影响着该地区的产业发展，但产业的发展对不同地区土地利用结构变化起着决定作用。不同的产业对区位的选址不同，不同的产业结构决定不同的土地利用结构。国民经济各部门总是坐落在一定地域之间，每种产业发展需要一定数量土地资源投入，但每种产业对土地区位的要求又不同。随着产业结构由低级向高级演化，推动着土地资源在产业间重新分配。目前，国内许多城市提出的"腾笼换鸟""退二进三""双优化""土地置换"等工程，其实都是为了适应产业结构演化的客观规律，把成熟的产业从城市中心区迁移出去，为新兴产业和经济效益高的产业腾出发展空间，同时也是遵循土地区位理论和级差地租规律。

随着经济社会的发展和产业的不断发展演化，第二、三产业的用地规模逐渐增大，受土地利用圈层布局作用的影响，第三产业用地不断扩展，逐步占据原来为第二产业用地的区域；第二产业用地的拓展又占据着第一产业用地。因此，根据土地利用圈层空间布局规律进行产业转移和企业搬迁、实施产品种类和组织形式等方面调整，推动企业转制，有效盘活土地资产，可积聚大量资金解决企业经营资金的不足，调整产业结构和企业结构，促进产业的升级和经济的发展。可见，土地利用结构直接影响着产业布局，进而影响到产生结构。合理的土地利用演进将促进城市产业高度化进程，不合理的土地利用结构则阻碍产业高度化发展。

再如，在城市化、工业化进程中，人们为充分挖掘土地利用的潜力，不仅将农业用地开发为工业用地，工业用地转化为服务业用地，同时需要对一次开发中利用效率相对较低的土地进行二次开发，以获取更高的投资回报。例如对那些具有区位优势的原先普通居住用地通过再次开发，重建为回报更高的商业、商务居住用地；还可以通过对同一地块承载的产业活动进行转换，如附加值较低的一般制造业转向附加值较高的先进制造业，使土地具有相对更高的产值。这种用地结构调整、使用功能改善的过程，也就是土地利用与配置效率提高的过程（表 2-1）。

表 2-1　不同工业化发展阶段土地利用特征比较

工业化发展阶段	工业化初期	工业化中期	新型工业化	后工业化
用地规模	较小，增长较慢	较大，增长较快	较大，增长较慢	适度，增长缓慢
用地布局	分散，但与当地资源禀赋密切相关	总体布局比较分散；但区域布局上趋于集中	总体布局不断合理；区域布局上更加集中	总体布局进一步调整，区域布局更加合理、有序
资本构成及其对土地要素的要求	自然资源或资本主导型工业发展模式，对土地要素依赖较强	自然资本及社会资本主导型，对于土地资本的依赖性减弱，但仍有较大的土地需求量	信息资本、技术资本主导型，土地需求总量较少，土地结构调整要求提高	信息资本、技术资本主导型，土地需求总量减少，但在节地环保上的要求进一步提高
土地利用中的问题	不够突出，需要加快工业发展	土地利用的经济、社会、生态等一系列问题开始出现	粮食安全、生态环境保护以及用地利益关系调整问题进一步突出	土地利用与经济社会发展总体处于和谐阶段，但部分地区的土地利用利益和生态环境问题需要进一步优化
土地节约集约水平	低，总体稳定，增长较慢	较低，但持续提高	较高，增速加快	高，在一定技术经济水平下渐趋稳定

总之，认识和利用工业用地的集聚和分散规律，合理制定区域产业发展规划，优化产业布局和空间结构，对于促进产业的转型升级具有重要意义。

2.1.3　土地利用结构调整的动力机制

从动力机制看，土地利用结构调整主要来自两方面的动力：一是市场机制下的土地价值规律和产业集聚规律。二是政府对土地利用的引导和调控机制。

从土地的价值规律看，主要体现在城市地租地价杠杆理论以及地价的空间调节机制等方面。李嘉图比较早地研究了不同用途土地的分布规律，提出的土地竞租模型在一定程度上解释了工业用地的分布规律。模型的主要内容是：城市土地出租给出价最高的竞租者，通过竞租可以自然地将不同用途土地在空间上进行分化。随着经济发展，城市中心区域土地租金不断增加，商业用途等用地由于本身利用效率高，竞租能力比工业用地强等，使得工业用地不断被挤出，并向城市周边扩散（图 2-1）。根据西方自由经济的思想，土地利用结构的优化主要依靠市场手段。由于市场经济具有平等性、竞争性、法制性和开放性等特点，能够自发地实现对土地资源供给和需求者在供需和使用土地过程中的优胜劣汰的选择，调节土地资源向符合优化配置标准的使用者或经营者集中，进而实现整个社会土地资源的优化配置。因此，市场手段是实现资源优化配置的一种有效形式。

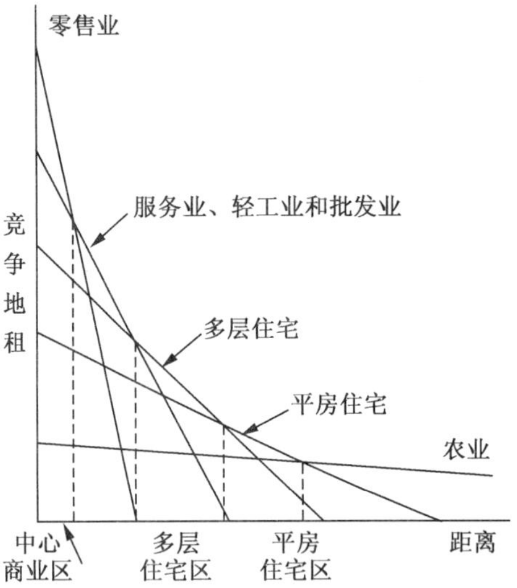

图 2-1　竞争地租层圈及土地利用区位示意

产业集聚规律主要体现在聚集经济理论上。产业聚集①是指在产业的发展过程中，处在一个特定领域内相关的企业或机构，由于相互之间的共性和互补性等特征而紧密联系在一起，形成一组在地理上集中的相互联系、相互支撑的产业群现象。这些产业基本上处在同一条产业链上，彼此之间是一种既竞争又合作的关系，呈现横向扩展或纵向延伸的专业化分工格局，通过相互之间的溢出效应，使得技术、信息、人才、政策以及相关产业要素等资源得到充分共享，聚集于该区域的企业因此而获得规模经济效益，进而大大提高整个产业群的竞争力。

从政府的土地利用引导和调控机制看，由于市场调节作用本身所可能存在的过度自发性、盲目性和滞后性等弱点，社会生产和再生产所需要的土地资源供求平衡离不开国家的宏观调控。即当市场失灵的时候需要政府进行干预，以实现整个社会土地资源利用效益的最大化。政府对土地利用的引导和调控主要体现在土地利用规划、土地供应、税费调节等方面。例如，土地利用规划中的“建设用地总量指标”“耕地保有量指标”和“年度土地利用计划指标”等又进一步赋予了政府调节土地在农业和非农业、非农业各产业

① 可参见 http://wiki.mbalib.com/wiki/Industrial_Agglomeration_Theory

部门之间配置的权利。国外资料显示，如果城市工业用地布局合理，一般可节约城市用地10%—20%，交通运输线可缩短20%—40%，工业管线可节约10%—20%，经济效益与社会效益十分可观。例如，目前许多城市正在实施"退二进三""腾笼换鸟"战略，就是在政府推动下的地域空间产业转移战略。大量厂区从城市内部向城市边缘进行空间转移，一方面使生产制造业企业从散落的分布状态向以园区为载体的空间集中状态转换；另一方面使置换出的土地空间让位于以商(业)务园区、都市型先进制造业园区(楼宇)为基本载体，以总部经济、金融服务、咨询管理、技术服务、产品设计开发为主的现代服务业、生活服务业，以及高增值、低消耗、少污染的以生产为主业内容的都市型先进制造业，这使得城市产业功能在土地利用结构的转换过程中实现空间重构。

同时，我国现行的土地供应一级市场中，政府作为土地的出让人，在供给城市建设用地时，可以依据特定的偏好将土地资源进行配置，其本质上就是将土地利用的收益进行人为地分配。为了协调市场的外在因素，使私人和社会的成本及收益保持一致，20世纪下半叶以来，在美国、英国、加拿大、日本、德国等世界许多国家，政府也开始加强对企业土地利用的税费调节。作为产业发展的主体，企业的空间选择和土地利用行为，往往直接影响着产业的发展变化。企业的空间迁移主要受两方面因素影响：一种是随着集聚规模的扩大，会出现规模不经济的现象，如地价上涨、交通拥堵、劳动力成本上升等；一些低产值、低效率部门出于成本收益考虑，将会在其他地方设立新的分支机构，开辟新的市场、寻求新的发展空间。另一种是随着城市产业升级的需要，原先的一部分生产效率、资源能耗、运营成本比较劣势的产业将从中心城区向城市边缘转移，或向其他城市转移。前一种情况的出现主要是企业出于自身的成本收益分析而采取的理性选择，而后一种情况则更多地需要政府通过地价、税收的政策调控来实现，从而使得城市内部空间结构重新调整。

2.2 土地利用调控的政策工具

土地利用调控是促进产业结构调整的重要途径。其政策工具有以下几个。

2.2.1 规划政策

从我国目前的规划体系看，与土地利用调控密切相关的规划主要是城市规划和土地利用规划。城市规划，土地利用规划都涉及土地资源的合理利用和分配。

城市规划包括总体规划和详细规划。城市总体规划的主要任务是：综合研究和确定城市性质、规模和空间发展形态，统筹安排城市各项建设用地，合理配置城市的各项基础设施，处理好远期发展和近期建设的关系，指导城市合理发展。近期建设规划是城市总体规划的一个组成部分，是应对城市近期的发展布局和主要建设项目作出安排，期限一般为5年。详细规划的主要任务是：以总体规划或分区规划为依据，详细规定建设用地的各项控制指标和其他规划管理要求或直接对建设作出具体的安排与规划设计。包括控制性详细规划和修建性详细规划。城市规划是政府调控城市土地资源和空间资源的重要手段，本质上是一种公共政策。西方城市和区域规划理论早已明确了城乡规划是政府干预经济的合理和合法手段,城乡规划是城乡发展的工具,兼具行动和控制的作用①。1996年5月国务院发布了《关于加强城市规划工作的通知》(国发〔1996〕18号),明确规定:"切实发挥城市规划对城市土地及空间资源的调控作用,促进城市经济和社会协调发展。"城市规划对产业发展的调控作用主要表现在两个方面:一是在总体规划层面,主要是由城镇体系规划、城市总体规划等层面确定城市的功能定位、城市的空间发展方向,并通过空间布局的优化推动城乡的协调发展。产业布局规划作为城市规划的重要组成部分,对产业发展和城市发展具有重要的宏观调控作用。尤其是通过对公共物品的规划引导产业布局,间接达到了调控的目的,以实现对不同利益主体的调控。二是在详细规划层面,通过对城市土地使用性质、开发强度(包括建筑密度、建筑高度、容积率等)、环境质量标准等方面的规定,实现具体的城市空间布局构想。这实质是对开发权的控制性规划。通过政府资金引导的基础设施建设和社会配套设施的安排,引导城乡建设资金的投向和土地利用方向,调整各方利益主体关系,达到经济、社会和环境效益的统一。通过规划中的强制性内容与相关指标,实现对城乡开发建设活动的控制与引导。总的来看,政府通过制定产业布局规划,进而对产业和城市发展进行空间上的宏观调控,以实现经济、社会、城市和生态环境的可持续发展。在市场机制条件下,产业布局规划其实体现为政府对市场缺陷的一种干预行为,也即对产业发展的空间控制。具体的控制性指标包括土地利用结构和空间布局结构等。

土地利用总体规划是指在一定时间和空间范围内,根据土地资源总体状况、适宜性以及经济和社会发展需要,对土地的开发、利用、治理和保护进行总体或专项规划。土地利用总体规划对土地用途的改变和土地利用实行严格控制,可以实现土地资源在时间、空间和产业层面的配置。土地规划调控宏观经济的机制与其他经济政策不同,土地利用规划带有强烈的计划性和强制性,土地利用规划一旦编制完毕,经上级政府审批和人大的通过,就具有行政上和法律上的约束力,因此,土地利用规划对宏观经济的调控作用具有可预见性。作为一种政策工具,它的优点表现为调控对象确定、目标明确、调控针对性强,效果明显,调控时滞短。由于规划具有一定的超前性和相对稳定性,规划公布实施后具有可预见性,因而各个经济活动主体能够自觉地进行自我调整,主动去适应规划,使整个经济活动按照既定的方向运行,从而使各地方区域经济乃至整个宏观经济持续、健康和协调发展。土地规划是实施土地用途管制的重要依据和途径,特别是对于控制建设用地总量和保护耕地具有非常重要的作用。其主要调控指标包括:耕地保有量、建设用地总量等,与此紧密相关的控制行为有农转用审批、年度土地利用计划指标等。从土地利用规划的发展演变看②,其着眼点逐渐由协调土地用途冲突为主走向协调利益相关者的冲突并重。土地利用规划的主要内容是以实现土地的可持续利用和满足人类的用地需求为前提,优化配置土地资源。其中涉及三种关系,即人—地关系、地—地关系和人—人关系。先后经历了三个阶段:(1) 最初的人—地关系。这时,土地的供给大于需求,规划主要考虑人的需求。(2) 随着人地矛盾的出现和加剧,地—地关系成为土地利用规划的

---

① 梁鹤年. 2004. 西方规划思路与体制对修改中国规划法的参考[J]. 城市规划,(7):37-63.

② 蔡玉梅. 2007. 土地利用规划:技术导向走向公共管理导向[G]. 中国土地学会625论坛——第十七个全国"土地日":节约集约用地、坚守耕地红线论文集.

核心,规划主要是以调整土地利用结构和布局为主。(3) 当土地利用结构和布局相对稳定时,人—人关系即利益相关者在土地利用中的关系就成为规划的核心。

2.2.2 土地供应政策

按照我国的法律规定,由于我国土地的所有权是国家,因此,土地供应特别是土地一级市场供应的规模、结构和方式由国家控制。土地供应政策主要包括土地储备制度、土地供应计划、土地供应方式等。

土地储备制度。城市土地储备制度,是指由城市政府委托的机构通过征用、收购、换地、转制和到期回收等方式,从某些分散的土地使用者手中把土地集中起来,并由政府或政府委托的机构组织进行土地开发,在完成了房屋的拆迁、土地的平整等一系列前期开发工作后,根据城市建设的需要,有计划地将土地投入市场的制度。其主要目标是,通过政府垄断土地一级市场供应,增强政府对土地市场的调控能力,防止土地收益流失,规范市场秩序。特别是有助于城市土地供应实现由"增量调节为主"向"存量调节为主"转变,是政府加强垄断城市土地供应的新的政策工具,盘活了城市存量土地,防止土地资源浪费,体现城市土地所有权价值,有利于增加财政收入,发挥政府的宏观调控作用。

土地供应计划。土地供应计划是土地政策中最基本的宏观调控政策工具。它根据宏观调控政策的要求,国家、省、市、县各级政府根据国民经济发展速度和社会发展计划,合理审批建设用地,适度调整土地供应的总量、结构和节奏,促进宏观经济目标的实现。它不仅弥补了土地的某些制度性缺陷,而且发挥了组织之间互相制衡的作用,抑制了地方政府农用地转用的冲动,促进了土地调控的有效实施。土地供应计划本质上是对用地结构作出时间安排,根据宏观经济形势的变化和宏观调控政策的要求,适时适度地调整土地的供应,进而促进产业结构的调整。该措施的适用范围主要是土地的一级市场,国家作为市场唯一的土地供给者,要切实加强对出让土地的数量、用途的计划管理,并增加计划的透明度。

土地供应方式。按照我国有关法律,土地供应方式主要包括行政划拨和公开出让两种。其中公开出让又包括协议出让和招标拍卖挂牌出让两种。改革开放以来,我国的工业用地出让先后经历了无偿划拨、协议出让,再到招标拍卖挂牌出让的过程。针对一些地方为招商引资,工业用地出让中长期存在的低地价乃至"零地价"行为,2004 年出台的《国务院关于深化改革严格土地管理的决定》(国发〔2004〕28 号)指出:"必须严禁非法压低地价招商",同时要求要加快探索和实践,加快工业用地进入市场化配置。2006 年出台的《国务院关于加强土地调控有关问题的通知》(国发〔2006〕31 号),则完全把工业用地纳入了市场竞争的范围,要求"工业用地必须采用招标拍卖挂牌方式出让,其出让价格不得低于公布的最低价标准。"2006 年 12 月 27 日,国土资源部发布《全国工业用地出让最低价标准》,并从 2007 年 1 月 1 日起实施。此举标志着,我国工业用地必须采用招标拍卖挂牌方式出让,其出让底价和成交价格均不得低于所在地土地等别相对应的最低价标准。2007 年 3 月 16 日颁布的《中华人民共和国物权法》(主席令第六十二号)明确规定:"工业、商业、旅游、娱乐和商品住宅等经营性用地以及同一土地有两个以上意向用地者的,应当采取招标、拍卖等公开竞价的方式出让。"2009 年,《国土资源部监察部关于进一步落实工业用地出让制度的通知》明确要求,各地要严格执行工业用地招标拍卖挂牌制度,凡属于农用地转用和土地征收审批后由政府供应的工业用地，政府收回、收购国有土地使用权后重新供应的工业用地，必须采取招标拍卖挂牌方式公开确定土地价格和土地使用权人。土地的出让往往直接影响着对招商引资企业的选择，进而影响到产业结构的调整。

2.2.3 利益调节政策

作为市场的主体，企业选址是一种完全自主的经济行为，尤其是对企业迁移问题，政府调节应主要体现在引导市场主体行为、依靠市场机制发挥作用上，不能单纯依靠行政手段。利益调节政策主要包括土地税收政策、土地金融政策、土地价格政策、土地收益分配政策等。

土地价格政策。地价是土地市场中最核心的部分，地价的高低直接影响到土地市场的稳定程度。地价管制政策主要是指导性价格政策，包括基准地价、最低地价限制、最高地价限制等。一方面，防止由于低地价和零地价政策降低用地成本、扩大投资规模、引起低水平重复建设，以致造成土地市场价格信息失真；另一方面，防止因地价过高而引起经济震荡。例如，我国制定的基准地价、标定地价和出让底价，以及日本在房地产泡沫期间曾经使用过的"最高交易限价"等都属于这一类。通过对土地价格的管制，进而可以引导市场中土地的供需，进而影响到土地利用结构乃至产业结构。

土地税收政策。税收政策包括总量调节税收政策、结构调节税收政策、利益调节税收政策、扩张性税收政策、紧缩性税收政策等。总量调节税收政策是指国家通过税收收入总量变动来调整社会总供给和总需求的平衡，其主要功能表现为对社会总需求的调节。结构调节税收政策是国家为了调节社会供给结构与需求结构的平衡而规定的调整税收收入结构和税收优惠结构的基本原则与方针。通过调整税收结构和税收优惠结构，可以协调社会供给结构与需求结构的平衡。结构调节政策的功能主要有两个：一是调节消费与投资的比例；二是调节社会生产的比例。利益调节税收政策是指为了调节社会经济利益关系而规定的调整税收收入和税收优惠变动的基本政策。主要功能是调节社会成员之间的收入差距和各经济单位的非经营性收入。扩张性税收政策是政府通过减税来增加或刺激社会总需求。紧缩性税收政策是指政府通过增税来减少或抑制社会总需求。土地税收政策对宏观经济调节的机理主要表现在三个方面：一是对土地取得进行征税。其目的主要是调节收入分配，包括有偿取得（购买）、无偿取得（继承、接受馈赠）两种情况。如果对国家建设征用土地导致土地所有权转移进行征税，税基为农业用地价格与非农业用地价格之差，其目的主要是加强对农用地的保护。二是土地保有税，就是指对土地所有人按期征收的一种税，税基为拥有土地的评估价。征收土地保有税的目的主要是保证地方财政收入及促进土地资源的优化配置和高效利用。如耕地占有税起着保护耕地的作用，而土地闲置税、土地荒芜税主要是为了惩戒破坏土地、闲置土地的不当行为。三是土地转移课税。包括对土地转让收益课税和对土地转移行为课税两种情况。对土地转移课税主要是为了调节房地产市场运行、稳定地价、抑制土地房地产过分投机，防止房地产泡沫产生，减少国家土地收益流失，减轻经济过热所带来的不稳定、不健康因素的负面影响。

土地金融政策。土地金融包括两方面的含义：一是土地资产作为一种信用工具用来担保、抵押融资。二是土地资源的资本化、货币化，即通过土地资源进入土地交易市场，实现土地财产功能的货币化。在土地由资源向资产转化的过程中，每一份等量资源转化为资本，就需要发行一份货币来作为中介。土地金融政策调控宏观经济的内在机制主要表现在以下三个方面：一是土地资产作为一种信用工具能够影响企业生产经营活动。房地产作为抵押品，具有固定性、耐久性、价值量大、保值增值性强的特点，企业通过房地产抵押融资获得资金用于生产和经营活动。二是房地产作为一种投资工具，相对于其他投资来说，具有收益稳定、风险小、增值快、保值性强的特点。三是土地资产所具有的投机功能是导致宏观经济波动的内在原因。土地作为一种投资工具同时具有投机功能。土地作为投资品具有两个重要特征：一方面，土地资产流动性差，将土地转换为其他形式的资产所需的时间长，成本高；另一方面，房地产投资对利率和市场预期十分敏感。

土地收益分配政策。土地收益分配机制是通过影响土地收益在政府、企业与个人之间的分配比例调节宏观经济运行。按照权、责、利一致的原则，合理地协调和重新分配土地收益在中央政府、地方政府、农民等各方的比例，可以不断规范和完善社会主义土地市场经济体制，促进宏观调控政策的实施。目前，一些地方政府以公共利益为名强制性征用土地，征地程序不合理，征地范围过宽，补偿标准过低，导致占用土地的成本与收益严重不对称。这也是我国新一轮宏观调控的重点之一。

2.2.4 管理体制

管理体制是否合理、高效，往往也直接影响到土地调控政策的实施。与土地利用调控直接相关的管理体制包括：开发区管理体制，规划管理体制和规划调整变更机制，土地管理体制等。

开发区管理体制，包括管理职能、管理架构、管理方式等。与土地利用调控关系比较密切的有两个方面：在横向上，开发区管理部门与所在地政府之间的关系；在纵向上，开发区管理部门与上级主管部门之间的关系。

规划管理体制，主要是指在一个城市内部，各级政府和开发区在规划编制和审批方面的职责分工。

土地管理体制，主要是指在城市内部，各级政府和开发区在土地管理方面的职责分工。

上述四方面的政策工具，相互作用，相互联系，构成一个强有力的、同时又相互支撑、相互依托的政策调控体系。其中，规划政策、土地供应政策偏重于行政手段，利益调节机制侧重于市场引导手段，而管理体制则是确保行政手段和市场引导手段有机结合、有效实施的重要保障。

2.3 土地利用调控的传导机制

2.3.1 传导思路

机制，泛指一个系统中各元素之间相互作用的过程和功能。土地利用调控的传导机制，是指政府调控部门运用土地调控政策工具，直接或间接地调节土地市场的供求关系，进而控制全社会的土地供应量和供应结构，使微观主体不断调整自己的经济行为，达到产业结构调整的目标(图 2-2)。

图 2-2　土地利用调控政策传导的总体思路

2.3.2　传导路径

土地政策的传导主要涉及三方面的要素：政策目标、政策工具以及传导环境。其中，政策目标又可细分为操作目标、中间目标和最终目标三个层次(图 2-3)。土地政策对宏观经济运行发生作用，是通过这几大要素之间的逐级传递关系来实现的。中间目标和操作目标是建立在土地管理体系和土地市场体系基础上的。政府调控部门必须在政策工具和最终目标之间设置一系列的政策指示器(例如土地供应结构、土地供应区位、土地利用强度、价格指数等)，用来引导其正确使用土地政策工具以达到最终的目标框架，这一框架能够保证决策过程的可信性和一致性，并适时地对经济活动进行反映。

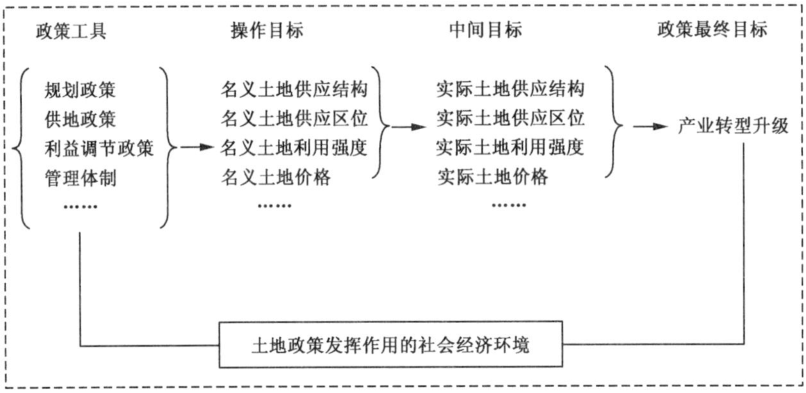

图 2-3　土地政策传导的具体路径

具体来说，在土地利用调控过程中，政府调控部门通过土地利用规划、城市规划等的制定和实施，控制和引导开发区的空间布局以及企业在开发区内的空间布局；通过土地供应政策的调节，选择适应产业发展导向的企业入驻开发区；通过利益调节机制，引导企业发展高端产业，并及时淘汰落后产能，提高土地利用效率和效益；通过建立高效的规划管理体制，特别是规划的审批和变更机制，及时调整土地利用性质和开发强度，适应产业快速转型升级的需要。

2.4　本章小结

本章主要是从理论层面研究提出了土地利用政策对产业转型升级的调控架构和政策体系，包括政策目标、政策工具、传导机制等，为后续几章的实证研究和专题研究奠定了重要的理论基础。

首先,本章分析了土地利用与产业发展的关系,认为土地利用和产业发展的关系十分密切,互为推动。土地利用是产业发展的基础,产业发展又可以提高土地利用的效率和效益。然后,本章从影响产业结构调整的关键因素——土地利用结构入手,认为土地利用结构调整对产业结构调整具有直接的推动作用,并从土地利用的价值规律、产业集聚规律等入手,分析了土地利用结构调整的动力机制和政府调控的依据。最后,本章结合国内外案例和相关理论分析,提出了土地利用调控的政策工具,即规划政策、土地供应政策、利益调节机制、管理体制等,分析研究了这些政策工具是如何层层传导,达到调控产业结构的目的。

3 促进上海工业园区产业转型升级的土地利用调控思路和目标

“十二五”是上海加快转变经济发展方式、推进产业转型升级的重要战略机遇期。工业区是上海产业发展的主要载体和平台，承载着推进上海产业转型升级的历史使命。2011 年上海工业向开发区集中度继续提高，全市开发区工业产值按全口径计 25 269.25 亿元，占全市工业比重 74.68%，开发区已经成为上海产业经济发展的最重要基地。同时，上海作为全国最大的经济中心城市，土地资源十分稀缺。全市陆域面积 6 787 km^2，在 4 个直辖市中是最小的，仅为北京的 40%，天津的 56%，重庆的 8.3%。人均土地面积约 0.55 亩，不足全国平均水平的1/20；人均耕地约 0.25 亩，只有全国平均水平的 1/5①。可利用的土地后备资源很少，并且主要是难以利用的河流和滩涂、苇地等。因此，研究工业区转型升级的土地利用调控政策，对于实现以最少的土地资源获得尽可能大的经济产出，以土地利用方式的转变促进经济发展方式转变和产业转型升级具有十分重要的意义。

3.1 上海工业区的发展历程

上海是中国近代工业的发源地之一，1843 年开埠通商，民族工业在艰难中创业起步，逐步发展；到 20 世纪 30 年代，上海工业资产约占全国的 40%、职工人数占 43%、工业总产值占 50%，成为中国最大的工业基地。新中国成立以来，上海工业区的空间拓展经历了四个阶段：

第一阶段：“一五”—“六五”时期

在 1949 年新中国成立之后的相当长一段时间里，工业建设一度成为上海产业发展和城市建设的核心内容，上海城市空间的拓展受到了工业建设的强力推动。建国初期，出于战备考虑，上海被列入暂不增加投资、产业维持原有发展、着重进行改造的城市。1956 年根据毛泽东同志的《论十大关系》，国家调整了沿海与内地城市关系相关政策。上海作为老工业基地，按照“充分利用、合理发展”的方针，对工业布局和工业结构进行了调整。围绕以工业建设为中心的方针，城市发展和城市建设也进行了相应的战略转变。受“变消费城市为生产性城市”和“重生产、轻生活”思想的影响，在相当长一段时间里，工业在上海的产业结构中处于绝对主导地位。这段时期，上海先后在闵行等地建设重型装备制造基地，在吴泾等地建立化工基地（表 3-1）。另外，一批大中型机电、钢铁企业，以及梅山炼铁基地、金山石化等重大项目陆续兴建并投产。先后共建立了 14 个老工业区。

① 可参见《以创新促保护确保最严格的耕地保护制度有效落实——上海耕地保护工作纪略》（http://www.shgtj.gov.cn/gtzyzw/xmyzj/zxgz/yw/201003/t20100301_361274.）

表 3-1　1958—1978 年上海建设的主要工业区

名称	建立时间	类型
吴淞	1958	钢铁工业基地
闵行	1958	重型机械制造工业基地
吴泾	1958	化工基地
安亭	1959	汽车工业基地
松江	1959	轻工业基地
嘉定	1959	科学研究基地
金山卫	1972	石化工业基地
宝山	1978	钢铁工业基地

第二个阶段:1978—1992 年

1978 年改革开放之后,上海的城市性质与发展方向发生了重大调整。与之对应,产业发展与产业布局也进行了相应调整(图 3-1)。

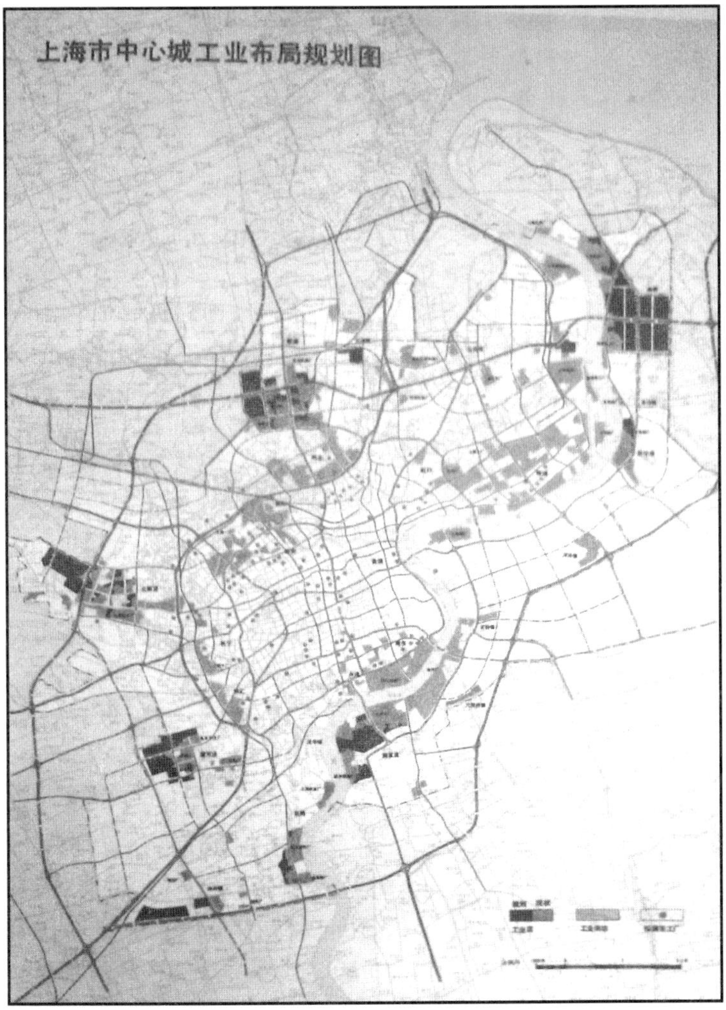

图 3-1　1984 年上海市中心城工业布局规划图

1986年，国务院批复同意《上海市城市总体规划方案》，指出该方案作为指导今后上海城市发展与建设的依据。在该方案指导下，上海在调整产业布局、完善城市基础要素配置、开发新的功能区域、改造老城区等方面取得了重大进展，一大批城市基础设施项目相继建成并投入运营，城市面貌不断出现新变化。可以说，1986年国务院批复的上海城市总体规划的实施，为21世纪上海城市现代化建设奠定了物质基础和基本框架。

根据此次规划，上海的城市性质确定为："全国最重要的工业基地之一，也是全国最大的港口、贸易中心、科技中心和重要的金融中心、信息中心、文化中心。还应当进一步建设成为太平洋西岸最大的经济贸易中心之一。"由此，上海开始摆脱内向型经济发展模式，从战略高度考虑城市经济功能的转型。具体来说，产业结构开始朝着有利于发挥多功能作用的方向调整；工业结构从粗放型向集约型转变，城市经济由封闭型向内外辐射型转变。

20世纪90年代以来，上海紧紧抓住浦东开发、开放的历史机遇，掀起了城市建设的新高潮。陆家嘴金融贸易区、外高桥保税区、金桥出口加工区、张江高科技园区以及一批现代化生活园区基本形成，浦东新区功能开发和形象建设取得了令人瞩目的成绩，南浦大桥、杨浦大桥等一批越江工程的建成，为进一步扩大对外开放、增强上海城市的综合功能创造了有利条件。先后建立了7个国家级开发区和9个区县属的市级开发区，每个区县一个。

第三个阶段：1992—2003年

1992年邓小平同志"南巡讲话"后，上海及时调整了产业政策。有限发展第三产业，积极调整第二产业，稳定提高第一产业。在内环线以内地区，实行"退二进三"战略，重点建设中央商务区和中心商业区，形成以金融、贸易为主体的富有活力的城市功能区。在内环线两侧地区，实行"工业园区化"战略，重点调整改造工业街坊和工业区，形成以工业和第三产业为主体的具有实力的城市功能区。在外环线以外地区，实行"中中外"战略，重点建设若干个制造业中心和六大农业生产基地，使之成为最具发展潜力的地区。1993—1994年，《迈向21世纪的上海：1996—2010年上海经济、社会发展战略研究》提出了"一个龙头、三个中心"的目标，即到2010年，上海基本建成国际经济、金融、贸易中心之一，浦东基本建成具有世界一流水平的外向型、多功能、现代化新城区，上海崛起为又一个国际经济中心城市。党的十四大明确提出了"尽快把上海建成国际经济、金融、贸易中心之一"的战略决策。上海围绕建设交通工程、调整工业布局、改造危棚简屋地区三大重点，加快了大规模城市建设的步伐。2001年5月，国务院正式批复并原则同意《上海市城市总体规划》(1999—2020年)(以下简称"新一轮城市总体规划")，明确提出要把上海建设成为现代化国际大都市和国际经济、金融、贸易、航运中心之一，翻开了上海城市建设发展新的一页。

受此影响，上海中心城区第一次突破了传统圈层发展的空间布局模式。按照产业发展政策，在中心城区，上海将建成中央商务区和中心商业区，加强金融、贸易功能。内环线两侧地区，调整改造工业街坊和工业区，以工业和第三产业功能为主。外环线以外地区，建设若干制造业基地。经过努力，中心城区的集聚与辐射功能得到进一步加强，郊区经济实力明显提高。上海逐步从传统的工商业城市转向国际经济中心城市，城市能级显著提升。随着20世纪90年代前期乡镇工业和园区工业的大发展，到2003年，各类申报开发区达到了 177 个，申报规划面积 1 008 km^2。

第四个阶段：2004—2008 年

胡锦涛同志在 2006 年 3 月参加十届全国人大四次会议上海代表团的审议时，对上海提出了“四个率先”的要求和期望。具体内容是：希望上海率先转变经济增长方式，把经济社会发展切实转入科学发展轨道；率先提高自主创新能力，为全面建设小康社会提供强有力的科技支撑；率先推进改革开放，继续当好全国改革开放的排头兵；率先构建社会主义和谐社会，切实保证社会主义现代化建设顺利进行①。

2009 年，国务院常务会议原则通过《国务院关于推进上海加快发展现代服务业和先进制造业建设国际金融中心和国际航运中心的意见》，指出上海要按照科学发展观的要求，立足国家战略，加快结构转型和发展方式转变，率先形成以服务经济为主的产业经济。

“四个中心”目标的确立到“四个率先”要求的提出，再到加快发展服务业和现代制造业，建设国际金融中心和国际航运中心，上海的发展越来越体现出国家意志和战略意图，也反映了党和国家对上海的发展寄予的厚望。为此，需要从国家层面和战略视角，高度审视上海的产业发展策略及其所肩负的艰巨历史使命。

2004 年国家对开发区清理整顿以来，经过两次清理整顿和设立审核等工作，上海共公布了 41 个国家公告开发区，规划总面积 656 km^2，除了 1 个旅游度假区、陆家嘴金融贸易区和虹桥经济技术开发区外，有 38 个以工业为主的开发区，规划面积 560.11 km^2。177 个开发区中，约 60％被核减撤销，但工业用地依然保留。由于被审核撤销开发区的乡镇迫切需要招商引资，寻求新的产业发展增长点，因此，通过建立郊区开发区的联合开发机制，进一步支撑这些乡镇的经济发展。在 9 个郊区 91 个乡镇中，有 39 个乡镇的行政范围内有国家公告开发区，52 个乡镇的行政范围内没有国家公告开发区。52 个乡镇中，有 7 个乡镇依托重大产业基地发展工业，14 个乡镇转型发展服务业，19 个乡镇以生态保护为主，不适宜发展工业（图 3-2）。

第五个阶段：2009 年至今

结合土地利用总体规划和城市总体规划“两规合一”工作，全市规划确定了 104 个工业区块（产业区块）②（图 3-3）。经“两规合一”，上海市规划确定了 104 个产业区块作为产业发展的重要空间载体，包含了公告开发区、产业基地及城镇产业区块等三个部分，规划总面积 834.69 km^2（“两规合一”规划面积 760.57 km^2）。其中产业基地规划面积 181.06 km^2，占 104 区块规划面积的 22％；公告 41 个开发区规划面积 532 km^2（“两规合一”规划面积 466.4 km^2），占 104 区块规划面积的 63％；区块和城镇工业地块 121.63 km^2（“两规合一”规划面积113.11 km^2），占 15％。

近年来，国家和上海结合产业转型升级，推出了一系列土地利用创新政策。例如，促进服务业发展的土地利用政策、推进高新技术产业化发展的土地利用政策，等等，对于促进产业转型升级发挥了积极作用。2010 年上海工业区块共实现工业总产值 2.26 万亿

① 可参见《上海首次为“四个率先”定“量”》(http://politics.people.com.cn/GB/14562/5777673)

② 上海市经济和信息化委员会. 2011. 2011 上海产业和信息化发展报告——开发区[M]. 上海：上海科学技术文献出版社.

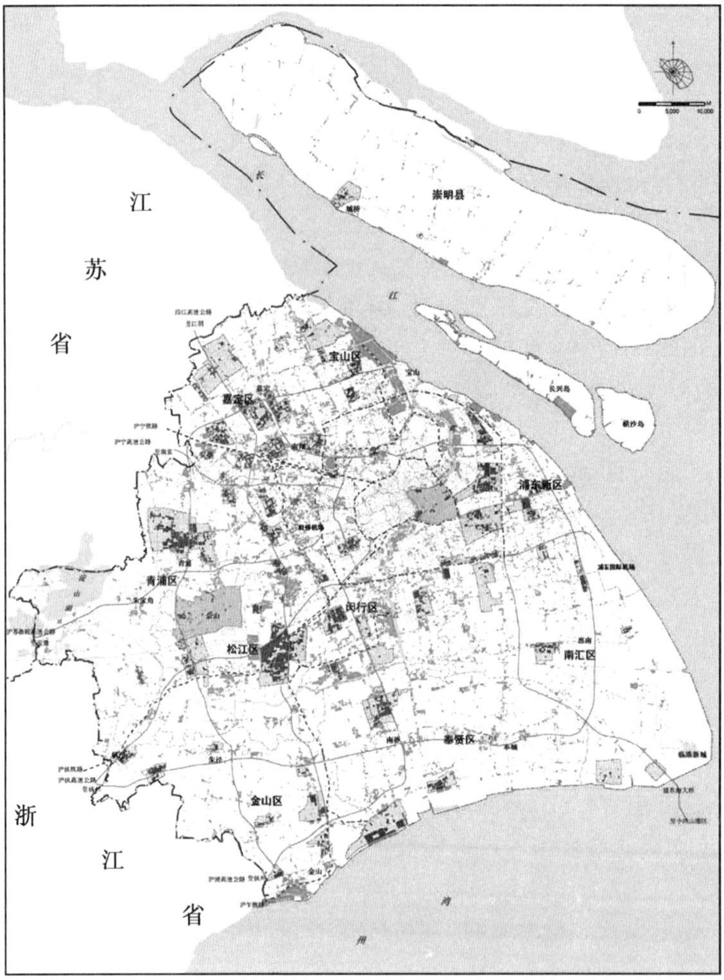

图 3-2　上海市 2006 年现状工业用地与规划开发区关系图

元，占全市工业总量的 73%；市级以上产业园区工业企业实现利润和税收总额分别占全市工业的 50%和 60%左右。全市工业区平均土地产出水平达到 53 亿元/km^2，其中市级以上开发区单位土地产出 62.6 亿元/km^2，效益最好的漕河泾新兴技术开发区土地产出接近 300 亿元/$km^2$①。

从产业能级看②，高新技术产业和生产性服务业快速发展。公告开发区高新技术产业产值从“十五”期末的 3 372 亿元提高到 2010 年的5 277.17 亿元，企业总部、信息传输计算机服务业、软件业、物流业和设计研发等生产性服务业在开发区内发展迅速。全市各区县和开发区规划布局了电子信息制造业、新能源汽车及关键零部件、新材料等 41 个高新技术产业化基地；新能源、民用航空制造业、先进重大装备、生物医药、电子信息制造

① 上海市经济和信息化委员会. 2011. 2011 上海产业和信息化发展报告——开发区[M]. 上海：上海科学技术文献出版社.

② 上海市经济和信息化委员会. 2011. 2011 上海产业和信息化发展报告——开发区[M]. 上海：上海科学技术文献出版社.

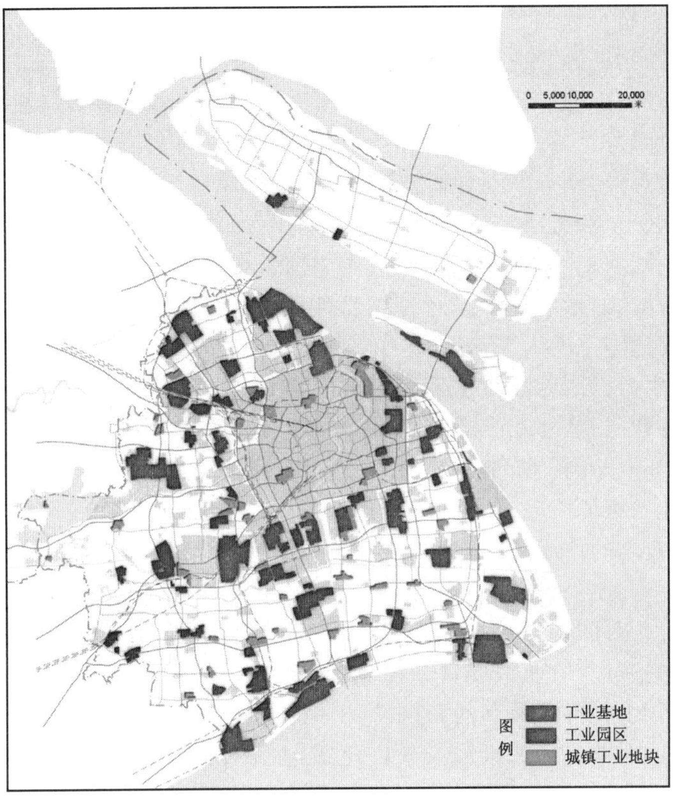

图 3-3 上海市工业园区分布图

业、新能源汽车、海洋工程装备、新材料、软件和信息服务业等九大重点领域高新技术加速产业化。全市共认定高新技术企业 3 129 家，其中，张江高新技术产业开发区共有 766 家，占全市高新技术企业24.5%。张江高新技术产业开发区集中了全市近一半的企业技术研发机构，全市共有 42 家国家级企业技术中心，323 家市级企业技术中心；经认定的各级研发机构 581 家，其中国家级 38 家；集聚了一批国内外一流科技专家，研发人员数 106 128 人，占从业人员比重为 21.5%，研发经费 313.82 亿元，占销售收入比重 4.1%，当年专利授权数 5 294 个，占全市的 30%。

3.2 "十二五"及未来一段时期产业发展形势

3.2.1 国际产业发展形势

从国际产业发展看，主要呈现以下四个特点：

一是从产业竞争的趋势看，国际金融危机催生新的技术革命，科技创新和新兴产业发展孕育新突破。在国际金融危机及欧美主权债务危机的影响和冲击下，发达国家经济增长和消费需求放缓，纷纷谋求经济结构的深度调整，实施"再工业化"战略，全球需求结构和供给结构将出现明显变化。发达国家试图通过国家战略加紧在新兴科技领域前瞻布局，全球正在进入一个创新密集和新兴产业快速发展的新时代。如美国发布了"国家宽带计划”来促进新一代信息技术产业发展；欧盟通过制定“物联网行动计划”及“低碳经济路线图”来引领物联网产业发展并促进欧盟向低碳经济转型等。

二是从产业转移的趋势看，新兴技术产业、产业链高端环节转移进程加快。受经济全球化和国际金融危机共同影响，国际产业转移更加注重东道国市场需求，除重化工业持续成为转移重点外，新兴产业和研发、金融等服务外包逐步成为转移热点，以跨国公司为主导的产业链整合和集群转移趋势明显。跨国公司根据产品的不同生产阶段对生产要素和技术的不同要求，以及不同地区成本、资源、物流和市场的差别，在全球范围内进行有效率的区位配置，形成一个国际分工协作网络，每一个生产环节都成为全球生产体系的一部分。发达国家的大型跨国公司将低附加值的生产制造环节转移到具有比较优势的发展中国家，自己则专注于研发、管理、财务运作、营销等价值增值环节中具有相对竞争优势的核心业务，使之在产业的高附加值环节继续保持强大的竞争优势。发展中国家则积极承接国际产业转移，努力推动产业结构升级。

三是从产业升级的方向看，智能化、融合化、服务化成为工业转型升级的重要方向。首先，信息网络技术的广泛应用推动生产方式的变革，柔性制造、敏捷制造、虚拟制造等智能发展模式成为世界先进制造业发展的重要方向。其次，全球产业、技术及商业模式的创新层出不穷，不同产业或同一产业内的不同行业相互渗透、相互交叉，最终融为一体，逐步形成新的产业，产业边界日趋模糊，制造业与服务业、信息化与工业化的融合趋势日益加强。再次，在许多著名的跨国公司中，主要业务已经开始由制造向服务衍生和转移，服务在企业的销售额和利润中所占比重越来越高。例如，美国通用电气公司把服务渗透到了自己的日常作业管理之中，使企业的制造功能向服务功能转化，服务业收入已经占通用电气公司总收入的2/3。原先以生产计算机闻名的IBM、惠普等，现在却逐渐成为IT服务业的领先企业。20世纪90年代中后期，IBM开始由制造商向服务商转型，2002年其服务的业务收入已经占到了总业务收入的50%，2004年度公司总收入已经达到569亿美元，其中75%来自于服务部门。IBM目前已是全球最大的IT服务厂商，远远超过传统的服务咨询企业①。

四是从产业布局的趋势看，簇群化、生态化成为重点。簇群化，是指在某个特定产业中相互关联的、在地理位置上相对集中的若干企业和机构的集合。产业簇群内众多的企业在产业上具有关联性，能共享诸多产业要素，包括专业人才、市场、技术和信息等，一些互补产业则可以产生共生效应，簇群内的企业因此获得规模经济和外部经济的双重效益。生态化，是指产业依据自然生态的有机循环原理建立发展模式，在不同的工业企业、不同类别的产业之间形成类似于自然生态链的关系，从而达到充分利用资源、减少废物产生、物质循环利用、消除环境破坏，提高经济发展规模和质量的目的。

3.2.2 国内产业发展形势

从国内形势看，“十二五”期间，我国将继续大力推进发展方式转变和经济结构调整。《国务院关于进一步做好利用外资工作的若干意见》(国发〔2010〕9号)指出，规范和促进

---

① 王坚. 2008. 世界制造业重点行业发展动态[M]. 2008版. 上海：上海科学技术文献出版社.

开发区发展,发挥开发区在体制创新、科技引领、产业集聚、土地集约方面的载体和平台作用。这对开发区的未来发展将产生重大的推动作用,同时也提出了更高的要求。2011年12月,国务院颁发了《关于印发工业转型升级规划(2011—2015年)的通知》(国发〔2011〕47号),明确了"十二五"期间我国工业转型升级的目标、任务和重点。文件指出,"十二五"时期推动工业转型升级,要以科学发展为主题,以加快转变经济发展方式为主线,着力提升自主创新能力,推进信息化与工业化深度融合,改造提升传统产业,培育壮大战略性新兴产业,加快发展生产性服务业,调整和优化产业结构,把工业发展建立在创新驱动、集约高效、环境友好、惠及民生、内生增长的基础上,不断增强我国工业核心竞争力和可持续发展能力。

3.2.3 上海产业发展形势和趋势

从上海情况看,作为我国最大的经济中心城市,上海既是区域经济发展的龙头,更担负着我国参与全球经济资源配置与管理的重任。根据普华永道2009年对全球各大城市GDP数据统计,上海在全球城市中的排名已上升至23位,但与我国的经济地位还很不相称(2010年我国经济总量已跃升至仅次于美国的全球第二大经济体)。2020年上海将建成与我国经济实力和人民币地位相称的国际金融中心,也应该建成与我国经济实力相称的国际经济中心城市。2012年,全市GDP达到2.01万亿元(人民币),人均GDP达到1.3万美元。据相关专家研究①,上海已进入后工业化阶段,正朝着世界城市的目标迈进。

1986年,美国学者弗里德曼提出了世界城市的假说。他认为,世界城市作为全球经济网络的"支点"具有一些特定的属性,包括公司总部、国际金融和商务产业的集聚地,全球性的交通和通讯枢纽,同时也是国内和国际移民的目的地,并且呈现出社会空间的高度极化。1991年美国学者沙森发表了《全球城市:纽约、伦敦、东京》,验证了金融业和生产性服务业是这些城市的全球主导功能的核心产业②。按照世界城市理论,上海要成为与我国国际地位相称的国际化大都市,在产业方面必须具备5个条件:(1)作为跨国公司总部的集中地;(2)对全球资本运行具有强大的影响的金融中心;(3)具有高度发达的生产性服务业;(4)是知识创新的基地和市场;(5)是信息、通讯和交通设施的枢纽,在目前全球制造装配—研究开发—管理控制三级产业组织链中居于最高端。随着城市由以制造业为主导的"工业时代"向以服务业为主导的"后工业时代"的转型,城市的商务、零售娱乐休闲功能将日益突出。从上海的产业结构看,近年来第一产业的比重不断下降,第二产业稳中有降,第三产业比重不断上升,呈现出"三二一"的产业结构特点,初步形成了以服务经济为主的产业结构(表3-2)。2011年,一、二、三产业的比重为0.6∶41.5∶57.9,虽然在国内处于领先地位,但与国际大都市相比,第三产业的比重仍然偏低。同时,制造业的生产方式还处于由粗放经营向集约经营方式转变的过程中,非重点行业比例依然较大;传统服务业仍然保持较高比重,现代服务业发展相对滞后。

---

① 黄群慧. 2010. 北京和上海已经发展到后工业化阶段[EB/OL]. 中国经济网.

② 唐子来,赵渺希. 2010. 经济全球化视角下长三角区域的城市体系演化:关联网络和价值区段的分析方法[J]. 城市规划学刊,(1):8.

表 3-2 1978—2011 年上海产业结构变化

年份	第一产业比重(%)	第二产业比重(%)	第三产业比重(%)
1978	4	77.4	18.6
1979	4	77.2	18.8
1980	3.2	75.7	21.1
1981	3.3	75.2	21.5
1982	3.9	74	22.1
1983	3.8	72.6	23.6
1984	4.4	70.5	25.1
1985	4.2	69.8	26
1986	4	68.5	27.5
1987	4	66.8	29.2
1988	4.2	66.8	29
1989	4.3	66.9	28.8
1990	4.4	64.7	30.9
1991	3.8	61.6	34.6
1992	3.1	60.8	36.1
1993	2.5	59.4	38.1
1994	2.4	57.7	39.9
1995	2.4	56.8	40.8
1996	2.3	54	43.7
1997	2.1	51.6	46.3
1998	1.9	49.3	48.8
1999	1.8	47.4	50.8
2000	1.6	46.3	52.1
2001	1.5	46.1	52.4
2002	1.4	45.7	52.9
2003	1.2	47.9	50.9
2004	1	48.2	50.8
2005	1	47.4	51.6
2006	0.9	47.0	52.1
2007	0.8	44.6	54.6
2008	0.8	43.2	56
2009	0.7	39.9	59.4
2010	0.7	42.0	57.3
2011	0.7	41.3	58.0

基于上海产业发展面临的机遇和挑战,《上海市国民经济和社会发展第十二个五年规划纲要》明确了未来五年产业转型升级的目标和重点。在发展路径上,上海要在更高起点上推动科学发展,必须走"创新驱动、转型发展"之路。产业结构调整的方向,要"按照高端化、集约化、服务化,推动三二一产业融合发展,加快形成服务经济为主的产业结构发展方针,大力推进产业结构战略性调整,优化产业布局,加快构建以现代服务业为主、战略性新兴产业引领、先进制造业支撑的新型产业体系,不断提高产业核心竞争力。"

3.3 当前上海工业区土地利用方面与产业转型升级不相适应的地方

在当前上海工业区的快速发展中,由于历史或其他方面的原因,土地利用上还存在着与产业转型升级不相适应的地方,主要表现在:

3.3.1 工业区与周边城镇的关联度不高,配套设施不完善

随着时代的发展,产业园区也开始出现新的发展趋势。单一的产业功能无法满足价值链发育过程中二三产业融合的趋势,产业园区需要注入更多的服务业和生活方面的功能。但是,不论是20世纪70年代的卫星城建设,还是20世纪90年代至今产业园区向郊区的拓展过程,各类工业园区的建立都不太注重与周边区域城镇的关系,基本上还是以工业疏散为主要目的,过分地侧重于重工业本身的发展,结构单一且系统化程度不高,基础设施及相应配套设施的建设严重滞后,二三产业综合发展欠缺以及相应外迁政策不配套。地区的工业化未能有效促进该区域的城市化,不仅难以实现工业和人口同方位的疏散,反而加剧了城市交通的通勤总量,产生了较为严重的交通压力,形成了新的就业与生活矛盾,城市与产业发展布局产生了错位,土地利用也呈现"摊大饼"向外蔓延的态势(图3-4)。另外,配套服务设施的设置缺乏引导。规划对于产业园区的配套服务设施的设置缺乏相应的技术规范,产业园区内的配套服务设施的配置类型和配置规模等,都需要规划人员根据经验确定,从而导致不少园区配套设施偏少,员工生活不够便利等问题,由此也影响了产业的融合发展和城市化的推进。

3.3.2 工业区内部土地利用结构不合理,产业关联度有待提高

产业园区发展的趋势之一,就是更加注重产业集聚,强调企业和企业之间围绕产业链条形成产业集群。目前上海不少工业园区缺乏明确的主导产业定位,相关企业的进驻选择具有盲目性,工业园区内部的产业链、产业集群大都没有形成,一定程度上导致了工业用地的低效利用和产业园区的低端运作。尽管一些园区具有较高水准且具有共同的用水、电、热及交通道路等基础设施,但同在一个园区内的企业之间几乎没有任何联系。由于企业间缺乏诚信,交易成本高,因此无法形成有效的创新环境。与此同时,工业用地比重过高与上海建设以服务经济为主体的产业体系不相适应。截至2008年,全市现状建成和已批未建的建设用地总面积为2 860 km^2,其中,工业仓储(区)用地面积952 km^2,

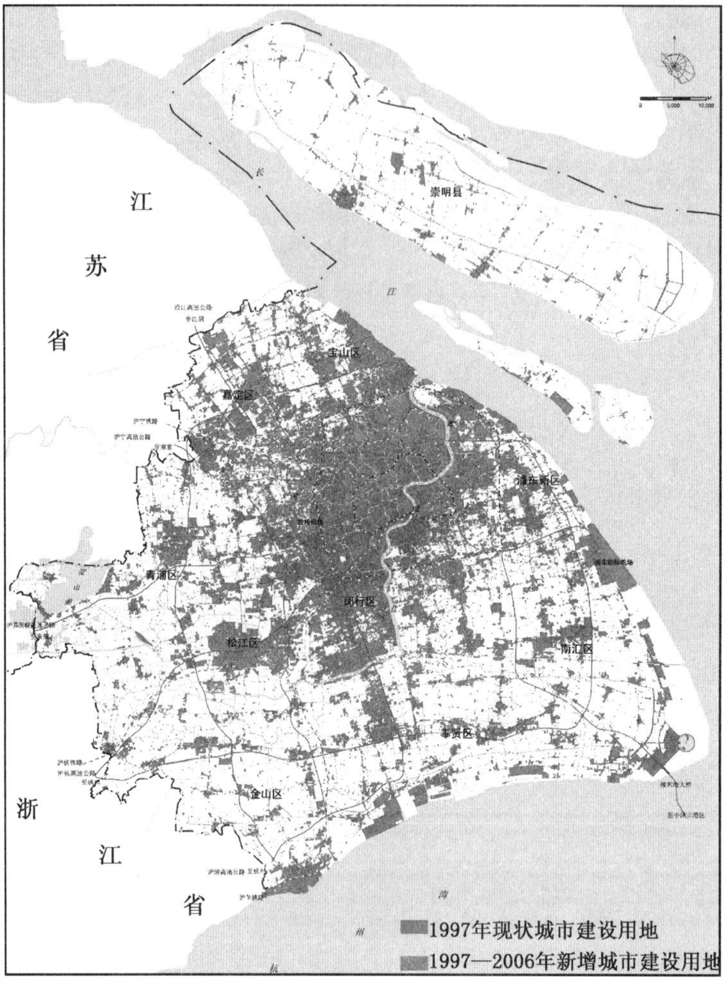

图 3-4　上海市 1997—2006 年城市建设用地现状分布对比图

占 33%(图3-5)。与国际标准相比,这样的比重仍然是工业城市的用地比例,而国外发达城市的工业用地比例一般在 5%—10%。金桥、漕河泾等国家级工业园区,以传统加工业为主,而处于价值链高端的研发、试制、销售以及售后服务等环节还比较滞后。在土地利用结构上,产业园区内部还是以传统的生产基地为主,而相关的生产性服务业用地比例则很小,难以适应产业集群发展的需要。

3.3.3　工业区新增建设用地日趋紧张,产业同质竞争现象严重

一方面,产业用地缺乏统筹规划。目前长三角区域的国土规划工作尚未开展,在生产力布局上缺乏统一协调的机制,各地区的产业定位和空间布局上只重视自身的功能定位,对于区域合作关注不够;同时缺少全市工业发展战略性研究,未能从全市统筹的角度对各区县、开发区的产业现状基础、发展定位进行深入研究,也缺少一以贯之的产业导向;缺少全市性工业用地规划,未对全市及各区县、开发区的工业用地总量,增量工业用

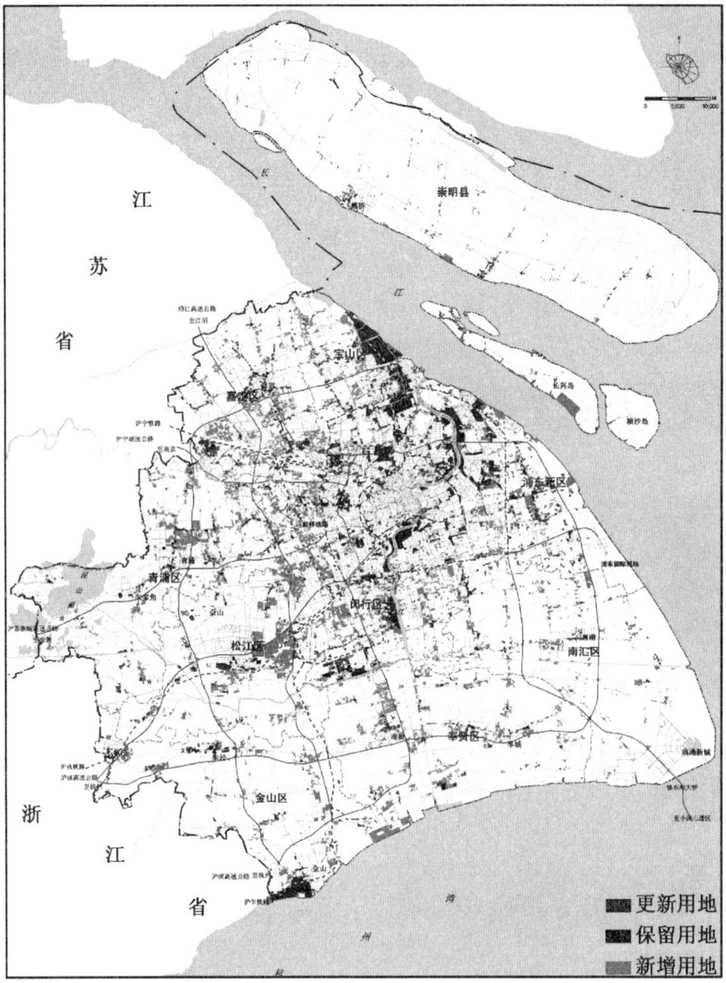

图 3-5 上海市 1997—2006 年现状工业用地空间分布变化情况图

地和存量工业用地的关联性，工业用地的空间布局和城镇建设、人口就业等做出全面的规划安排。一些开发区虽然有经批准的规划，但在建设过程中，存在较多的短视行为，土地利用方向不明确，也没有执行相关的发展规划。另一方面，新增用地空间十分有限，导致了一些新兴产业落地困难。截至 2009 年①，全市 38 个以工业为主的开发区规划可供应面积 501.6 km^2，已供应面积 316.92 km^2，规划工业用地 318.47 km^2，已供应工业用地 203.56 km^2；尚可供应用地 184.24 km^2，其中尚可供应工业用地 114.91 km^2。从开发情况看，国家级开发区开发率达 76.7%，市级开发区达 67.76%②。各开发区的可用工业用地分布十分不均，主要集中在少数几个市级开发区，国家级开发区可供应的工业用地仅剩 9.67 km^2，尤其是张江（本部）、金桥（本部）、闵行（本部）、漕河泾（本部）、

① 上海市经济和信息化委员会. 2010. 2010 上海产业和和信息化发展报告——开发区[M]. 上海：上海科学技术文献出版社.

② 上海市经济和信息化委员会. 2011. 2011 上海产业和和信息化发展报告——开发区[M]. 上海：上海科学技术文献出版社.

市北等园区已基本上没有剩余的可供应工业用地。同时出于短期经济利益考虑，一些地方政府更倾向于将有限的土地资源用到六类经营性用地上，导致工业用地资源进一步匮乏。

3.3.4 工业区存量用地盘活难度较大，土地利用效率亟待提高

与土地短缺不相称的是，目前上海还存在大量低效利用的工业用地，具体体现在，工业用地产出水平与国际先进水平仍有很大差距，工业用地开发强度较低，工业集中度、主导产业集聚度仍有待提升。部分企业追求花园式工厂，建有大面积的绿地，甚至足球场。这些绿地作为企业的私有空间，实际使用率较低，造成了一定程度的土地资源浪费。此外，大部分地块的建筑层数较低，即便是科研、办公等功能的用地，其建筑大多也只有2—3层的高度，容积率在1.0左右。有的地块以绿洲、绿岛等名义，实施更低强度的开发，容积率仅0.5～0.7。一些地块的地下空间没有得到很好的利用，停车场和一些市政配套设施大多设置于地面，造成了用地上的不经济。在土地利用效率上，虽然上海近年来节约集约用地水平有了显著提高，但与国外发达城市相比还有很大差距，提高土地利用集约化水平的潜力仍然很大。据统计，2005年，上海市建设用地地均产出为3.81亿元/$km^2$①，仅为东京的14%，纽约的23%，巴黎的6.8%，汉城的7.6%，香港的6.4%。在盘活存量用地、推进土地二次开发过程中，仍然面临不少问题。一方面，现有的开发区规划标准难以适应产业转型升级的需要。从国家层面，关于开发区的规划管理办法还主要是1995年建设部发布的《开发区规划管理办法》，但该办法也只规定了开发区的编制和审批程序，以及规划审批和变更的要求，而对开发区本身的规划技术标准和规范并没有涉及。另一方面，落后产业退出难。为了使上海先进制造业能在城市空间中合理布局，最大的出路在于加快各区县的“腾笼换鸟”，提高土地产出效益，对各区县、各工业园区内低效利用的土地进行“易地置换”，促进土地的二次开发利用，淘汰低效利用的劣势产业。但由于受现行的规划管理体制、土地使用制度等方面的制约，一些低效用地和闲置土地还缺乏相应的退出机制，二次开发难度较大，导致目前很多工业园区的产业用地调整面临较大困境。新兴产业用地不足与落后淘汰型产业低效占地并存。例如，在土地供应制度上，2007年以前，我国的工业用地大都是以协议方式供应的，因此在产业园区设置之初往往会划定较大规模的用地，其规模并不完全按企业的需求进行确定，这也导致了在建设过程中企业趋向于多占地少建设，最终导致土地使用上的不集约。

另外，产业用地管理效率有待提高。目前的产业用地管理涉及规划、土地、工业、发展改革、环保等诸多部门，关系到市、区两级政府及开发区，职责界定不甚清晰，各个部门存在诸如信息共享不足、沟通机制不畅等问题。产业用地各管理部门如何携手建立一个产业用地管理平台，强化各部门之间的分工与合作机制，也需进一步研究。

---

① 可参见《上海市土地资源节约集约利用“十一五”规划》(http://www.fdcew.com/fgwk/fgsh/8056_2.html)

3.4 上海工业区转型升级的目标、重点以及土地利用调控思路

3.4.1 工业区的发展演变轨迹

中国的开发区诞生于1984年，是实施对外开放的一个重要形式，也是拓展国际经济技术合作与交流，发展外向型经济的重要基地。其主要任务是在划定的区域范围内，集中建设基础设施，完善涉外经济法规，建立精干高效的管理机构，创造吸引外商投资的良好环境，引进先进的工业项目①。目前，开发区的职能已从20世纪80年代单一的开发建设、招商引资经济功能，向综合性建设、综合性发展、综合性管理等多功能转变，开发区的发展理念、发展定位、发展模式、发展形态都在发生变化。

关于开发区转型升级的趋势和特征，有专家学者分别用"大开发区时代""后开发区时代"和"泛开发区时代"三个词汇进行诠释和描述②。所谓"大开发区时代"③，是指开发区实际管辖的范围已经不是当初设立核准的几平方千米、十几平方千米的范围，而是通过体制创新、授权管理扩展到几百平方千米的区域。所谓"后开发区时代"④，是指在功能定位上，由产业园区向创新型示范城区转变；在成长路径上，从线形经济向循环经济转变；在发展形态上，从技术园区向人文社区转变；在管理体制上，从行政区管理模式向企业型管理模式转变。所谓"泛开发区时代"⑤，是指开发区走出"围墙经济"，放大溢出效应，着眼于转型升级和可持续发展，以体制创新为切入点，探索形成开发区与所在区域资源整合、功能叠加、优势互补、联动发展新格局。开发区利用自身多年积累形成的品牌优势、产业优势、资本优势、人才优势和管理优势等，辐射带动方圆几十甚至几百平方千米的区域；实现经济园区与周边地区的良性互动，促进内外联动发展、城乡协调发展、区域均衡发展、社会和谐发展。

也有学者提出，产业园区的发展动力演化可以划分为三个阶段⑥：(1) 要素集聚阶段。即产业园区初创之际，利用较低的进入成本大规模吸纳人才、技术、资本等各类生产要素在园区集聚，园区以土地开发、基础设施建设为主。(2) 产业构建阶段。在要素集聚到一定程度之后，园区的发展受到政府行为推动和企业市场竞争力驱动的双重作用，园区开始构造自身的工业生产体系，形成支柱产业，促进产业升级，成为地区经济增长的主要空间。(3) 创新辐射、区域协同阶段。这一时期，园区与区域经济发生强烈的联系，并

---

① 晏冠亮. 2008. 后开发区时代的特点和发展方向[J]. 山东科技大学学报：社会科学版，(4)：8.

② 可参见宋东舢《迈入"后开发区时代"》(http://www.zjeco.com.cn/zjzz/sanji.asp? id=003523http://www.zjeco.com.cn/zjzz/sanji.asp)

③ 可参见宋东舢《迈入"后开发区时代"》(http://www.zjeco.com.cn/zjzz/sanji.asp? id=003523http://www.zjeco.com.cn/zjzz/sanji.asp)

④ 石忆邵. 我国开发区转型发展的新趋向[J]. 山东科学大学学报：社会科学版，2008(4)：8.

⑤ 可参见宋东舢《迈入"后开发区时代"》(http://www.zjeco.com.cn/zjzz/sanji.asp? id=003523http://www.zjeco.com.cn/zjzz/sanji.asp)

⑥ 樊杰，陶岸君，梁育填，等. 小尺度产业空间组织动向与园区规划对策[EB/OL]. http://www.planning.cn/detail.asp? id=531&cat=006.

开始完善社会功能，实现工业化与城市化的同步进行。

另外，上海的一些开发区，例如漕河泾、金桥等开发区也提出了在"十二五"期间要实现"六大转变"的目标：一是增长方式由主要依靠要素驱动向主要依靠创新驱动转变；二是资源配置由要素集聚为主向培育产业集群方向转变；三是产业结构由制造业为主向制造业和专业服务业相结合的方向转变；四是环境建设由相对注重硬环境向更加注重软环境建设转变；五是开发建设由形态开发为主向更加注重功能开发转变；六是发展动力从招商引资为主向更加注重培育自我发展能力转变。"十二五"时期，工业园区将从单靠政策竞争、服务竞争的模式向产业协同竞争、产融结合竞争以及创新管理竞争演变，以产城联动、区区联动、区企联动、产学研联动、内外联动、引育结合为核心特征的后开区时代将全面到来，如表3-3所示。工业园区要顺应时代发展趋势，不再局限于"工业"，而是要树立新型产业城、现代商务园区的发展理念，将园区的开发建设与城市功能体系紧密结合，以创新发展的大格局与城乡一体化紧密结合，保持在区域经济转型和产业升级中的引领和示范。

表 3-3　工业园区开发模式演变趋势①

年代	特征	开发模式
第一代 （20 世纪 80 年代）	加工车间、简单粗放、围网发展	卖地为主，主要是成片工业厂房
第二代 （20 世纪 90 年代）	招商引资、环保失范、制造基地	建立生产基地，不计生态代价，考虑主导产业
第三代 （2000—2010 年）	招商引税、比拼政策、园区经营	追求税收和产出，产业链上下游匹配，生活配套
第四代 （2011—2020 年）	土地趋紧、产城融合、复合输出、品牌发展	注重土地单位产值、科技引领功能强化、追求产城融合，定位为园区运营发展商

3.4.2　上海工业区的发展目标和土地调控路径

随着上海城市空间的拓展和城市功能的提升，原有以生产为主的产业园区正在面临转型的机遇。一方面，原有产业园区的区位随着城市的拓展已发生了相应的变化，由单一的生产功能用地转变为复合城市功能用地，具备了相应的区位优势，基础设施相对完善；另一方面，第二产业开始向现代服务业和先进制造业转型，以追求更高的地均产出和人均产出，产业园区由单纯的以生产为主的产业园区向具有研发、管理综合功能的产业园区转型。同时，城市对于生态环境提出了更高要求，传统的污染工业将逐步向城市外围转移。

结合上海产业转型升级的目标，针对当前工业区发展中面临的土地利用问题，建议下一步要加大土地利用调控力度，重点实现"四个发展"（图 3-6）：(1) 融合发展。针对工业区配套设施不完善，与城镇脱节等问题，重点推进产城融合，以产城融合促进二三产业融合，引导产业向高端化方向发展。(2) 集群发展。针对工业区内部土地利用结构不合

---

① 江阴—靖江工业园区管委会、福卡智库. 2001. 江阴—靖江工业园区"十二五"发展规划.

理,产业关联度低等问题,建议从优化土地利用结构和空间布局入手,延长产业链和价值链,推进产业的集群化发展。(3) 联动发展。针对不少工业区新增用地严重不足,新兴产业项目难以落地等问题,建议从推动不同开发区之间的联动发展入手,实现土地资源整合利用,推动联动、错位发展。(4) 集约发展。针对不少工业区土地利用效率低、盘活存量难度大等问题,建议从完善土地利用标准,建立激励约束机制等入手,调动企业二次开发的积极性,推进产业用地"腾笼换鸟",实现集约发展,为产业的持续升级提供空间。

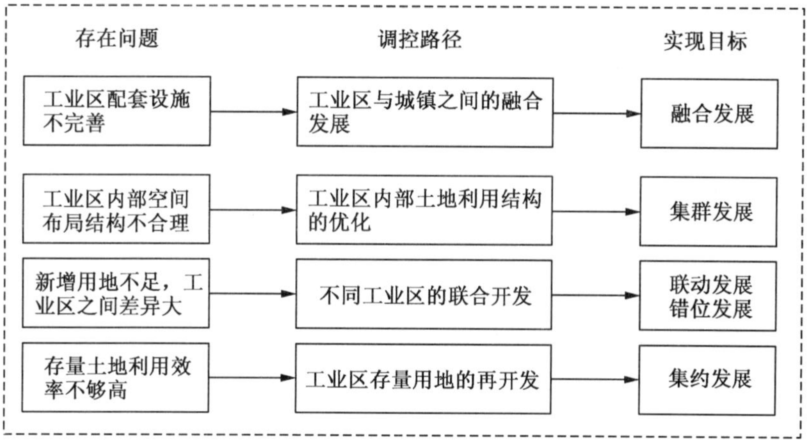

图 3-6 上海工业区的发展目标和路径

3.5 本章小结

本章是全文实证分析的基础部分。重点分析了上海工业区发展的历程、当前工业区土地利用中影响产业转型升级的主要问题,以及未来产业转型升级的特点和趋势。在此基础上,提出了未来上海工业区的发展目标和土地利用调控的实施路径,为后面几章的专题研究奠定了重要的实证基础。

关于当前工业区土地利用中影响产业转型升级的主要问题,本文认为,主要集中在四个方面,即产城融合度不够深、工业区内部的土地利用结构不合理、工业区新增建设用地不足、存量用地盘活利用难度大。在土地利用调控的路径上,提出了要重点实现"四个发展",即融合发展、集群发展、联动发展和集约发展。

4 促进产城融合的土地利用政策创新

产业发展与城镇发展往往相互依赖，相互支撑。离开了城镇支撑的产业发展，就好像"无源之水"；缺乏产业支撑的城镇发展，就成了"无本之木"，难以为继。特别是在当前城镇化、工业化快速推进过程中，只有将产业发展与城镇发展有机结合起来，实现产城融合，才能有效提升产业能级，实现长久的可持续发展。

4.1 产城融合的相关理论

4.1.1 产城融合的内涵

所谓"产城融合"，即工业区与城镇的融合发展。具体包括两方面的含义。一是"外部融合"，即工业区与新城、新市镇等实现联动发展，通过完善工业区的配套设施和交通条件，促进工业区、居住区、商业区、休闲娱乐区等相关功能区块之间的有机融合，打造有利于工业区发展的外部环境，同时通过工业区的快速发展带动周边区域、城镇的整体发展。二是"内部融合"，即实现工业区内部"居住、工作、生活"等功能的融合，促进科技创新、高端制造和生产性服务业等新兴产业的发展。相对来说，实现"外部融合"比"内部融合"难度更大，因此，本章重点研究"外部融合"问题。

4.1.2 产城融合的意义

1）实现产城融合，有利于二三产业的融合发展、促进产业转型升级

随着信息技术、网络革命、经济全球化的快速发展，产业之间的融合度越来越高，边界越来越模糊。例如，在一产、二产之间出现了 1.5 产业，在二产、三产之间出现了生产性服务业等 2.5 产业。而产业的融合发展，则是促进现有产业转型升级的重要途径。为了适应产业发展的融合化、高端化趋势，目前国际上不少开发区已从产业园区向科、工、贸、商、住、行、娱多功能复合发展，开发区开始呈现综合功能和多元内容的新城发展趋势，其单一型经济功能结构逐步被多元型城市功能结构所替代。功能决定空间，功能的转换必然带来空间结构及形态模式的变异与发展。当前，早期开发区模式那种功能单一型的生产空间形态正朝着新城模式的复合型城市空间形态演变。

2）实现产城融合，有利于推进区域城乡统筹发展，促进城镇快速发展

一般来看，城镇化是指人口从农村向城镇集中的过程，期间包括人口居住的变更和就业的转换。其中，居住的变更是指居住空间由农村地区转为城镇地区，就业的转换是指劳动力从农业生产转向非农产业生产。产业的发展需要大量劳动力的供给，而城市作为人口的聚居地，恰恰是劳动力的集中供给区域。显而易见，城镇化这一概念本身就蕴涵了人口与产业之间的密切关联。倘若两者之间的发展相对疏离，往往会带来一系列问

题。一方面,假如产业发展没有城镇的支持,就会缺乏充足的劳动力供给,享受不到相应的城镇公共配套服务,产业经济就缺乏后劲;另一方面,假如城镇发展缺乏强有力的产业支撑,也会陷于经济衰败。因此,城镇化与工业化的关联在很大程度上体现为劳动力与产业以及相关公共服务之间的良性互动。

回顾西欧发达国家的工业化历程,可以发现,其工业化水平与城镇化水平之间呈现同步发展的良性态势,相互之间保持了很好的协调性①。城镇化与工业化的关系在一定程度上取决于劳动力的供需平衡。对于西欧国家来说,在工业化前期和中期,家庭手工业、机器大工业对劳动力产生了大量需求,进而刺激人口的再生产,使之保持较高的生育率。并且,在工业起步阶段,由于生活水平提高、卫生条件改善,人口死亡率出现了明显下降,而出生率在相当长一段时期内随着工业经济对劳动力的需求不断增加,造成该阶段劳动力的大量供给,满足了工业对劳动力的大量需求。而到了工业化后期以及后工业化时期,以资本与技术密集型行业发展为主流的工业化进程对劳动力的需求减缓,同时对劳动力质量要求大大提高。此时,人们的文化价值观念也发生了深刻变化,人口转变进入到出生率下降的关键阶段。由此可见,对于以英国为代表的西欧国家来说,当经济起飞需要大量劳动力时,迅速增长的人口满足了这种需求;而在社会经济结构调整时,人口的生育行为又及时地顺应了这种潮流。正是由于人口增长(人口转变)与经济发展之间的良性互动,才使得城镇化与工业化保持着相当的同步性。

应当指出,这一过程是经过了近 200 年的自然磨合才逐步实现的。而许多发展中国家只用短短几十年的时间就实现了发达国家一百多年的工业化和人口转变历程。反观发展中国家,其产业结构的演变不像西欧发达国家那样是自然渐进式的,而是通过引进先进的工业技术,快速迈过了劳动密集型工业化阶段,走上了技术密集型、资本密集型工业化道路,造成工业化对劳动力的吸纳能力不足。与此同时,不像早期发达国家死亡率是伴随着经济发展、生活水平、医疗技术的缓慢提高而缓慢降低,发展中国家可以直接引进先进的医疗、卫生技术而带来死亡率的快速下降。

对于我国来说,由于人口转移时间被大幅度压缩,短时间内城镇化和工业化难以吸纳人口增长释放出来的劳动力,再加上严格户籍制度的约束,导致城镇化严重滞后工业化进程。随着近些年来我国城镇化的稳步推进,城镇化与工业化之间的关系正在逐渐趋于协调。可见,在产业发展与城镇人口增长及城镇化水平提高之间保持一种协调关系是非常必要的,在新的发展时期,产城融合不失为实现上述目标的一种重要手段。

3) 实现产城融合,有利于工业区吸引人才、集聚人气,增强发展后劲

工业区,尤其高新技术产业园区,在实现转型升级过程中,人才是关键。一个缺乏相关配套功能的单纯的工业区,是很难达到人才集聚的目的。而一个生产与生活相宜、先进制造业与现代服务业融合、园区与周边互动的"城市经济综合体",通过配套设施、社会服务功能的完善,不断优化招商引资环境,就可以引进优秀企业,留住优秀人才。以前,由于缺乏相应的服务配套设施,一些传统工业开发区,白天车水马龙,到了晚上就变成了"空城"。这样,既容易造成交通的堵塞和拥挤,增加园区员工的交通成本,也不利于开发

① 马祖琦. 2000. 发达国家与发展中国家人口转变与城市化对比——兼论我国人口城市化的特点[J]. 国土开发与整治,(4):16-20.

区土地的集约高效利用。

"十二五"是上海新城发展的关键时期,根据上海郊区新城发展规划设想,2015 年郊区新城基本形成产城融合的发展态势①。到 2020 年,新城建设将取得突破性进展,在郊区基本形成与中心城区功能互补、错位发展、联系紧密的新城群。嘉定新城、松江新城初步确立长三角地区综合性节点城市地位,集聚 100 万左右人口;浦东临港新城、青浦新城、奉贤南桥新城具备较高能级的城市综合集聚辐射功能,集聚 60 万—80 万人口;金山新城、崇明城桥新城对周边地区发展的服务带动作用明显增强,集聚 20 万—40 万人口。假如新城没有产业"细胞",就业机会缺乏,白天居民只能前往就业中心,夜晚回来居住,这样新城只能行使"睡城"功能。假如新城连基本的公共服务配套设施都缺乏,即使强行开发成片住宅,也往往会造成"居民买了房子但不居住"或者处于"只有房子没有人"的尴尬局面。为此,需要从产城融合的视角审慎地解决并处理好上述问题。

总之,产业开发与城镇发展之间相互疏离,就业中心与居住中心在空间上不够平衡,会萌生一系列社会问题,在很大程度上给生产与生活带来不便。例如,在上下班时刻,大流量的钟摆式交通会带来巨大的交通压力,甚至会造成城市的主干道交通网络瘫痪,造成严重的经济损失。再如,长距离通勤增加了对私人小汽车和公共交通等机动化方式的需求,会带来严重的空气污染,这与当前的"低碳城市"建设目标相背离。其实,产业发展与城市功能培育之间完全能够通过制定合理的规划战略和科学的政策引导,实现相互促进。在制定产业规划与城市规划时,要力求做到二者的充分衔接,进行同步规划,同步建设,合理安排生产与生活活动,协调好生产建设与生活服务用地,尽量做到就业人口与居住人口在当地的平衡。不过,产业园区的性质决定了不可能在园区内部布局大量生活用地,特别是居住用地和公共服务设施用地。因此,产业园区的建设还需要依托周边城镇腹地作为支撑,也需要融入周边城镇的社会经济生活之中。那种与周边城镇相互隔离的"孤岛"式的产业开发模式是注定要失败的。

王慧运用增长极理论,将开发区的发展阶段大致划分为起步期、成长期、转型期、成熟期等四个阶段②。在不同的发展阶段,开发区有着不同的功能、增长机制和空间特征,与所依托的城市和区域的关系也有所不同。在其发展过程中,开发区逐步从"空投式"的发展和"孤岛式"的状态,发展到对周围地区表现出一定的城市化功能;从单一的追求工业增长到向多元化的增长模式过渡;从过分依赖外来经济要素到逐步加强创新培育内生的本地经济。

4.1.3 产城融合的理论依据

从产城融合的相关规划理论看,主要有城市功能分区理论和新城理论等。

1) 城市功能分区理论

关于城市功能分区与功能综合的思想起源于《雅典宪章》和《马丘比丘宪章》。1933 年 8 月,国际现代建筑协会第 4 次会议通过了关于城市规划理论和方法的纲领性文

---

① 可参见彭晓玲《申城"十二五"将建 7 个郊区新城》(http://xwcb.eastday.com/c/20110630/u1a896323.html).

② 王慧. 2003. 开发区与城市相互关系的内在肌理及空间效应[J]. 城市规划,27(3):20-25.

件——《城市规划大纲》,后来被称之为《雅典宪章》。《雅典宪章》提出了城市功能分区和以人为本的思想,认为城市具有居住、工作、游憩与交通四项基本功能,要通过交通网的合理组织,对居住、工作、游憩进行分区和平衡布局。

《雅典宪章》对以后的城市规划实践产生了深远影响,许多地方的城市规划建设都是依据功能分区的思想展开的,尤其是在第二次世界大战之后的城市重建和快速发展阶段。不过,过分追求功能分区也导致了许多问题。例如,经过改建的城市社区不像以前那样充满活力,新建的城市也变得冷漠、单调,缺乏生气。

1977 年底,国际建筑协会在智利首都利马会议期间发表了一份关于城市规划的纲领性文件——《马丘比丘宪章》。

《马丘比丘宪章》在对 40 多年城市规划理论探索和实践经验总结的基础上,批评了《雅典宪章》对城市进行功能分区而牺牲了城市结构的有机性。宪章认为《雅典宪章》所崇尚的功能分区"没有考虑城市居民的人与人之间关系,结果使城市患了贫血症,在那些城市里建筑物成了孤立的单元,否认了人类的活动要求流动的、连续的空间这一事实"。宪章还指出:"在今天不应当把城市当作一系列的组成部分拼在一起考虑,而必须努力去创造一个综合的、多功能的环境。"

同时,功能分区与功能混合的争论也体现在城市蔓延与理性增长两种城市空间增长方式的对抗方面。随着 20 世纪 50 年代美国郊区化浪潮的推进,功能相对隔离的规划思想仍然主导着美国的城市郊区化进程,由此带来了严重的城市蔓延问题。

20 世纪 90 年代中后期以来,城市蔓延及其引发的社会经济影响开始得到广泛的关注。鉴于城市蔓延属于一种不可持续的增长方式,西方国家开始反思其城市化模式,并提出了若干对策,主要有:交通导向型开发模式(Transit-oriented Development,TOD)、城市增长边界(Urban Growth Boundary,UGB)、棕地再开发(Brownfield Redevelopment),等等。以上政策与开发策略被纳入统称为"理性增长(Smart Growth)"的概念框架之下。

"理性增长"也称之为"新城市主义(New Urbanism)",旨在通过一种新的区域发展规划理念,来寻求一种更为有效的土地利用模式和交通方式。理性增长理念具体包括十条基本原则和指导思想[①]:①提供多样化的居住机会和选择;②创建适宜步行的社区空间;③鼓励社区和利益相关者的协作;④培育有特色的、富有吸引力的并且具有强烈归属感的社区;⑤开发策略稳定、公平并且富有成效;⑥混合土地利用;⑦保护开放空间、自然风景区和环境脆弱地带;⑧提供多样化的交通选择;⑨加强和引导对现有社区的开发;⑩提倡紧凑的建筑设计。

当然,相对于原有那种城市各类功能用地相对隔离导致的土地扩展幅度显著高于人口增长速度的蔓延方式,理性增长并非简单可由区域的平均人口密度衡量,而更多地表现为相关类型活动的聚集与组合方式。如图 4-1 所示,在区域开发密度一致的情况下,城市蔓延和理性增长两种情况下土地利用模式和开发形态存在显著差异。前者布局分散,城市功能隔离严重,诱发了大量的出行活动,土地利用呈现蔓延态势,形成了对小汽车的强烈依赖。而对于后者,各类功能用地布局相对紧凑,大幅度压缩了各类出行活动,较好地贯彻了理性增长的理念。

---

① 可参见"Principles of Smart Growth"(http://www.smartgrowth.org/about/principles/default.asp)

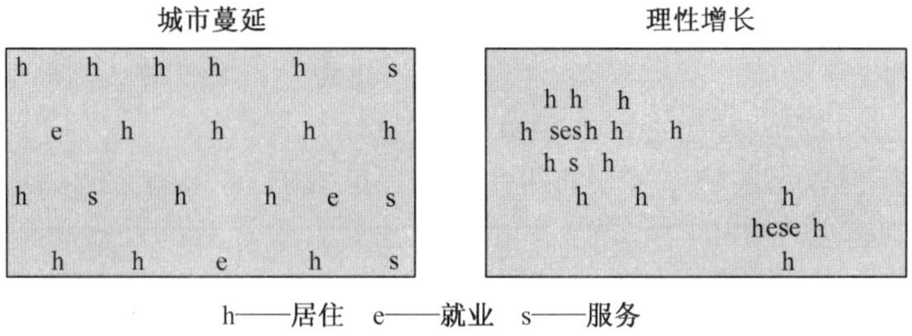

图 4-1 城市蔓延与理性增长土地利用模式比较

2）卫星城与新城建设理论

卫星城镇理论的渊源可追溯到 19 世纪末英国社会活动家霍华德提出的“田园城市”思想。“田园城市”是一种兼有城市和乡村优点的新型城市结构形式，在中心城市周围建立一圈较小的城镇，形式上有如行星周围的“卫星”。这是卫星城镇的思想萌芽，泰勒最早使用“卫星城镇”概念，把当时美国大城市郊区的工业城市统称为卫星城镇。

按照霍华德的设想，1919 年英国规划设计第二个田园城市——韦林时，即采用了卫星城镇这个名称。1924 年召开的阿姆斯特丹国际会议把卫星城列为限制大城市恶性膨胀的方法之一。之后，卫星城镇一词便流传开来，并被广泛运用。20 世纪 30 年代前后，伦敦郡议会又用过“准卫星城”一词，指的是伦敦郊区仅具有“卧城”性质（即只作为生活居住之用）的居住区。在艾伯克龙比 1944 年主持编制的大伦敦规划中，为疏散人口，计划在伦敦外围建设 8 个城镇，最初也称为卫星城镇，后来统称为“新城”。

建立卫星城的主要目的是为了控制大城市人口过分膨胀，疏散大城市的部分工业和人口，同时也是为了抵消大城市对周围地区的人口吸引力。通过建设卫星城，形成一个与母城吸引力相抵冲的反磁力吸引体系①。

从发展历程来看，卫星城先后经历了附属型、半独立型和独立型等发展阶段。第一代卫星城即卧城，居民仅仅在卫星城居住，工作和娱乐仍需要在母城解决。第二代卫星城已经有了一定数量的工厂企业和公共设施，居民可就地工作。第三代卫星城，独立性有所增强，能够提供较多的就业机会。第四代卫星城，为多中心敞开式城市空间结构，通过高速交通网络将卫星城和母城连接，能够承担母城的特定功能（表 4-1）。

表 4-1 卫星城的类型

位置	内圈卫星城
	外圈卫星城
发生过程	自发卫星城
	规划卫星城
主导职能	工业卫星城
	居住卫星城
	科学卫星城
与母城关系	完全从属型卫星城
	半独立型卫星城
	独立型卫星城

① 于洪俊，宁越敏. 1983. 城市地理概论[M]. 合肥：安徽科学技术出版社：304-314.

4.2 上海产城融合的发展历程和特点

回顾新中国成立以来上海 60 多年的城市规划建设和产业发展历程，发现上海在产城融合方面先后经历了四个阶段。

4.2.1 1958 年之前，产业与居住的混杂时期

“一五”时期，上海首先出现了独立的工业基地，该时期工业用地布局基本延续了建国前已经形成的上海现代产业布局的雏形，沿黄浦江、苏州河发展的态势较为明显。在原先形成的沪西、沪东和沪南三个工业基地的基础上继续沿江河发展形成三大工业区：杨浦工业区（纺织、印染、机器工业为主）、普陀工业区（纺织、印染、面粉工业为主）和沪南工业区（造船工业为主）。从 1951 年开始，紧靠当时的沪西、沪东、沪南三个工业基地，启动建设 9 个工人新村，以解决住房问题。随着工业的快速发展，拥挤的中心城市显然无法容纳这些新的工厂。上海开始大规模地整顿原来混乱的城市用地形式，基本上在郊区建立以行业为中心的近郊工业基地。至改革开放前形成了高桥、五角场、彭浦、北新泾、漕河泾、长桥、周家渡、庆宁寺等 13 个近郊工业基地，其中有四个需要利用水运的工业区沿黄浦江布局，从而在原有沿江工业布局的基础上，形成上海南北向的港口工业轴线。

随着上海产业结构从轻工业逐渐向重工业转移，以及工人新村的快速建设，以前建立的近郊工业基地很快与扩展的市区连成一体，产业与居住等功能混杂的问题重新变得日益突出。

4.2.2 1958—1978 年，结合工业布局调整推进卫星城建设

《上海市 1956—1957 年近期规划草图》中提出了建立近郊工业备用地和开辟卫星城的规划构想。1958 年，江苏省所辖的宝山、嘉定、川沙、松江等 10 个县划归上海市，为卫星城的建设提供有力保证。结合“卫星城”的发展理念，上海进行了工业布局的调整，由此形成了和闵行、松江、嘉定、吴泾和安亭 5 个“卫星城”的格局。20 世纪 70 年代初又配合金山石化和宝山钢铁两大传统工业基地的上马，建设了金山卫、宝山两个卫星城，至此当代上海工业基地的总体布局基本形成。

这一时期的产业空间布局突破原先沿江沿河集中布局的发展模式，扩展产业发展空间腹地，建立近郊工业备用地和开辟卫星城，形成与传统城市工业用地截然不同的布局模式，进一步强化了郊区工业基地和城市中心区的圈层布局模式，有效协调城市人口疏解，促进城市空间结构优化，缓解了原先用地紧张、交通不便、与居住地过于集中等矛盾，促进了产业的快速发展。同时，由于受到当时历史条件和认识水平的限制，规划和建设中“重生产、轻生活”的倾向始终存在，一定程度上导致了卫星城的住宅和生活服务设施建设滞后。同时，卫星城还普遍存在产业结构不够合理，教育设施不理想，与市区的交通连接不够便捷等问题，制约了卫星城的进一步发展。再加上工业门类过于单一，受到行政隶属关系的影响，上海卫星城经过十几年的发展并不理想。卫星城规模小，不能自给自足和独立发展，商业文化生活服务依赖中心城。1985 年，7 大卫星城吸纳50.8 万人口，

仅占到上海市人口规模的 7.44 %。

4.2.3 1978—2008 年，城镇发展滞后于工业区建设

改革开放以来，特别是邓小平“南巡讲话”以后，上海在产业政策上进行了调整，工业区进入了快速发展时期。按照产业发展政策，上海将建成中心城区的中央商务区和中心商业区，以金融、贸易为主的城市功能逐渐加强。内环线两侧地区，以调整改造工业街坊和工业区，形成以工业和第三产业为主的城市功能。在外环线以外地区，建设了若干个制造业基地。这一阶段，上海现代工业园区布局基本形成。截至 1997 年，上海形成了 7 个国家级工业区、11 个市级工业区、12 个传统工业基地(部分已经被撤销)和 174 个分布在郊区乡镇的一般规模工业园区。上海的工业已经开始向郊区大规模地扩散。

而从这一时期的城镇发展政策看，2001 年 5 月，国务院正式批复同意《上海市城市总体规划》(1999 年—2020 年)，正式批准了上海“中心城—新城—中心镇——般镇”的四级城镇体系，该体系包括 1 个中心城、11 个新城、22 个中心镇和 88 个一般镇，并从这 11 个新城、22 个中心镇中选择“一城九镇”作为重点，即松江新城和安亭、浦江、高桥、朱家角、奉城、罗店、枫泾、周浦、堡镇等 9 个镇，规划总人口 102.5 万人。目的是促进郊区城市化以及方便中心城区旧城改造，疏解中心城区人口。2006 年，上海“十一五”规划中提出“1966”四级城镇体系框架，即:“1”，1 个中心城；“9”，在上海市外环线以内的 600 km^2 余区域内建设 9 个新城，包括宝山、嘉定、青浦、松江、闵行、奉贤南桥、金山、临港新城、崇明城桥，规划总人口 540 万左右。重点发展松江、临港、嘉定—安亭新城，每个新城人口规模按照 80 至 100 万规划；第一个“6”，即在郊区建设 60 个新市镇；第二个“6”，即在郊区建设 600 个中心村(见图 4-4)。其中，郊区新城依托原规划县城和部分卫星城，目标是疏散中心城区人口。从建设情况看，除了临港新城在市政府的主导下进展较快，松江、嘉定相对比较成熟，有一定规模外，其他新城普遍存在开发缓慢、人气不足的现象。有些新城或新市镇已建楼盘入住率较低，不到 60%。

总的来看，这一时期的城镇建设不仅滞后于工业区发展，而且二者在空间上也并没有有机结合，大多处于分离状态。由于城镇定位以居住为主，产业发展没有跟上，快速交通连接、公共服务配套等也没有跟上，“一城九镇”发展并不理想，普遍有新镇变“空镇”的现象，实际吸纳的来自中心城区的居住人口非常有限。到 2007 年，松江新城、安亭新镇、新浦江城实际入住人口均不到规划人口的 20%。

4.2.4 2009 年以来，推进新一轮产城融合时期

2009 年，上海市结合土地利用总体规划修编，按照“产城融合”的思路，实施土地利用总体规划和城市总体规划的“两规合一”。重新编制了产业布局规划，共形成了 104 个工业区块。《上海市国民经济和社会发展第十二五规划纲要》中明确提出:“强化产城融合。统筹工业园区、产业基地、大型居住区与新城建设，加强产业发展与新城建设互动融合，创造有竞争力和吸引力的投资、工作、生活环境，引导本地就业、本地居住。集聚符合功能导向和就业容量大的产业项目，完善新城内外交通网络，提高教育、医疗、生活服务、文化娱乐等配套水平，培育城市个性和特色风貌，优化居住环境。”同时还提出，“大力推进新城建设，充分发挥新城在优化空间、集聚人口、带动发展中的作用，创新理念，分类推

进，将重点新城建设成为功能完善、产城融合、用地集约、生态良好的长三角城市群重要组成部分。分类推进新城建设，科学规划和定位新城功能，鼓励新城优势互补、功能互动，着力打造西部新城群，积极培育沿海沿江新城。优化提升嘉定、松江新城综合功能，建设长三角……”目前上海市正在细化规划方案，分阶段大力推进。

通过回顾上海产城融合的发展历程，可以发现以下特点：(1) 产城融合有利于推动城镇的快速发展。凡是实现与产业区有机结合的新城(卫星城)，发展都比较快；凡是与产业区脱离，单纯作为“卧城”发展的新城(新市镇)，除了区位、交通比较好的个别城镇外，大都很难发展起来。这也是上海郊区的不少城镇落后于昆山、常熟、吴江等长三角其他小城镇的原因之一。(2) 产城融合有利于推动开发区的快速发展。目前发展比较好的几个开发区，比如上海漕河泾开发区、宝钢工业基地等，都是在产城融合方面做得比较成功的。相反，嘉定国际汽车城、临港工业区等由于没有实现居住与工作的有机结合，发展明显受到了制约。(3) 产城融合有利于推动城乡一体化的快速发展。上海松江等地的实践证明，实施产城融合，有力促进了 1.5 产业和 2.5 产业的发展，不仅活跃了经济，而且促进了农民就业和增收，缩小了城乡收入差距。

4.3 上海产城融合的推进情况及面临的问题

4.3.1 上海产城融合的推进情况

经过这些年的大力推进，上海在产城融合方面取得了积极成效。主要包括：

1) 依托新城(镇)和产业园区，规划建设了一批大型居住社区

近年来，上海突出了城市社区的整体发展理念；正在着力推进大型居住社区建设，集中开展了新一轮以保障性住房为主的大型居住社区(以下简称“大社区”)的规划选址工作。

2009 年初，第一批选址共确立 8 个大社区，涉及 6 个郊区县，包括依托原配套商品房基地的宝山顾村等六大配套商品房拓展基地(图 4-2)和嘉定云翔、青浦徐泾东站两个普通商品房基地，建设用地面积约 29 km^2，其中住宅用地约 12 km^2，规划住宅建筑面积约 1 936 万 m^2；2009 年下半年，又确定浦东惠南民乐、宝山美罗家园等 23 个有一定规模的大社区(图 4-2)，涉及 9 个郊区县，建设用地面积约为 105 km^2，其中住宅用地约 40 km^2，预计可建住宅建筑面积约 8 000 万 m^2。

在新一轮的规划选址中，确定了五条选址原则①。分别是：聚焦新城——按照总体规划确定的城镇体系，依托新城和已有大基地，布局大型居住社区，同步推进老镇改造和农民宅基地置换，推动新城人口集聚和功能提升。公交优先——充分发挥轨道交通、高铁和城际铁路等公共交通的服务带动作用，根据居民居住、就业等交通出行需求，优先安排各项公共交通设施。突出功能——坚持“以居住为主、以市民消费为主、以普通商品住房为主”的功能定位和导向，统筹考虑普通商品住房和保障性住房的规模结构和功能布局。产城融合——按照居住与就业协调发展的要求，结合区域功能定位、产业布局，合理安排

① 凌莉. 2011. 从“空间失配”走向“空间适配”——上海市保障性住房规划选址影响要素评析[J]. 上海城市规划，(3)：58-61.

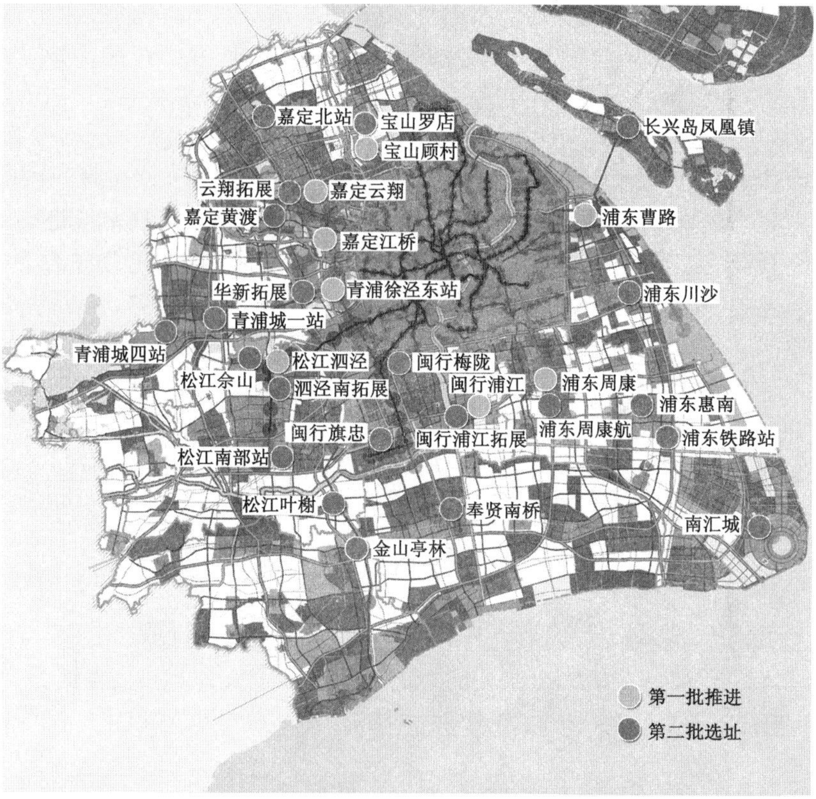

图 4-2　上海大型居住社区分布图

居住、产业和各项公共设施的结构布局，推动工作与居住的平衡发展。便于启动——结合用地现状、土地权属情况，优先选择近期启动条件较好的用地。统筹考虑保障性住房需求，合理确定分期实施计划。

“聚焦新城、公交优先、突出功能、产城融合”重点关注的是居民福利，即设施配套的完善、交通出行的便捷和就业岗位的提供，体现了居民总体福利优先；“便于启动”关注的是市场运作，体现的是土地利用的经济性。从选址原则上，基本可以看出规划选址兼顾了社会性和经济性，在平衡地块经济利益的基础上，以提高居民的总体福利为重①。

当然，从更高的规划战略层面来看，此次选址的一个考虑视角就是，比以往更加注重产城融合，在居住格局的优化方面，着重依托新城和产业基地，尽量邻近已建或在建的轨道交通线路以及发展较为成熟的郊区新市镇，以谋求更好的交通可达性，逐步改善普通居民在居住和就业上的“空间失配”局面②。如表 4-2 所示，在第二批 23 个大型居住社区中，依托新城和新市镇建设进行建设的居住社区比重分别达到了 43％和 40％，邻近产业园区的居住社区比重也达到了 22％。可以看出，大型居住基地或位于郊区新城，或位于

① 凌莉. 2011. 从“空间失配”走向“空间适配”——上海市保障性住房规划选址影响要素评析[J]. 上海城市规划，(3)：58-61.

② 凌莉. 2011. 从“空间失配”走向“空间适配”——上海市保障性住房规划选址影响要素评析[J]. 上海城市规划，(3)：58-61.

新市镇镇区或毗邻新市镇镇区，选址与城镇体系做到了充分衔接。大社区作为近期建设重点，与上海"十二五"聚焦新城建设的发展战略相吻合，与城市空间发展战略导向相匹配。通过优化大社区的选址，配以基础设施建设和引入优质教育、卫生资源等相应的政策倾斜，有利于推动新城人口集聚和功能提升，为产城融合目标的实现奠定坚实的基础。

表 4-2　第二批大型居住社区规划选址和新城新市镇、产业园区的关系分析

类型	数量(个)	比例(%)
新城内	10	43
新市镇内	9	40
邻近产业园区	5	22
其他	4	17
选址总量	23	—

2）依托新城(镇)和产业园区，大力推进轨道交通建设

近些年来，上海加快了公共交通尤其是轨道交通的建设步伐，与土地开发相配合，不断完善公共交通网络，在引导新城开发与产城融合方面发挥了巨大作用。世界城市发展的历史进程表明，交通建设与城市空间拓展和土地利用之间存在密切的联系。从微观上看，把城市作为一个面，交通条件的改善可以在一定程度上克服空间距离阻碍，引导城市内部土地利用格局的结构性调整，主导着城市空间拓展和城镇开发的方向；从宏观上看，把城市作为一个点，在便捷、快速、大容量的交通系统支撑作用下，城镇体系网络不断完善，有利于在一个广域空间范围内，协调不同规模的城市(镇)之间的职能分工，更好地组织生产、生活。

对于上海这样的特大城市来说，轨道交通凭借其快速、大运量的综合优势，无疑成为主城区和郊区新城之间的最有效连接方式。可以说，轨道交通网络正在快速优化着上海的城市居住格局和产业空间格局，在推动产城融合方面发挥着巨大而深远的影响。

配合郊区新城与新市镇的建设，上海的城市轨道交通网络呈现快速扩张态势(表 4-3、图 4-3)，庞大的城市轨道交通网络，对站点周边土地的开发利用产生了重大影响，在引导人口和产业布局，推动产城融合方面发挥着重要的作用。

如表所示，在 2002 年，上海市地铁运营线路只有 3 条，而到了 2009 年，地铁运营线路已经增加至 11 条。与此同时，地铁运营里程由 2002 年的 62.92 km 跃升至 2009 年的 355.05 km。行驶里程从 2002 年的633.29 万列 · km 增长至 2009 年的 2 871 万列 · km，同期年客运总量从 3.57 亿人次增至 13.18 亿人次，各指标的增幅基本都在 3 倍以上。

可以说，一张覆盖全市的地铁网络已经形成。"十二五"期间上海将开工 8 条新线，预计投资总金额达 1 280.26 亿元，建设 194.7 km 轨道交通线路。到 2015 年，上海轨道交通运营里程将达到 600 km 以上，轨道交通客运量占公交客运量的比重达到 50%左右①。

表 4-3　上海轨道交通建设基本概况(2002—2009 年)

① 可参见《"十二五"地方政府 4000 亿投城轨建设》(http://news.xinhuanet.com/finance/2011-08/26/c_121915225.htm)

年份	2002	2003	2004	2005	2006	2007	2008	2009
运营车辆(节)	330	445	611	695	829	1 117	1 431	1 833
运营线路长度(km)	62.92	108.65	121.23	147.80	169.40	262.83	264.30	355.05
行驶里程(万列・km)	633.29	813.18	957.04	1 205	1 457.32	1 697	2 516	2 871
客运总量(万人次)	35 739	40 604	48 007	59 406	65 569	81 395	112 798	131 837
年末从业人数(人)	4 321	7 703	8 290	7 411	8 458	12 581	11 985	20 349

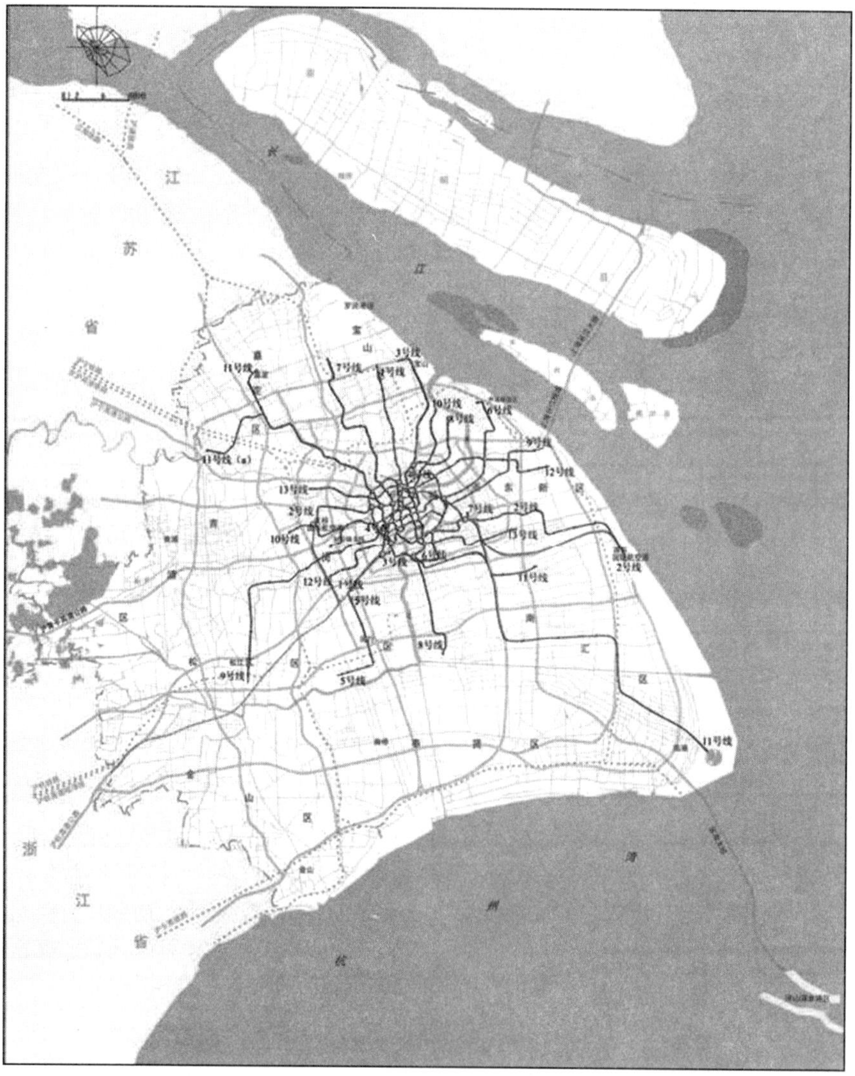

图 4-3　上海城市轨道交通网络

3）加大中心城区的教育、医疗等资源向新城(镇)迁移的力度近年来,围绕嘉定、松江等新城的建设,上海加大了相关配套设施的建设力度。例如,在松江建立了大学城,复旦大学、华东政法大学等多所大学在松江建立了分校,或主体迁到松江。另外,还有不少著名中学、著名医院等迁往郊区新城。教育、医疗资源的外迁,有力吸引了市区人口的外迁。可以说,上述因素成为集聚人气的关键所在。

4.3.2 上海产城融合方面存在的主要问题

1) 在规划上,产业区与城镇分离的现象还比较多

主要表现在三个方面:

一是在规划理念上,部分已规划为产城融合的发展区域,规划理念仍按照传统的“功能分区”理论,过分强调功能分区,使居住区和工作区明显隔离。土地分区利用的方式是城市用地规划的基本原则和方法之一,它的基本出发点在于把功能相同或相近的用地集中或相邻布置,一方面使得相同、相近的用地便于联系和协作,另一方面,可以避免功能不同的用地相互干扰。这种土地分区规划的方法解决了土地使用的混乱,缓解了工业生产污染带来的城市环境质量下降的问题。对于传统工业来说,这种方法还是非常必要和可行的。但随着产业的退二进三,产业区和其他城市化地区之间的空间关系将从相互干扰,变为相互衔接,产业区的发展面临空间模式上的转型。在科技迅猛发展的今天,一些高新技术产业、生产性服务业等完全可以融合在居住区内,从而使传统居住区中居住与城市其他职能的土地混合利用程度加大,工作与居住环境的联系更为密切。城市原有单一功能分区被突破,出现了生产—办公—商业—生活等综合空间,空间功能高度综合化并重叠,产业的融合度在提高,如果还是沿用原来的“功能分区”理论,必将制约产业的转型升级。

二是在功能定位上,一些工业区与邻近的城镇契合度不够,难以形成良性互动机制。

三是在选址布局上,由于历史的原因,居住基地选址与城镇体系错位,一定程度上延缓产城融合的进程(图 4-4、图 4-5)。早在 21 世纪之初,上海就在郊区规划建设了若干以解决中心城旧区改造动迁安置的配套商品房为主的大型居住基地,对改善居民居住条

图 4-4 1966 上海居住体系分布图

图 4-5 上海产业基地分布图

件、提高城市居住水平起到重要作用。但是,由于规划选址与城镇体系结合不紧密、交通不够便捷、规划功能单一、社会设施配置滞后等原因,基地建设仍处于较低水平,甚至曾经由于政策原因一度停滞①。在目前规划的104个工业区块中,部分距离城镇还比较远,难以实现资源共享和空间融合,仍然呈现"孤岛"状态。

2) 在建设上,公建配套设施建设滞后,城市功能不完善

一是由于郊区区县对土地需求的热情高涨,一些重点开发的新城往往在规划中将支撑其发展的产业园区与新城剥离,这样,不仅为未来区域整体协调发展和产城联动留下先天隐患,而且助长了土地的粗放利用。例如,为了得到更多的新增建设用地指标,一些新城都将毗邻新城的工业园区单独规划和管理,单独计算用地指标。

二是在公共设施的建设过程中,往往存在着经济收益较大的商业、商务办公设施建设速度较快,公益性设施建设较为缓慢,以及重"商业"轻"公益"情况等现象,如高等教育未成规模、基础教育数量过大;缺乏地区级体育中心;综合医院布局不合理,专科医院不成体系,社区医疗设施不全;养老机构缺乏等。就上海来看,郊区三甲医院,不足上海甲级医院总数的10%;而上海的示范性学校,郊区占比不到三分之一。部分开发区基础设施投入不足,投资环境较差。近几年上海开发区基础设施投资连年下降,市级开发区还不到国家级开发区的一半,特别是原区级配套区,由于开发晚,资金缺乏,基础设施停留在"三通一平",环保设施不配套,影响了开发区的投资环境。

三是由于不少购房者仅将郊区新城的置业作为一种保值、增值的手段,导致房屋被大量空置;人气不旺,又在一定程度上加剧了当地公共服务设施滞后的局面,由此形成恶性循环,最终造成了"有城无市"的局面。

另外,不少产业园区往往用厚厚的围墙圈围,这种明显的空间割断,也往往造成园区与周边城镇之间功能联系上的断裂。

3) 在管理上,产业区与城镇在发展过程中尚未形成合力

当前我国开发区的管理体制大致有三种类型②:准政府的管委会体制、以企业为主体的开发体制、开发区与行政区管理合一的管理体制。目前上海的开发区管理体制以前两种为主。管委会与所在的城镇政府一般是平级,甚至在级别上高于所在地的城镇政府。

在规划管理方面,开发区的规划是由开发区管委会会同上级规划管理部门共同编制的,往往与所在的城镇规划相分离。在新城规划中,产业园区往往不划入新城范围内,从而造成产业园区和新城两套规划体系并行实施的局面。在实际管理中,园区管委会和新城建设主体分别对园区和新城实施管理,交集较少。

在土地管理方面,开发区的土地管理往往是由上级部门直接管理,开发区缺少相关的审批权。在这种管理体制下,开发区往往只注重经济职能而不具有完整的社会职能,在开发区的发展思路中重视工业区的建设而缺乏完整的社会功能配套。在这种政府组织模式和发展思路引导下形成的高比例的工业用地和通勤人口,往往会带来一系列的城市发展和社会问题。比如,职住人口的结构失衡会产生大量的流动人口,影响整体人口素质结构的提升,进而影响社会消费能力档次的提升和城市商业服务业、房地产业的发

---

① 熊健.2011.上海大型居住社区规划的实践和思考[J].上海城市规划,(3):36-39.

② 曾刚,林兰.2009.全球金融危机下上海开发区的困境与出路[J].上海开发区,(3):39-45.

展;职住用地的结构失衡会产生巨大的钟摆式交通,造成城市交通拥堵等。以外高桥保税区、金桥进出口加工区、张江高科技园区等为代表的国家级开发区为例,由于开发区具有较强的独立性,规划与建设主要在开发区层面进行,因此在其不断发展壮大过程中,对浦东区块的分割现象也越发明显;同时,由于开发区在功能定位上以产业发展为中心,城市生活功能并不完善,很大程度上仍需要依赖主城区,增加了主城区相关设施压力。在这种管理体制下,很难做到开发区和城镇在规划管理、土地管理上以及推进速度上形成合力,一定程度上制约了产城融合的有效推进。

4.4 典型案例分析

4.4.1 案例一:上海国际汽车城

上海国际汽车城位于嘉定区安亭地区,是我国的重要汽车产业基地之一。该基地 2001 年 9 月由上海市人民政府批准成立,是"十五"期间上海市委、市政府作出的一项重大产业发展战略决策。作为西部的综合性汽车产业基地,它与东部的微电子产业基地、南部的石油化工基地、北部的精品钢铁基地共同构成上海"东南西北"四大产业基地[①](图 4-6)。作为

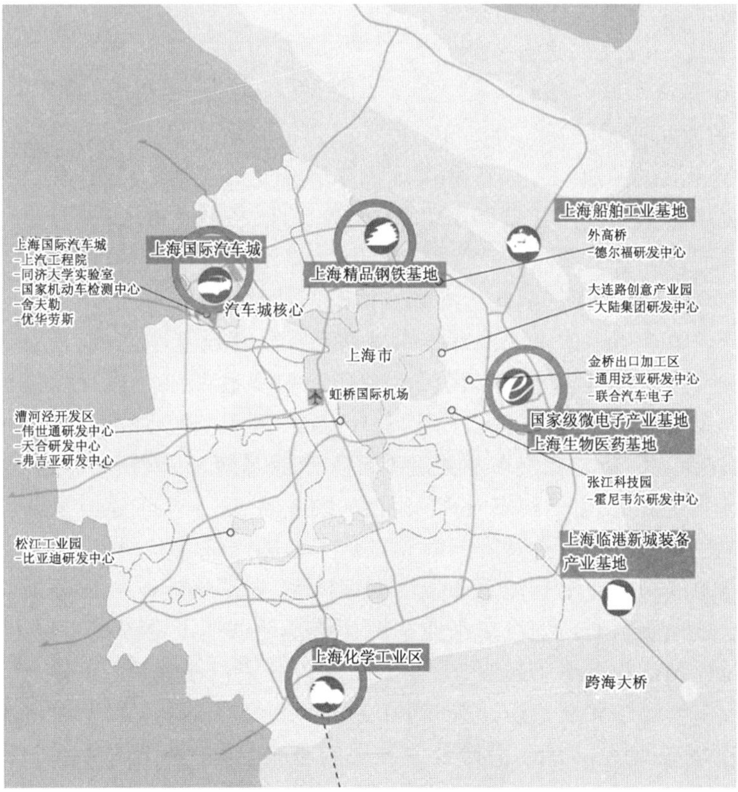

图 4-6 上海市"十五"规划提出的四大产业基地

① 可参见 http://www.shautocity.com/chinese/cczl-01.htm

上海"十一五"期间重点建设的三大新城之一,嘉定是上海产城融合的先行者。建设上海国际汽车城,是"十五"期间上海市委、市政府做出的一项重大战略决策。其功能定位非常明确,即作为一个产业化和城市化合一的综合性现代化汽车新城,同时肩负着市委、市政府赋予的上海产业结构和空间布局调整、拉动郊区工业化城市化和汽车产业升级、腾飞的重要使命。

1) 嘉定国际汽车城的基本情况

目前,上海嘉定汽车产业园区主要包括三个片区,分别为上海国际汽车城零部件配套园、黄渡工业园区(含东、西两个区块)以及上海南翔高科技园区(图 4-7)。

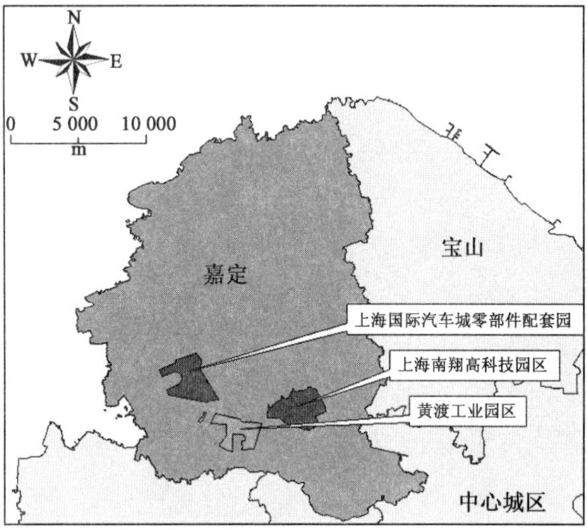

图 4-7 上海嘉定汽车产业园区区位图

区块一(上海国际汽车城零部件配套园)位于上海西北部工业重镇安亭,成立于 1998 年,前身是上海大众工业园区。2001 年 9 月 28 日,上海国际汽车城在安亭全面建设启动。同年,园区经上海市政府批准升格为上海市级工业园区,成为上海国际汽车城的一个重要组成部分,也是汽车城的核心区。

区块二(黄渡工业园区)于 2003 年 12 月由黄渡镇原有的黄渡工业园区和国际汽车城企业动迁基地两个园区整合而成,整合后的工业园区仍命名为黄渡工业园区。2006 年 8 月,经上海市人民政府审核批准,上海国际汽车城零部件配套工业园区、黄渡工业园区、嘉定区南翔高科技园区重新整合,合并组成上海嘉定汽车产业园区,至此上海嘉定汽车产业园区正式成立。

目前,占地 98.8 km^2 的上海国际汽车城基础设施建设基本完成,产业配套设施基本齐全,汽车产业集聚特征日趋明显,区域品牌形象初步显现,吸引了德国大众,美国德尔福、伟世通,加拿大麦格纳,日本住友商事等 10 多家"世界 500 强家企业"入驻投资发展,形成了汽车城核心区、新能源汽车与关键零部件产业基地、汽车整车制造区、汽车产业园区、汽车文体运动区以及生活配套等六大区域(图 4-8、图 4-9),建成了新能源汽车与动力系统国家工程实验室等一批具有国际先进水平的国家级公共研发与检测平台,拥有比较完善的新能源汽车产业配套体系和技术支撑体系,成为国内唯一可开展从整车研发到零部件检测全过程研制的新型汽车产业基地。该基地创造了中国汽车史上的多项第一:第一辆自行设计制造的上海牌越野车、第一家中外合资汽车制造厂、第一个 F1 赛车场、第一个专业汽车博物馆和展览馆,第一辆自主研发的氢能源汽车以及第一个汽车风洞中心等,已成为推动嘉定经济社会平稳较快发展的重要支撑,是国内外唯一功能齐全的综合性汽车产业基地。至 2009 年,进驻规划区域的汽车整车及零部件生产企业 138 家,其中,整车生产企业 1 家,2009 年整车销量 71.5 万辆,约占上海整车总产量的 57.4%;汽车零部件生产企业 137 家,总产值 174.5 亿元。产品主要涉及汽车发动机、底盘、车架、车身、安全系统、电子电器、汽车玻璃、汽车内饰等 15 大类。汽车城内还集聚了一批企业技术研发中心、汽车整车销售机构、汽车物流运输企业、二手车经营企业。

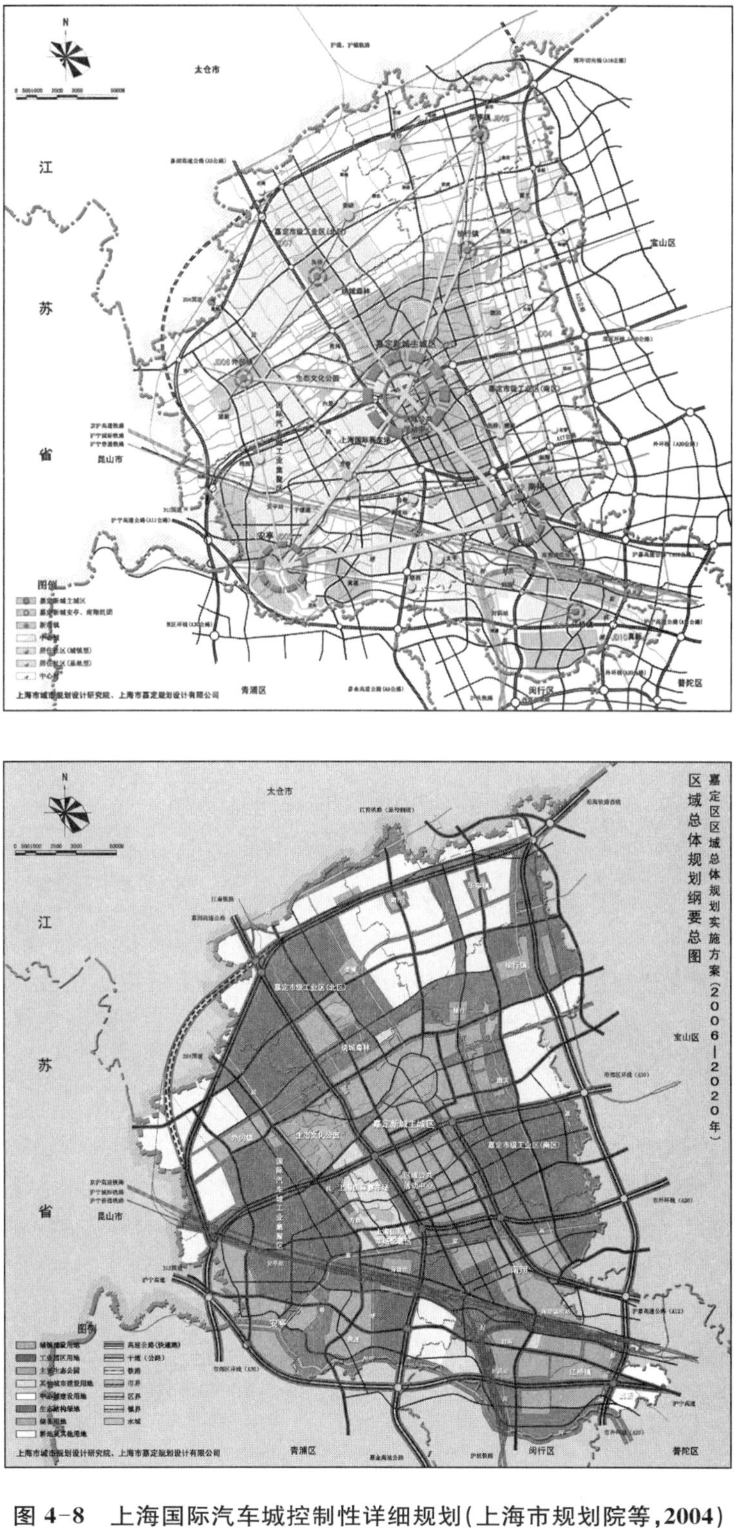

图 4-8 上海国际汽车城控制性详细规划(上海市规划院等,2004)

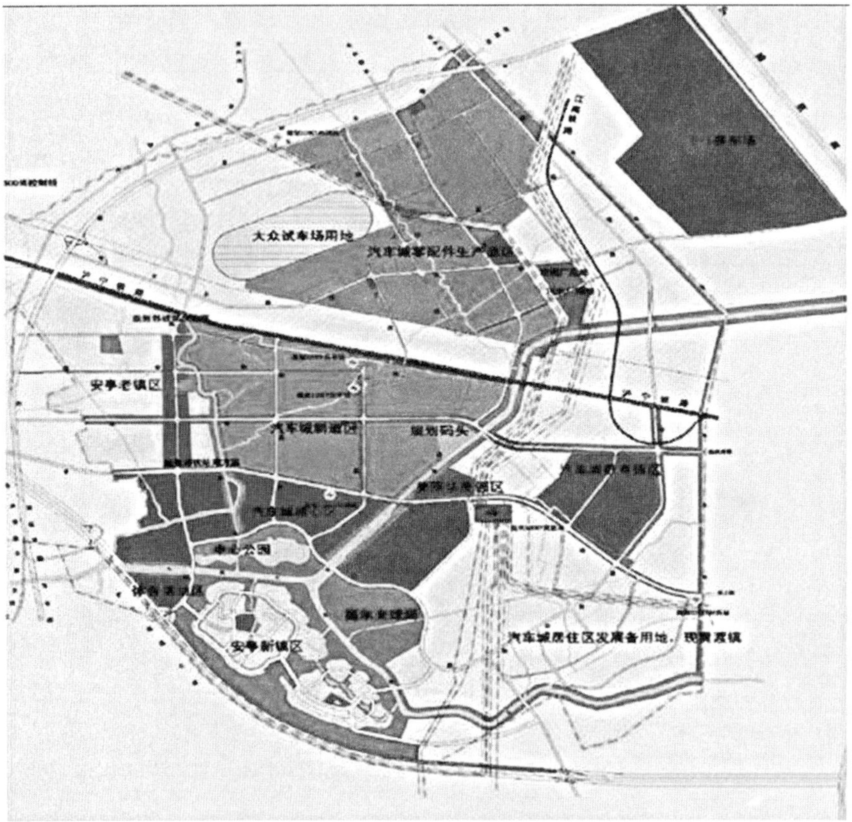

图 4-9　上海国际汽车城功能布局图

汽车城核心区"安亭—上海国际汽车城"的精华所在，是集汽车城管理服务，汽车展示、贸易、物流、研发、培训和休闲娱乐等功能为一体的综合功能区。经过不到 10 年的建设，核心区的主体开发已经基本完毕。从核心区项目实施情况看，经过 10 年的建设，汽车城核心区特色逐步凸显，汽车主题十分鲜明。建成的重要项目包括汽车博览公园、上海汽车博物馆、汽车会展中心、汽车城大厦、汽车贸易核心区、二手车市场、汽车研发区等，形成了鲜明的汽车城核心区主题。

2）推进产城融合的主要做法

为了推进产城融合，上海市政府和嘉定区政府先后采取了一系列措施。主要有：

（1）调整行政区划，拓展和整合发展空间

2009 年 7 月，经上海市政府批准，原安亭、黄渡两镇"撤二建一"，使得全镇面积扩大到 89.28 km^2，汽车城核心区由 12 km^2 扩大到 25 km^2，同时组建上海国际汽车城管理委员会和上海国际汽车城集团有限公司，进一步理顺了上海国际汽车城建设、管理和功能开发的运作机制。特别是紧邻原安亭镇的同济大学嘉定校区及周边、汽车电子产业园、黄渡工业区等区域均纳入汽车城核心区的范围，这将进一步整合双方优势资源，拓展发展空间，推动产业转型升级。

（2）完善管理体制，开发区与所在乡镇由各自为政走向紧密合作

早期，汽车城的建设实行"以市为主，市区联动"的管理体制。在领导机构方面，上海

国际汽车城建设领导小组是市政府设立的对汽车城建设进行领导和协调的机构，由市政府分管副市长担任组长，上海市相关委办局和大集团公司为成员单位，下设办公室。在开发主体方面，为建设上海国际汽车城，先后组建了五个企业，分别负责贸易区、研发区、赛车场区、新镇区、零部件园区和基础设施的规划、开发、建设以及招商，包括上海国际汽车城发展有限公司、上海国际赛车场有限公司、上海国际汽车城置业有限公司、上海国际汽车城新安亭联合发展有限公司、上海国际汽车城零部件配套工业园区等。后来，随着外冈地区新能源产业基地的开发新成立子公司负责外冈产业区开发。由此共有六家开发公司负责上海国际汽车城地区的建设和开发。在这种开发模式下，开发主体各自为政，诸侯经济较为明显，难以形成合力。2009 年以来，实行“以区为主，市区联手”的属地化管理体制，组建了几家大的公司，比如，F1 公司、安亭新镇开发公司、核心区开发公司，进行统一开发。调整了管理体制：一是成立上海国际汽车城领导小组，组长由分管副市长担任，嘉定区长担任副组长兼领导小组办公室主任。二是成立嘉定区管委会，区长任管委会主任。安亭镇党委书记任管委会办公室主任，兼开发集团公司董事长。在基础设施和公建配套设施等方面，统一规划和开发，从而把开发区与所在母城有机结合起来，增强了协调和建设力度(图 4-10)。

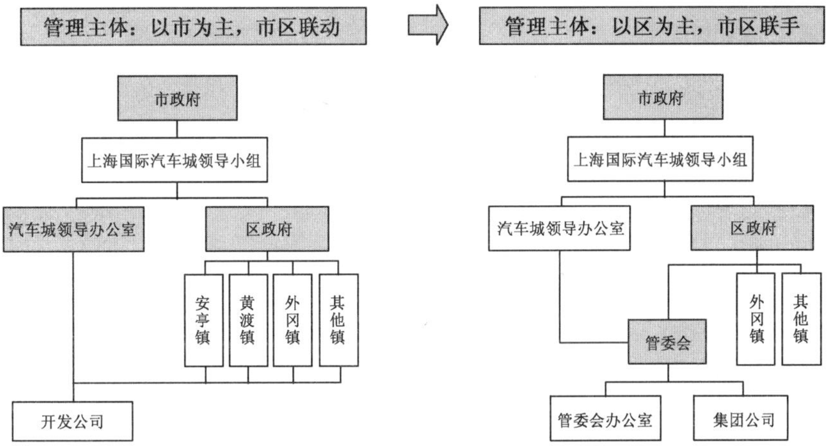

图 4-10 上海国际汽车城管理体制转变示意图

3) 加强汽车城与周边地区的统一规划

在 2001 年编制的《上海国际汽车城核心区控制性详细规划》中，重点明确了汽车城核心区的功能分区和空间布局。在 2005 年编制的《上海国际汽车城及周边地区整合结构规划》中，强调对各分区功能的进一步提升和融合，并结合轨道交通建设引导城市综合开发。从区域功能转型出发，深化区域总体规划，强化安亭作为嘉定新城城市组团的定位，进一步理顺城市功能和空间结构，强化科研和商贸等服务功能，完善城市基础设施及公共服务设施，形成良好的投资环境。提出产城融合的发展思路，尤其强调城市功能在汽车城中的发展。该规划提出汽车城位于长三角一体化发展的重要结合点，其发展必须置于更广的区域中，规划应明确汽车城与长三角的接轨服务以及在为上海世博会服务中的地位。规划必须协调本地区与周边昆山、太仓、青浦和嘉定新城主城区的关系，强调汽车城与周边区域的互动发展(图 4-11、图 4-12)。

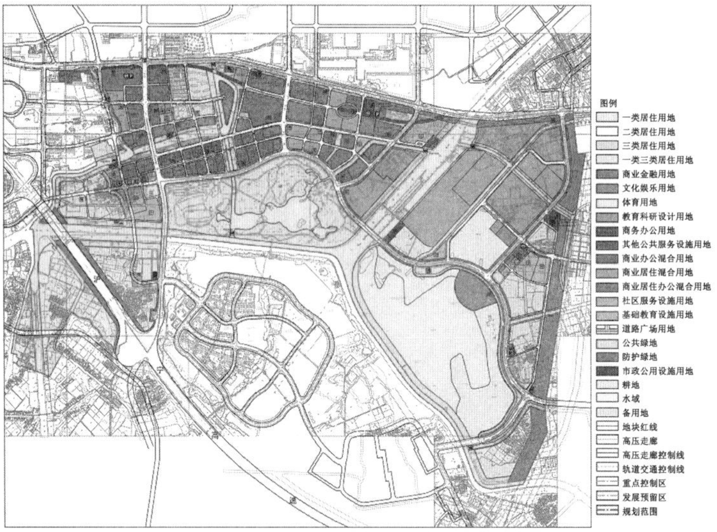

图 4-11　上海国际汽车城控制性详细规划(上海嘉定规划院,2001)

图 4-12　上海国际汽车城及周边地区整合结构规划（上海市规划院,2005)

4）推进产城融合中面临的问题

国际汽车城在推进“产城融合”方面也存在一些问题，已影响到汽车城的持续发展。主要表现在：

(1) 汽车城人气不足，户籍人口增长相当缓慢

从人口增长来看，安亭2001年建设国际汽车城以来人口增长缓慢，并未因为汽车城的建设带动城市人口的大量增长。从户籍人口数据来看，由于2001年的行政区划调整导致了安亭镇的户籍人口量突增，随后至2008年期间，户籍人口增长速度相当缓慢。1998—2008年期间，当地人口自然增长率甚至呈下降趋势。与之对应，尽管非农人口在2001—2005年期间有稳步增长，但在2005年之后增长势头趋于缓慢(图4-13)。安亭镇的户籍人口基本集中在老镇区，仍然保持原有的镇区生活风貌，而上海国际汽车城内基本多为市区自驾车和班车通勤的就业人员。

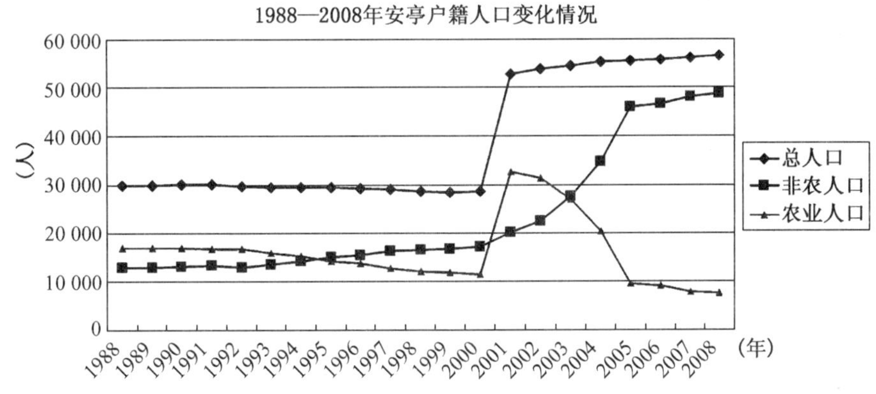

图4-13 安亭人口增长变化图

规划中安亭新镇是吸引人口集聚的居住区，一期开发共计50万m^2。现状安亭新镇已建成并出售的房屋共计2 600户，其中目前常住人口400多户，度假短期居住的有100多户，整个安亭新镇入住率仅有19%。入住率偏低的原因包括：建筑朝向东西向，未充分考虑上海居民的采光需求；能源费用较高，集中供暖等措施面临实际消费费用的限制；公共配套缺失；住宅区位远离就业人群，远离轨道交通，公共交通不能到位(图4-14)，等等。

图4-14 冷冷清清的安亭德国小镇

人气的缺失会在一定程度上引发连锁反应，并且可能会加剧人口流失和产业衰败的

恶性循环。在汽车销售方面，汽车核心贸易区内有许多汽车销售公司的汽车销售业绩差强人意，由于效益较差而被迫关闭，交通不便利，缺乏人气和客户群是其中的关键原因。在商务办公方面，由于缺乏人气，导致汽车城大厦的入住率仅为 30%，空置率相当高。在汽车博览方面，汽车博物馆实际每年吸引 5 万人，远低于规划预期的 200 万的人流量(图 4-15)。

图 4-15　冷冷清清的汽车贸易区

关于上海国际汽车城核心区控规实施评估的相关调查研究发现，虽然汽车研发吸引了大量高素质研发人员在核心区就业，但是由于核心区缺乏留住人的住宅和服务设施，这些就业人员大多数都在市区或其他地区居住，在安亭当地居住的就业人员只占 5%—10%，由此带来大量的通勤交通。

居住人气不足还对产业发展造成冲击。而且，工业区与居住区之间过度的空间隔离，会在一定程度上增加生活成本，也会导致当地缺乏凝聚力和归属感，难以形成工业区文化，严重影响二、三产业的融合发展。总之，人气缺乏是当前汽车城建设中面临的一个重要问题。如何吸引并保持旺盛的人气，成为当前一个最为重要的推进目标。

(2) 公共设施缺乏，城市功能建设滞后

虽然汽车城核心区建设了诸多汽车主题项目，但是城市功能的建设却相对落后。目前核心区商业配套、酒店服务、文化休闲等公共服务设施基本未能开发，整个核心区仅有一家餐厅开业。同时教育、医疗、体育等公益性设施配套也未能实现。从整个安亭地区来看，目前主要的公共服务设施基本都集中在安亭、方泰和黄渡老镇区，还是为镇上的居民服务。汽车城范围内尤其是几大工业片区内服务配套设施较为缺乏，仅有的大型服务设施如新词酒店和汽车城大厦主要分布在墨玉路沿线。临近的花桥国际商务城由于配备了五星级酒店等高端商务服务设施，汽车城内的知名研发企业若有大型培训活动或需要召开国际性会议，地点都考虑放在花桥国际商务城(图 4-16)。

图 4-16　汽车贸易区附近仅有的一家饭店

(3) 已建成的轨道交通，其作用未得到充分发挥

考虑到方便周边居民公交出行的需求，轨道交通 11 号线在规划区设置了墨玉南路

站和汽车城站，显著提高了该地区的可达性，对区域发展非常有利。但是轨道交通的集聚效应还未充分显现。主要原因有：一是与轨道交通站点接驳的公交运输体系还没有建立起来。二是由于该轨道交通站点距离市中心的停站太多，以致时间太长，因此选择乘坐的人数还不够多(图 4-17)。

图 4-17 上海国际汽车城核心区的轨道站点

可见，人气不足、公共设施缺乏、交通不够便捷等已经成为目前上海国际汽车城面临的核心问题。如果不能很好地处理就业与居住、生活之间的关系，不仅会在很大程度上制约城镇的正常发展，而且还直接影响到产业的转型升级。

4.4.2 案例二：上海临港产业区

1）临港产业区的基本情况

临港产业区规划总面积 240.99 km^2，包括主产业区、综合区、重装备产业区及物流园区、临港奉贤分区四个功能区域(图 4-18、图 4-19)。其中近期集中开发区域约 101 km^2，包括重装备产业与物流园区、临港奉贤分区以及临港芦潮港、泥城两社区(图4-20)。自 2003 年开发建设以来，临港产业区瞄准“高端制造、极端制造、自主制造”领域，加大招商引资力度，目前已形成新能源装备、大型船舶关键件、海洋工程装备、汽车整车及零部件、大型工程机械等产业集聚的装备制造基地和一批世界级工厂，战略性新兴产业也开始培育发展。按照规划，到 2020 年，临港产业区将建成国家级现代装备产业基地、国际生产服务业枢纽以及具有海洋文化特色的生活服务业集聚区。

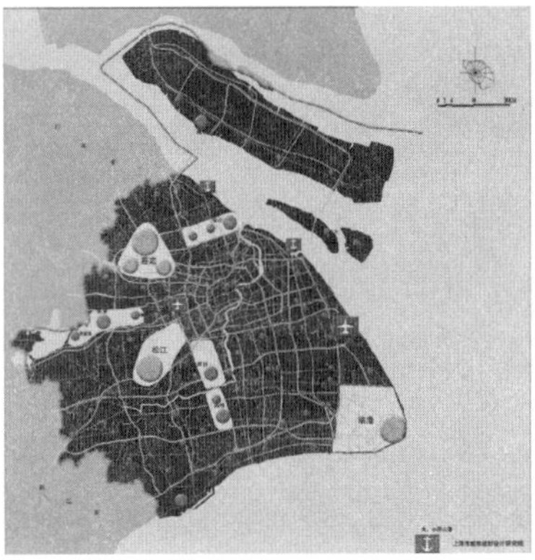

图 4-18 临港地区位置图

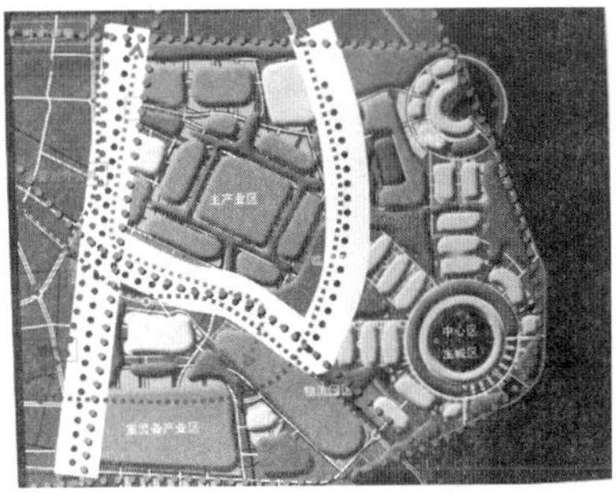

图 4-19 临港产业区空间分布图

图 4-20 快速发展中的临港装备产业区

2）临港产业区发展中面临的产城融合问题

临港产业区开发建设 10 年来，在取得显著成绩的同时，也面临着一些瓶颈制约因素，特别是人气不足、配套设施缺乏、产城融合度低等问题，一定程度上制约着产业的持续发展和地区功能提升。主要表现在：

(1) 产业区和居住区相隔较远,难以实现融合发展

目前,主产业区距离临港新城的主城区以及上海市中心都比较远,距离临港新城主城区 15 km,距离上海市中心 70 km(图 4-21),而目前尚未有轨道交通等快速干线。据有关部门调查,临港产业区的非本地工作人员不足三分之一居住在临港地区,多数员工仍采取市区通勤方式上下班。过分的产城分割布局,以及规划中的产业区配套设施在总量、种类和能级上也相对缺乏,严重影响了当地员工的居住和产业区的发展,影响了产城融合发展和新兴产业的发展,也是造成产业区冷冷清清的、缺乏人气的重要原因之一。

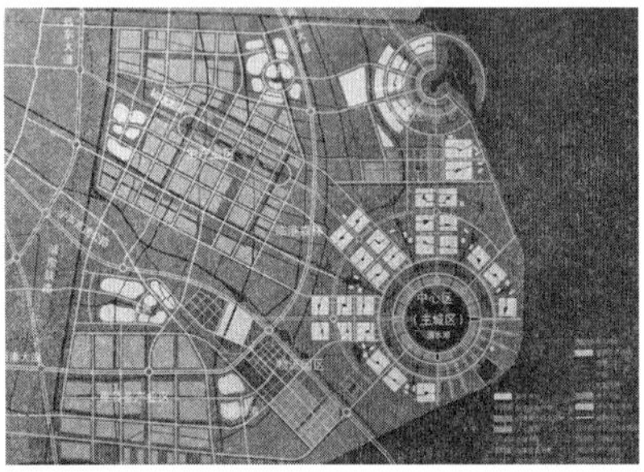

图 4-21　重装备产业区与主城区(中心区)的相对位置

图 4-22　冷冷清清的产业区

(2) 配套设施严重不足,不利于产业和人口集聚

据有关部门调查,临港产业区的非本地工作人员不愿意居住在临港产业区的原因主要有:上下班通勤不便、购物不方便,子女教育难,文化娱乐设施不足。据上海临港集团公司调查,当地员工最迫切的交通需求是轨道交通,最需要的配套设施是大卖场,限制其留在临港的最主要因素是子女教育与市区交通联系。同时,又难以依靠主城区的生活配套设施。由此导致临港产业区虽然成立近 10 年,但至今仍较为冷清、缺乏人气,严重影响了产业发展的启动(图 4-22)。

(3) 土地利用效率较低,存量用地盘活潜力大

临港产业区土地利用效率不高主要表现在两个方面:一方面,现有规划中局部地区绿化率偏高、道路绿化带面积也相对过大、部分公路过宽,不利于土地的节约集约利用(图4-23)。另一方面,部分产业项目容积率偏低,以及少量闲置土地的存在,也造成了土地资源的浪费(图 4-24)。

图 4-23　过宽的道路间隔绿化带

图 4-24　部分产业项目容积率偏低

3) 临港地区在促进产城融合方面的土地利用政策创新举措

为了促进产城融合，推动临港地区快速发展，2012 年以来，上海市委、市政府高度重视，经过深入研究，2012 年 9 月，正式发布了《关于在临港地区建立特别机制和实行特殊政策的意见》(沪委发〔2012〕16 号)(简称"双特"政策)。2012 年 12 月 12 日，市政府公布了修订后的《上海市临港地区管理办法》(第 96 号令)。2013 年 2 月 28 日，上海市政府出台了在临港地区建立特别机制和实行特殊政策的实施细则。总结这些政策措施，在促进产城融合方面提出了以下土地利用调控政策①②。

(1) 将"促进产城融合发展"作为近期发展重点

根据市委、市政府的文件精神，近期临港地区改革的主要目的是实现临港地区"两聚一强化"，即"集聚高端制造业、集聚创新创业人才、强化产城融合"。《上海市临港地区管理办法》明确提出，临港地区要突出高端制造、研发创新、综合服务、生活宜居等功能，将临港地区建设成战略性新兴产业创新引领区、创新创业人才集聚区和现代产城融合发展示范区。

(2) 将控制土地成本作为集聚人气和产业的重要途径

政策提出，要保持临港地区土地成本低、居住成本低的优势，使临港地区成为生产、生活成本的洼地，集聚产业人气的高地。在控制产业用地成本方面，提出了实行工业用地弹性出让，对工业项目、大型城市综合配套、重大功能性项目等用地，可采用带方案出让。确保临港地区打造成上海土地成本洼地。同时，临港产业区实行绿化在园区内总体平衡。在控制居住成本方面，临港地区将规划建设一定规模的"双定双限房"和"先租后售"公共租赁房(图 4-25)。所谓"双定"是限定区域和对象，"双限"是限定价格和年限。入驻临港地区的企事业单位可以购买公共租赁房，符合一定条件的个人可以购买"双定双限房"。

图 4-25 建设中的临港产业区公共租赁房

(3) 将优化土地利用结构作为提高土地利用效率、促进产城融合的重要手段

政策提出，在临港地区建立规划滚动修编、加强产城联动机制。结合浦东新区土地利用规划滚动修编试点，优化临港地区土地利用规划，提高土地节约集约利用水平。深化完善临港总体规划，形成更加科学合理的产城融合规划布局。

(4) 将完善配套设施作为集聚人口的重要着力点

政策提出，实施优惠土地政策，支持配套设施加快建设。临港产业区产业、基础设施和市政公益类项目土地指标单列和耕地占补平衡全市统筹。对南汇新城重大市政交通基础设施、环境设施等公益性设施，实行土地指标单列和耕地占补平衡全市统筹。在公共交通方面，尽快建成和开通通往临港地区的轨道交通线，并完善地铁短驳公交，规划有轨电车等公共交通体系。在生活配套方面，以人为本，适度超前规划和建设一批重大基

① 可参见《市政府新闻发布会介绍上海市在临港地区"建立特别机制和实行特殊政策"相关情况》(http://www.shanghai.gov.cn/shanghai/node2314/node9819/node9822/u21ai716751)

② 可参见《上海发布临港 30 条 5 年投资 1 800 亿打造 40 万人海滨新城》(http://news.sh.soufun.com/2013-03-01/9616927_all.html)

础设施，优先配置一批优质社会事业资源，强化商业与城市配套同步协调开发，加快吸引和集聚人气。提供优质生活配套服务，为中高端人才提供子女入学方便和本人就医的绿色通道，鼓励在临港举办各类大型活动。

(5) 将完善管理体制作为促进产城融合的重要保障

为了加快产城融合，上海市政府将原来上海临港产业区管理委员会和南汇新城管理委员会进行合并，撤销申港街道、芦潮港镇建制，调整老港镇部分行政区划，设立南汇新城镇。在此基础上，成立了上海市临港地区开发建设管理委员会，明确管委会为市人民政府派出机构，委托浦东新区管理，负责统筹推进临港地区开发建设(图 4-26)。同时，南汇新城镇和临港地区开发建设管理委员会进行合署办公，管理范围包括临港地区中心区(南汇新城)、主产业区、综合区、重装备产业区、物流园区和临港奉贤分区等，规划面积 315 km^2。"管政合一"后，有利于在临港地区实现市区两级的事权、资源高度集中和统筹联动，形成临港地区统一规划、统一开发、统一管理的总体格局。

图 4-26　2012 年 9 月上海市领导为临港开发建设管委会和南汇新城镇人民政府揭牌

相信随着上述政策的落实，必将加快临港地区产城融合发展和产业转型升级的步伐。

4.5　产城融合的国际经验借鉴

4.5.1　伦敦的产城融合：米尔顿·凯恩斯的经验

伦敦是典型的单中心大都市，一般所说的伦敦主要是指麦特绿带(Met Green Belt)以内的区域，大约覆盖 1 600 km^2 土地，拥有约 700 万居民和 300 万住房单位。其中，城市建成区面积为 1 580 km^2。

为了控制伦敦中心城市日益庞大的规模，抑制其进一步蔓延，伦敦主要采取了两方面的措施，做到了疏堵结合。一方面，在母城周围设置卫星城，试图通过分散母城的功能，缓解其沉重的人口与交通压力，同时完善城镇体系，优化城市区域空间结构；另一方面，在母城与新城之间设置隔离带，以农业耕地和公共绿地为主，通过严格控制其开发，达到保护城市外围自然景观的目标。

1945 年，Patrick Abercrombie 等人发表了著名的大伦敦区域规划。该规划以分散伦敦城区过密人口和产业为目的，在伦敦行政区周围划分了 4 个环形地带，由内而外分别为内圈、郊区圈层、绿带和郊县外围圈层(图 4-27)。

在严格控制城市周边绿带土地开发、控制城市规模过度膨胀的同时，伦敦还主动疏散母城的功能，积极推进卫星城和新城建设，跳开绿带向外拓展，在郊区设置并建设若干卫星城。从第一代工业城镇到第四代具有综合独立功能的新城，分散疏解的思想贯穿于发展过程始终。并且，母城与卫星城之间以及卫星城之间通过发达的交通网络连接，形成了多中心“城市群”的发展格局。从图 4-28 中可以看出，伦敦大都市的新城跨越了绿带范围，环绕母城布局。每座新城的规划人口规模与现状人口规模相比，都有较大幅度的提高，在分散母城人口压力方面起到了一定的作用。

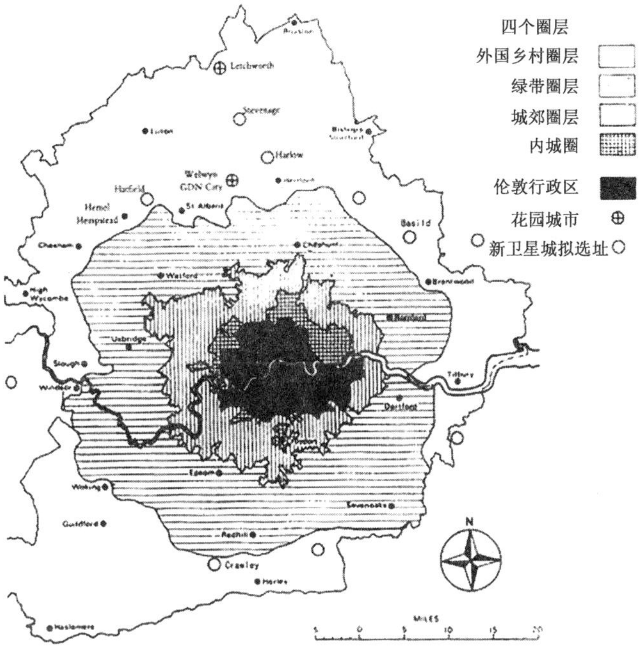

图 4-27　1945 年大伦敦规划

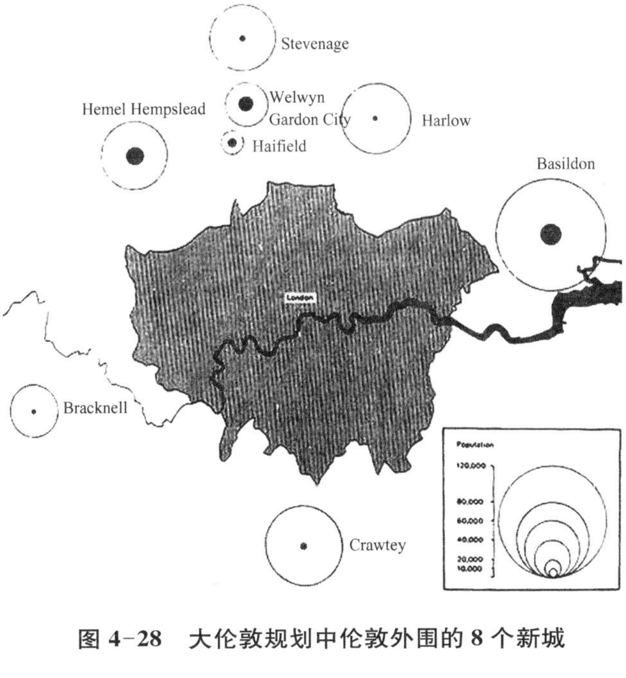

图 4-28　大伦敦规划中伦敦外围的 8 个新城

产城融合的典范——米尔顿 · 凯恩斯。米尔顿 · 凯恩斯是英国新城建设的典范，也是产城融合的典范，有许多经验值得学习借鉴。米尔顿·凯恩斯位于英格兰的中部，距伦敦 80 km，曾是一个名不见经传的小村庄(图 4-29)。1967 年成立的米尔顿·凯恩斯开发公司，开始规划设计。1970 年新城开始建设，以适应附近地区人口增加和疏散伦敦的工业和人口的需要。新城占地 89 km^2，用地范围内原有三座小镇和十三座村庄，经过多年的发展，目前人口已达 24 万，在整个规划建设过程中，十分注重产城融合。

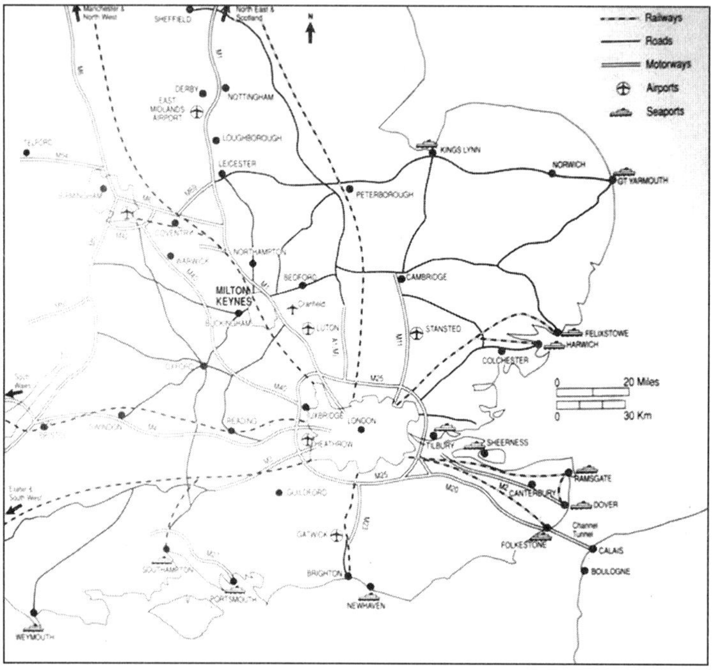

图 4-29　米尔顿·凯恩斯的空间位置

首先，在规划方面，米尔顿·凯恩斯十分注重居住和就业的用地平衡和空间布局的均衡。1990 年，住宅用地总面积 9 118 英亩，占整个用地的 42%；公路和铁路用地 3 089 英亩，占 14%；工商业用地 3 015 英亩，占 14%；社会和教育教育用地 1 174 英亩，占 5%(图 4-30、图 4-31)。

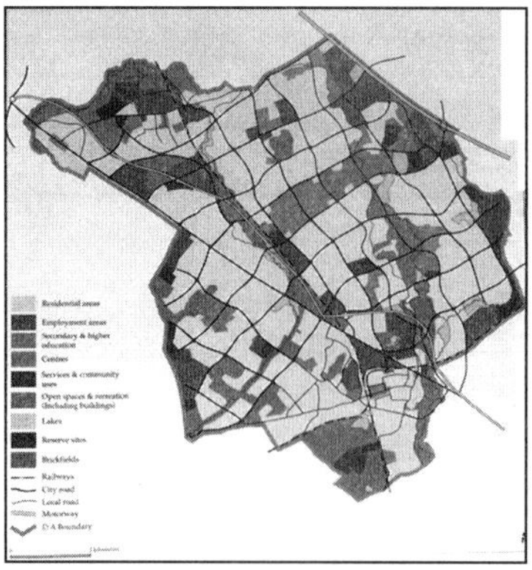

图 4-30　1970 年米尔顿·凯恩斯的总体规划

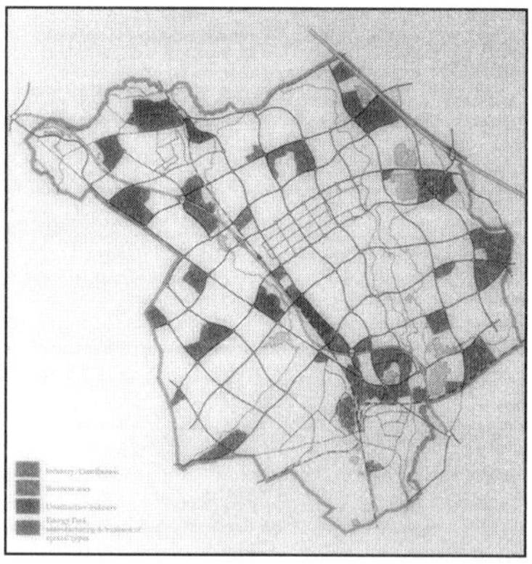

图 4-31　米尔顿·凯恩斯的就业区规划

其次，在建设方面，米尔顿·凯恩斯十分注重居住设施和就业设施均衡推进。一方面，加强配套设施和环境建设。在建设之初就考虑到城镇建设和居民生活的方方面面，诸如居住、环境、教育、发展、交通，等等。其街道分为小车道、公共汽车道和自行车道，各种车辆各行其道，市内交通井然有序。购物中心的建设也分为三种：小型的是社区购物中心，中型的是城镇购物中心，大型的则是全国水准的购物中心。这样的建设不仅使城镇功能齐全，布局合理，而且也便于管理。米尔顿高度重视教育事业的发展，为居民提供了终生教育的多种选择。远程教育和网上大学办得非常好，不仅服务本地人，更多的则是服务外地人。此外，还专门设立了"教育工商伙伴关系"项目，为以工商业为中心的教育提供支持。面向未来，米尔顿把"确保该地区继续向企业、企业雇员、雇员家庭以及所有来访者提供一个无以匹敌的环境条件"作为自己的建设目标(图 4-32)。另一方面，注重产业发展，利用优越的地理位置和良好的现代化基础设施。近 40 年来，有 5 000 多家新企业来到该镇投资，其中 20%为外企，特别是美国和日本企业。这些企业以大型企业为主，大约 60%的公司雇员超过百人[①]。为了便于当地居民就业，米尔顿特别鼓励中小企业的发展。据一项统计表明，米尔顿镇的企业平均规模为 22 名雇员，其中大约2 500 家企业雇员少于 5 人，1 200 家甚至只有一个人。另外，当地政府充分利用地理位置的优势，大力兴办零售、信息、咨询、保险、科研和教育培训等服务业。目前，该镇人口的失业率不到 1%，76%的就业人口从事服务业，制造业占 19%，建筑业占 4%，而农业只有 1%。在服务业中，又以批发、零售业规模最大，占就业人口总数的 22%[②](图 4-33)。

图 4-32　米尔顿·凯恩斯的居住区

图 4-33　米尔顿·凯恩斯的就业区

---

① 可参见《英国米尔顿凯恩斯：工商业催生绿色城市》(http://roll.sohu.com/20130313/n368636864.)

② 可参见《英国新城镇建设的典型范例与启示》(http://roll.sohu.com/20110326/n304908495.)

4.5.2 日本的产城融合:“卧城”的教训

日本在产城融合方面着力构筑以工业园区为基础、富有竞争活力的区域性都市,又以富有活力的区域性都市带动地方经济发展。日本自 20 世纪 60 年代初就提出以工业园区为基础来构建区域性都市的设想,到 1998 年在全国形成了一批以城市为核心的产业地域,大工业地带从四个增加到九个,产值占全国的工业总产值 86.6%以上。1962 年至 1982 年,着重抓产业与城市的互动发展。1962 年 10 月推出产业新都市建设 50 年计划,在全国选择了一批立地条件比较优越、适合工业开发、投资效果较好的中小型城市作为产业集聚重点,引导产业向这些城市集聚,以促进产业发展和产业新都市的形成。1983 年至 1998 年,主要推进把技术、产业(工业团地)、城市(住宅)、旅游(文化)和政府推进机构“五环”紧密结合的高度技术产业都市建设计划。为提高区域产业特别是城市的竞争力,1983 年,在全国选取了富山、滨松、信浓川等 26 个地域的 167 个市、町、村作为高度技术产业集聚重点区域。1998 年至今,主要是实施了“头脑立地”即先进技术产业城建设计划。从 1998 年底开始,为了促进特定地域产业的高度化,日本政府分别由国家文部科学省和科学技术振兴团在全国选取了 38 个点,确定了上千个项目进行实施。

日本在新城建设中注重产城融合,取得了一些成绩,同时,一些教训也值得其他国家吸取。为解决战后城市人口不断膨胀和城市无序蔓延等日益严重的城市问题,日本在亚洲最早开始了新城的规划建设。20 世纪 50 年代末到 20 世纪 60 年代,日本借鉴欧洲新城的发展经验,在东京郊区建设了 7 座卫星城。这些卫星城最初的设想是发展成具有多种就业岗位和社会设施的社会平衡、独立自足的城市,但由于东京人口的增长速度远远超越了规划预期,因此解决住宅需求和疏散中心区人口逐渐成为卫星城建设的首要目标,卫星城多发展为“卧城”。日本最早建设的大阪千里新城与东京多摩新城,区域内不设置可就业的单位,仅作为临近大城市上班族的“卧城”。大阪千里新城是日本开发最早、规划最大的新城。1955 年,为解决当时经济快速发展,城市人口激增所带来的住房等问题,当地政府决定在大阪郊区建设千里新城,当时的规划人口是 37 000 户,约合 15 万人,新城总开发面积 1 160 hm^2(见图4-34)。随着新城建设的推进,人口急剧增加,到 1975 年人口已达到 128 993 人①。然而,由于卫星城功能不健全,生产和生活服务部门不配套,居民要到中心城市工作和娱乐,额外的路途往返不仅增加了城市交通的压力,而且卫星城对大城市的疏散效应不大,甚至还造成了新城的衰落、人员的外流以及城镇的萧条(图 4-35、图 4-36)。

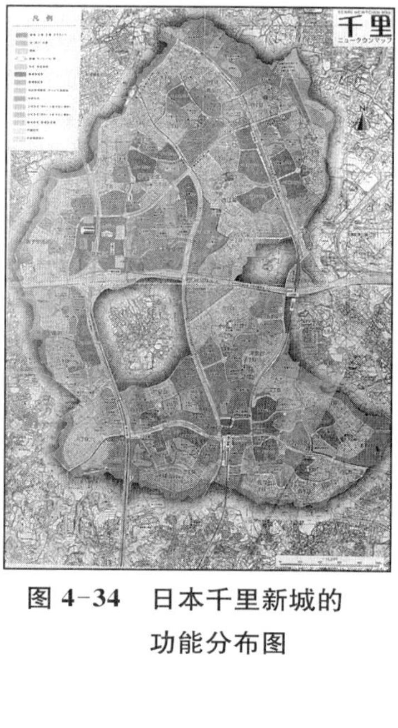

图 4-34 日本千里新城的功能分布图

① 邓奕.2006.反思日本新城建设50年[J].北京规划建设,(6):128-130.

图 4-35 日本大阪千里新城成片建设的住宅

图 4-36 千里新城内荒芜的绿地公园

4.5.3 香港的产城融合:发挥交通联系的作用

香港是世界人口密集最高的城市化地区之一。随着香港经济的繁荣和人口的不断增加,交通拥挤、居屋不足、供水困难等问题日益严峻。为了解决香港住房紧张的问题,政府于 1972 年提出了"十年房屋计划",计划在 10 年内建造能够容纳 180 万人的廉价住房。

由于如此庞大的建房计划无法在旧市区以及边缘地区内获得,为了将公共房屋所在地发展成为功能多样、设施周全、相对独立的社区,以公共住房为主要内容和动力的"新市镇计划"应运而生。香港政府开发的 9 个新市镇分三个阶段建设,第一阶段是在城市建设原有基础上选取 3 个镇进行建设,目标是追求生活和就业的平衡;第二阶段 3 个新市镇的选址结合了古老的墟镇,更关注保存原有的乡村环境,同时也强调就业居住均衡发展,留有一定的工业用地;第三阶段的 3 个新市镇则几乎都是从零开始建设,与前两者不同,它已不再刻意强调自给自足,而是增强与外界的交通联系以方便居民在区外就业的需求。

截至2001年,9个新市镇已接纳了300万人来居住,有效缓解了都市区的人口压力,全港人口分布更加合理。新市镇的发展深刻改变了香港的城市形态,城市布局已向多中心发展。其中,港九中心城区是全港的核心区,9个新市镇构成了城市的次级核心,加上下一层次的乡镇,形成了"三级城镇体系"。新市镇相对自成一体,良好的居住环境、完备的配套设施、高效率的城市交通网络等综合规划建设,使其形成相对完善的次中心(图4-37)。

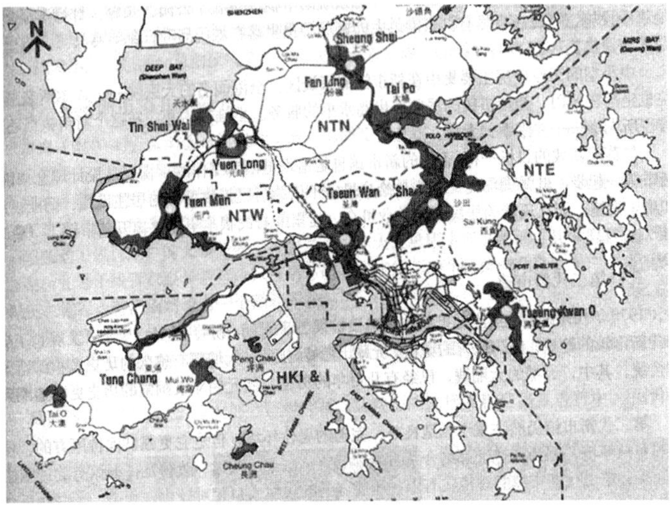

图4-37　香港新市镇分布图

4.5.4　台湾的产城融合:注重机能的复合化与高度化

早期台湾的工厂大多沿主要公路呈带状或零星分布,土地与环境未能有效利用和控制。1970年开始工业区建设后,对台湾工业发展及整体土地利用规划管制的影响很大。为便于投资者取得设厂需用土地,当局分别于1960年及1991年制订了《奖励投资条例》及《促进产业升级条例》,协助当局与民间从事工业区编制、土地取得、规划、开发及管理。至2007年3月底,编制的工业区共计175处,面积36 978 hm^2,其中已完成开发的工业区由当局管辖的有60处,已提供11 596家企业设厂用地及50万个制造业员工就业机会,有力带动和促进了台湾地区制造业的成长。

为适应产业的转型升级,台湾工业区的规划理念也不断优化调整,先后经历了五个阶段:(1) 住工混合阶段。最初的生产场所是"客厅即工厂"的住工混合型态,工厂出现在住宅区中,与城市的其他功能并存。由于工厂尚未达到规模化的程度,因此尚未出现工业区的迹象。(2) 工厂与居住的分离阶段。随着技术革新的推进,出现了大规模标准化的生产工厂。随之而来的噪音、煤烟等问题,使得工厂难以与都市生活继续并存,再加上高地价的影响,导致工厂逐渐迁往郊区,并与都市功能疏散、隔离。(3) 工业区建立阶段。基于工厂的聚集利益,通过积极的规划与开发,开始发展工业区这种崭新的生产场所形态。(4) 工业区机能的复合化、专业化、多样化阶段。为了解决在郊区开发的工业区,因为隔离而无法提供的都市机能,遂提出复合化的工业区,也就是工业区不再只是作为提供工业生产的用地，而是加入非制造业的产业，形成多样化的"产业区"，区内活动包含研发与商业机能，如设置购物中心等；在专业方面，逐渐形成和研究所或大学结合的工业区，使产业空间更富创造性，其中以研究园区及软件工业园区为代表。(5) 工业区机能的高度化阶段。工业区机能的高度化，是指工业区从过去制造生产的机能，逐渐朝向商业机能与文化机能发展，形成产业区与都市功能上的互补作用，并进一步开创新的产业都市和文化据点，以创造新的产业地区(表 4-4)。

表 4-4 工业区的规划理念演变

	变迁概况	重要特征	规划理念与观点	工业区发展历程
阶段 1	工厂位于市内家庭工业的生产方式	工厂的出现	无具体规划方法	—
阶段 2	工厂移至郊外且逐渐规模化	工厂的成长	以隔离的方法为主及重视都市环境的保护	酝酿期
阶段 3	工业区大规模化设置工业区	工业区的出现	集体隔离的方法以及大规模工业区的形成	初生期→成长期
阶段 4	产业结构软件化工业区机能变化	产业区性质多样化研究园区的设置	分区管制的改善	成长期→成熟期
阶段 5	需求高度化大规模产业用地不足	复合式产业区出现老旧工业区的更新	与都市机能融合与都市机能的重现	成熟期→衰退期

4.5.5 产城融合的国际经验总结

总结国际上在新城建设中推进产城融合的做法，主要有以下几个特点：

1) 注重市政公建设施与住房、产业的统一规划、统一开发

无论是新城建设还是园区开发，都应当具备高品质的公共服务设施和完善的基础设施，这是保证其基本运行的必要条件。西方发达国家在新城开发中，往往将商业服务、文化娱乐等公共设施和住房进行同步规划，同步开发。各类管理、教育、医疗卫生、福利等公共设施及水电等基础设施一般都由地方政府统筹管理建设。高质量的生活环境将越来越成为吸引企业和人才聚集特别是高科技企业与优秀人才落地生根的重要前提。例如，巴黎新城在建设时，把行政管理、商业服务、咨询产业以及文化娱乐设施等多项功能都综合安排在一个规模较大、功能齐全、设计新颖，并能体现现代科技水平的新城中心区内，形成了一个功能综合的现代化新城区，使新城居民在就业、文化娱乐和生活方面能享有与在巴黎中心城相等同的水平。

2) 注重生活环境和休闲娱乐环境的营建

国外一些工业区都十分重视园区的环境建设，着力实现生产、生活、生态的有机融合。例如，新加坡在规划裕廊工业区时，将靠近城区的东北区片规划为新兴工业和无污染工业区，重点发展电子、电器及技术密集型产业；沿海的西南区片规划为港口和重工业区；中部区片规划为轻工业和一般工业区；而沿裕廊河两岸地区则规划为住宅区和各种生活设施，兴建了学校、科学馆、商场、体育馆等，使裕廊工业园成为生产和生活的综合体，促进了产城融合。同时，在工业区规划中还充分考虑环境问题。从一开始就有计划

地保留10%的用地作为建设公园和风景区的用途，现已建成10多个公园，包括世界著名的飞禽公园、中国式公园、森林公园等，使裕廊岛成为风光别致的工业区兼旅游区，被称为“花园工业镇”，吸引了大量的跨国公司云集于此。目前，把亚太总部设在新加坡的著名企业多达100多家(图4-38)。

图4-38　新加坡的生态工业园

3）注重实现“职住平衡”

单一居住功能的新城，尽管能分散人口居住，但却因就业职能和其他公共服务职能仍留在市中心而导致长距离往来交通增多，反而会加剧大城市的交通拥堵；而且，新城会因缺乏就业岗位和完善的公共服务设施而丧失吸引力。

因此，新城首先要能够提供充足的产业支撑和足够的就业岗位，而且产业构成应趋于多元化。产业结构单一，往往新城缺乏发展活力，尤其是当某一产业遭遇困难时，新城的经济发展就会陷于停顿不前的境地。具有充足且多元化的产业支撑的新城，其发展才更具有可持续性。日本的新城多是“卧城”，产业发展不足，就业岗位缺乏，产生与中心区连接的大规模通勤交通，加大了大城市的压力。香港在建设新城时，注重在新城内发展一定规模的产业，但主要以制造业为主。进入20世纪90年代后，随着香港经济的升级调整，香港制造业不断向珠三角地区转移，导致新城就业岗位大量丧失，居民不得不到中心区去上班，城市发展出现一些新的矛盾和问题。与之相比，法国的新城大多具有健全的产业功能。如在马恩拉瓦莱新城，1992年欧洲迪斯尼乐园开放，每年游客人数接近1 200万，提供直接就业岗位1万个；古斯塔夫埃菲尔商务园区吸引了众多从巴黎市区和近郊迁入的商务服务业企业。目前马恩拉瓦莱已成为巴黎大区东部的娱乐中心和物流中心。

4）注重产业区功能的综合性和多样化

这里的综合性包含两个方面：一方面，从产业自身来看，世界各国开发区的发展大致经历了一个从单一的贸易功能(自由港、自由贸易区)向工业、贸易双重功能(出口加工区)，再向具有多种功能(综合型开发区)不断发展完善的过程①。在此期间，产业功能由单一走向综合，由低层次向高层次推进，产业不断转型升级；另一方面，从产业开发与其配套服务之间的关系来看，开发区的正常运行还需要其他一系列相关功能的配套。注重产业开发本身无可厚非，但应当注意的是，产业功能只是开发区的一个主导功能，并不能够代表其全部功能。单纯追求生产而忽视生活，会在很大程度上导致产业区与城区之间的脱节。产业区本身就应当是一个融产业开发、生活服务、休闲娱乐、生态环保等多功能于一身的现代化城区。

5）注重大运量、快速、高效的公共交通系统建设

发达国家和地区新城建设的实践表明，卫星城的属性及其定位决定了它需要与母城保持一定的距离。距离太近，卫星城很可能会被强大的母城所吞噬，被纳入母城建成区的范围，例如巴黎的拉德芳斯。距离太远，又难以保持足够的吸引力，起不到疏散母城功能的目标，成长动力会严重不足。一般来说，新城与母城之间的距离大约在20—40 km。

① 可参见同济大学《关于上海产业园区规划发展研究——各类园区现状调研报告》。

为此，需要在新城与母城之间构建大运量、快速、高效的公共交通系统，其中轨道交通的建设尤为重要。例如，新加坡通过公路和轨道交通把住宅区、工业区、商业区等有机融合起来，促进产城融合发展(图 4-39)。

图 4-39　新加坡通过高速公路和地铁将工业区、住宅区、商业区有机融合

4.6　促进上海产城融合发展的土地利用政策创新

产城融合的核心是实现生产、生活、生态的融合，形成集聚效应，推动服务业和高端产业的发展。促进产城融合是一项长期的系统性工程，需要规划、土地、财政、金融、人才等方方面面的政策配合和支持。本书结合上海市产城融合中存在的问题，重点从土地利用政策创新的角度提出相关对策建议。

4.6.1　创新规划理念，由单纯“产业区”规划转向“产业新城”规划

一是在规划理念上，不能就开发区论开发区，而要将开发区置于整个区域背景中，从游离于中心城市发展体系之外的“产业孤岛”向具有相对完备的生活服务设施与配套的第三产业的新城转型。在此基础上，注重规划的融合。加强开发区与周边城镇的统一规划，尤其要做好开发区周边地区的结构性规划，指导地区的综合开发，并根据产业发展需要，及时调整产业布局并制定与之相适应的空间整合策略，在园区与周边地区(包括城镇地区)之间以及园区内部各组团之间实现规划上的衔接。例如，对于上海国际汽车城来说，要注重汽车产业的发展定位与安亭镇的定位相匹配、相协调。根据国际汽车城开发区的汽车产业从以生产制造为主转向汽车研发、贸易、物流、展示等复合型、多元化发展的趋势，可将安亭镇的功能定位为：汽车制造业和贸易、研发、教育等面向生产的服务业的重要产业集聚地，以汽车经济和汽车文化为主要特色、二、三产业融合、城市功能与产

业功能并举、社会经济环境协调发展的上海郊区示范性现代化城市。

二是注重实现“职住平衡”和各种功能的协调。在指导思想上，可借鉴美国的“新城市主义(New Urbanism)”思想[①]完善现有规划：①提供多样化的居住机会和选择；②创建适宜步行的社区空间；③鼓励社区和利益相关者的协作；④培育有特色的、富有吸引力的并且具有强烈归属感的社区；⑤开发策略稳定、公平并且富有成效；⑥混合土地利用；⑦保护开放空间、自然风景区和环境脆弱地带；⑧提供多样化的交通选择；⑨加强和引导对现有社区的开发；⑩提倡紧凑的建筑设计。结合上海国际汽车城中存在的问题，建议进一步优化用地结构，适度提高居住用地和公共服务与生活配套设施用地的比例，完善综合服务功能，提高园区与城镇的生活服务品质，在产业集聚、活力增强的同时，也达到功能完善、人气凝聚的目标。例如，核心区可适当吸引人口入住，增加一些住宅开发；业态以小户型、人才公寓为主。在道路系统上，可适度加密路网，核心区采取小街坊开发，强调功能混合。在开发强度上，可适度提升核心区的土地开发强度。

三是推进功能融合。未来，园区除了要做到产业集中外，还要追求复合功能，逐步将城市功能有机融入，使生产区、生活区、公共游憩区、配套服务区有机融合，既提高土地利用效率，又保持良好的生态环境。

4.6.2 营造高品质的居住生活环境，凝聚开发区人气

在凝聚人气上，一方面在产业发展上要延长产业链，积极发展研发、贸易和办公等各项服务功能，推动第三产业发展，增加产业园区的就业需求；另一方面，要形成中高档生活居住、公共配套设施和高雅休闲娱乐功能区，加快城市化进程。

一是加强人才公寓和职工宿舍建设，降低居住成本。例如，针对上海国际汽车城人气不足的问题，建议在汽车城的核心区适量增加居住功能。以蓝领和年轻白领生活居住为重点，满足吸引就业人群的需求，以小高层、小户型为主，新增人才公寓，建设只租不售的高档居住区。要形成多层次的居住体系，吸引不同层次的人来居住和工作，着力形成高科技人才集聚的高端生活社区，形成生活、工作、交易、购物和游玩都能受益于彼此的状态。例如，漕河泾开发区通过在开发区附近建设人才公寓等方式，有机促进了产城融合发展(图 4-40)。

二是营造休闲娱乐的生活环境，提高居住品质。产业园区往往都是白领的聚集地，特别是随着产业多元化发展，尤其是服务贸易的发展，需要更多的交际场所。同时，年轻人对居住环境的品质也有更高的要求，喜欢浪漫且富有情调的环境(见图 4-41)。因此建议在开发区的规划编制中要强化城市设计，对每个地块都从城市设计角度提出相应的控制指标，打造符合高科技人才需求的休闲娱乐区。例如，汽车城可以用绿地公园为主要形式，并结合体育运动设施和小型餐饮娱乐设施共同设置，集丰富的休闲游憩功能于一体，成为户外公共活动的重要场所。同时，要注重高雅休闲娱乐功能区的打造，为国际人才提供临时性居住场所，规划符合国际标准的酒店、学校、零售、餐饮等公共设施，完善公共服务功能，使居住者不需要前往市中心就能满足基本的生活需求；提供高档餐饮酒吧、户外运动、演艺中心等项目，满足高薪人才高雅休闲娱乐需求，吸引各类人群在核心区日

---

① 可参见“Principles of Smart Growth”(http://www.smartgrowth.org/about/principles/default.asp)

夜时间段的集聚。

图 4-40 上海漕河泾开发区专门在园区内建造的人才公寓

图 4-41 上海漕河泾开发区内建造的休闲公园

加快建设公建配套设施，对于集聚人气，实现产城融合至关重要。例如，对于上海汽车城来说，需要增加的配套设施主要有四个层面的内容：必备设施，包括国际学校、餐饮、国际医院、服饰购买；理想设施，包括户外运动场所、综合商圈、生态植物园、酒吧街、电影院等；休闲娱乐设施，包括游泳池、绿地散步、逛街、球类、电影院、高尔夫球场和餐饮美食；小孩设施，包括公园/动物园、科普教育、体育运动、旅游、购物等。

4.6.3 创新机制和政策，加快公建配套设施建设

建设公建配套设施，目前的难点在于资金的筹措。为此建议：

一是加强政府的财政支持力度，特别是向郊区转移的力度。加大对新城、新市镇在好的医院、学校、交通设施等方面的建设力度。

二是探索建立税收返还机制。目前上海不少开发区都是由管委会下属的开发集团公司在运作，有些开发区，比如漕河泾开发区、紫竹工业园区是由国有公司或民营公司直接管理，实际上是靠工业地产来运作。但是随着新增土地的减少，特别是工业用地实施招拍挂制度后，单靠出售或出租房屋土地已经难以维持。因此，为了激发这些开发公司加大公建基础设施建设，建议给予一定的税后返还或土地出让金返还优惠政策。

三是探索建立"捆绑式"的土地出让机制。所谓"捆绑式"出让机制，就是政府在土地出让时，附加一定的条件，并将这些附加条款写入土地出让合同，要求开发商在房地产开发时，也要完成附加条款的任务。例如，在土地经营性用地出让时，要求开发商搭建一定比例的公益设施或公共租赁房、人才公寓。再如，为了节约土地，以及更好地集聚人气，在土地出让时要求开发商围绕轨道交通站点进行立体式综合开发(图4-42)。该模式倡导对公共交通站点地区进行紧凑的多用途土地开发，紧邻交通主干道设置办公、商业

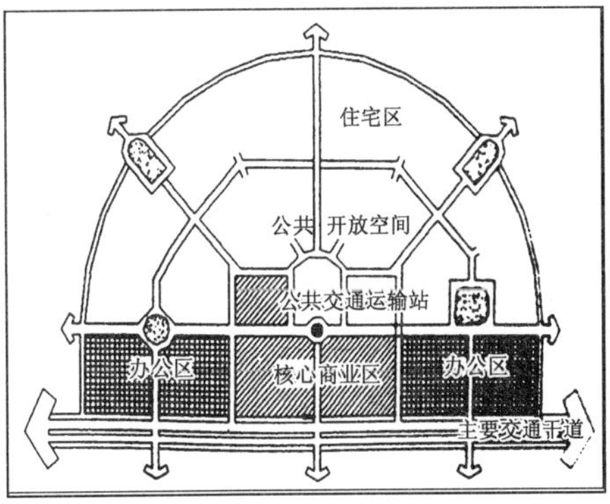

图 4-42

等用地，然后在外围地带布局住宅用地，并且通过公共交通线路将两者进行高效连接，从而建成集购物、餐饮以及娱乐为一体的综合设施，形成地区级商业中心，繁荣当地市场。

4.6.4 完善管理体制，以管理整合推动产城融合

一是开发区和所在城镇政府实现兼职或交叉任职，共同管理。例如，上海国际汽车城的管理，从“以市为主，市区联动”调整为“以区为主，市区联动”，开发区与嘉定新城及安亭镇政府交叉任职后，大大加快了城镇化进程。开发区成立上海国际汽车城领导小组，组长由分管副市长担任，嘉定区长担任副组长兼领导小组办公室主任。开发区还成立了嘉定区管委会，区长任管委会主任。安亭镇党委书记任管委会办公室主任，兼开发集团公司董事长。从而把开发区与所在母城有机结合起来，增强了协调和建设力度。

二是建立开发区和所在城镇政府协调运作机制，分工负责，共同推进。即，开发区主要负责经济功能，社会功能则由当地政府负责。在这方面，深圳的经验值得推广。在深圳城市化发展之初，南山区形成了蛇口工业区、华侨城集团、南油集团等号称“八大金刚”的驻区大单位。八大金刚各自为政的发展，形成了南山区与“八大金刚”区块分割，协调困难的发展状态。南山区通过实践“不求所有、但求所在”，打破原有按所有制性质确定服务对象的方式，树立“大南山”观念为指导思想解决难题。自 1999 年始，南山区委、区政府逐步将原来由“八大金刚”负责的公共服务设施，如城管、环保、学校、医院等接管过来，减轻企业办社会的负担；同时，南山区进行统一规划，专项拨款完善市政设施，绿化美化环境，改造道路。目前，“八大金刚”已充分融入城市的整体发展系统中。

4.7 本章小结

随着现代科学技术的发展，工业化和城镇化的关系越来越密切。实现工业区的转型升级，必须推进产城融合。但是，受传统的功能分区规划理念的影响，以及其他方面的原因，在工业区发展过程中往往存在着布局不合理、周边缺乏配套设施、园区孤立发展等问题，从而制约了产业的转型升级。

为此，本章从优化区域空间布局的角度入手，梳理总结了国内外产城融合的理论和实践经验，认为产城融合的核心是实现生产、生活的融合，形成集聚效应，推动服务业和高端产业的发展。本章以上海国际汽车城和临港产业区为例，从创新规划理念、营造居住生活环境、创新机制和政策以及完善管理体制等入手，提出了促进产城融合的土地利用创新政策。

5 促进产业集群发展的土地利用政策创新

产业集群化是产业发展的一种空间组织形式,目前已成为国际产业发展的主要趋势,同时也是我国推进产业转型升级的重要途径。如果说促进产城融合主要是从优化工业区外部环境入手的话,产业集群建设则更多的是从工业区内部入手,对土地利用的空间结构进行优化重组。

5.1 产业集群的相关理论

5.1.1 产业集群的内涵和特征

1) 产业集群的内涵

关于集群的概念,最早可追溯到马歇尔在《经济学原理》中对特定产业地点外部条件的研究。他把专业化产业集聚的特定地区称作“产业区(industry district)”。后来的学者受马歇尔产业区概念的影响,把因传统行业集聚而形成的、以“第三意大利”为代表的、一些由中小企业集聚而成、企业之间既竞争又合作,并广泛存在正式与非正式联系的社会地域称为“新产业区”。目前学术界关于产业集群的解释,比较公认的是美国哈佛商学院迈克·波特(M. Porter)教授的定义。1990 年迈克·波特在《国家竞争优势》一书首先对产业集群(industrial cluster)进行定义,即产业集群是指一组在地理上靠近的相互联系的公司和关联的机构,它们同处或相关于一个特定的产业领域,由于具有共性和互补性而联系在一起。从产业结构和产品结构的角度看,产业集群实际上是某种产品的加工深度和产业链的延伸,在一定意义讲,是产业结构的调整和优化升级。从产业组织的角度看,产业集群实际上是在一定区域内某个企业或大公司、大企业集团的纵向一体化发展。产业集群的核心是在一定空间范围内的产业高集中度,这有利于降低企业的制度成本(包括生产成本、交换成本),提高规模经济效益和范围经济效益,提高产业和企业的市场竞争力。

2) 产业集群的主要特征

相对于一般的企业集聚,产业集群具有以下特征:

(1) 空间集聚性。某一特定产业的大量企业及与之相关的支撑机构在某一地域集聚成群,构成相对完整的产业链。

(2) 互惠共生性。单个企业越来越难以依靠自身生产所有有关知识和拥有各种相关资源,去完成知识的经济化过程。为了减小风险、缩短进入市场的时间,产业集群中的每个企业都只能从事创新增值链条上的某一环节性工作,实现专业化分工。既专业化分工又相互协作是产业集群的一种主要创新方式。竞争使得企业群落中的企业个体始终保持足够的动力以及高度的警觉和灵敏性,并依靠协作伙伴关系在竞争中发展壮大。

(3) 根植性。集群合作创新有很强的产业关联性(产业根植性)、共同的创新文化(文化根植性)、地理位置的接近性(地理根植性),这是创新集群竞争优势的关键来源,对集群内中小企业技术创新有极为重要的意义。

(4) 资源共享性。众多相关联的企业聚集,可以实现资源信息共享,克服单个企业创新资源的不足,并互为创新成果的传播者和使用者。

(5) 创新组织的开放性。集群内合作创新网络与集群外的其他组织有着密切的开放性联系,集群内的合作创新网络更是一个错综复杂的组织关系,当其中的一种联系变得无效时,这种联系将会被一种新的联系所取代。产业群的集聚效应,主要表现在外部经济效应、规模经济效应、知识溢出效应、品牌与广告效应等方面,从而引致产业群的成本优势、创新优势和自增强机制,最终表现为强劲的竞争优势。

5.1.2 产业集群与产业集中、产业集聚、产业链、价值链的区别

产业集中(Industrial Concentration)是指某一产业内规模最大的几个企业在整个产业内的份额,主要反映产业内企业垄断程度的高低,与产业的空间分布和产业内企业间联系没有直接关系。

产业集聚(Industrial Agglomeration)是指产业在空间上的集中分布现象,产业的空间集聚可以形成产业集群,但是并不是所有的产业集聚都可以形成产业集群。也就是说,产业集聚只是产业集群形成的一个必要条件,而不是充分条件。

产业链(Industrial Chain)是指某种产品从原料、加工、生产到销售等各个环节的关联,主要侧重于产业间联系,对于产业以外的机构如商会、协会、中介机构等关注较少,而且产业链没有空间集聚含义①。产业集群的概念则要比产业链、价值链的概念丰富得多,它既包括产业间的联系,还包括产业及其他相关机构间的联系,而且还强调空间的集聚。

另外,产业园区与产业集群也不是对应关系②。产业园区是政府有意设置的产业空间组织形式,它为产业集群形成提供了空间聚集条件,但能否形成产业集群还要看企业间的联系和机构的系统性,看是否形成了持续竞争优势。

5.1.3 产业集群的主要类型

按照集群的产业性质,可以将产业集群分为两种类型③:

①传统产业集群。它以传统的手工业或劳动密集型的传统工业部门为主,如纺织、服装、制鞋、家具和五金制品等行业,大量的中小企业在空间上相互集中,形成一个有机联系的市场组织网络。在这种产业集群内,劳动分工比较精细,专业化程度较高,市场组织网络发达。典型的例子是意大利的特色产业区、浙江嵊州的领带集群等。

②高新技术产业集群。它主要依托当地的科研力量,如著名大学和科研机构,发展高新技术产业,企业间相互密切合作,具有强烈的创新氛围。一般说来,由于存在着不确

---

① 国务院发展研究中心"增强我国自主创新能力的体制、机制与政策研究"课题组. 创新型产业集群发展的国际经验. http://blog.china.com.cn/lizuojun/art/239661.html.

② 产业集群. http://www.yourcollect.net/jianding/20111115337186091.htm.

③ 杨智华. 论产业集群的基本分类[EB/OL]. http://blog.voc.com.cn/blog_showone_type_blog_id_325002_p_1.html.

定性以及研发与生产的日益分离，高新技术企业比传统产业企业更倾向于集聚。据研究表明，在美国像电脑、制药等高新技术产业的创新活动明显比传统产业要多，同时，高新技术产业的企业更加倾向于以集群的形式存在。目前，世界各地的高新技术产业集群如雨后春笋般涌现。各国政府也往往对这种基于知识或创新的高新技术产业集群给予大力支持。美国的硅谷和印度班加罗尔软件产业集群是这方面的典型代表。

按照空间组织形式，可将产业集群分为三种类型①：

①中心—外围结构产业集群，有几个大的企业，外围是一大批中小企业给它配套。

②由众多的中小企业组成的网络状的集群。

③混合结构产业集群，是中心—外围结构和网状结构产业集群的一种结合。

按创新程度高低，可分为模仿型产业集群和创新型产业集群。

按照我国国家科委的定义②，创新型产业集群是指围绕战略性新兴产业，通过制度建设和机制创新，以科技资源带动各种生产要素和创新资源集聚，形成以科技型中小企业、高新技术企业和创新人才为主体，以知识或技术密集型产品为主要内容，以创新组织网络、商业模式和创新文化为依托的产业集群。建设创新型产业集群能够有效整合区域创新主体和要素，是推进区域创新的重要途径。与模仿型产业集群相比，其创新程度较高；与劳动密集型产业集群相比，它属于知识或技术密集型产业集群；与传统产业集群相比，它属于现代产业集群。创新型产业集群也被简称为创新集群，是产业集群转型升级的重要方向，也是发达国家以及我国重点发展的一种产业集群。

5.1.4 发展产业集群的意义

从当今世界看，无论是发达国家，还是发展中国家，都在大力发展产业集群③。在发达国家，美国的产业集群最发达，层次最高。据统计，美国有三、四百个产业集群，如著名的硅谷高新技术产业集群、好莱坞娱乐业和加州葡萄酒酿造业集群等；英国则在斯塔福德郡有历史悠久的陶器产业集群，还有贝德弗德郡的草帽生产、白金汉郡的椅子制造等产业集群，以及后来发展起来的以生物技术为核心的剑桥工业园区产业集群等；意大利形成了比耶拉和普拉特两市的羊毛纺织产业集群、萨索罗(Sassuolo)的瓷砖产业集群等。除了这几个国家，在德国、日本、挪威等也形成了具有较强竞争力和生命力的产业集群。德国索林根的刀具业集群、巴登—符兹堡的机械业集群以及日本东京大田区的机械产业集群等都是产业集群中比较成功的代表。北欧的挪威也形成了油气、鱼类食品、海洋运输三大产业集群，涉及产业链中的研发、设备供给、生产性服务等各个方面，这个人口只占世界千分之一的国家，集中了世界十分之一的海洋运输业务和油类产品出口以及世界大部分鳕鱼产品的出口(Torger，2006)。同时，产业集群已经成为众多发展中国家发展本国经济的重要手段，并在一些国家的经济起飞过程中发挥了重要推动作用。例如，亚

---

① 刘英奎. 借鉴国外经验，促进产业集群发展[EB/OL]. http://video.drcnet.com.cn/DocView.aspx?type=industry&id=221093.

② 2011年7月国家科委下发了关于印发《创新型产业集群建设工程实施方案》，并组织开展集群建设试点工作的通知(国科火字〔2011〕153号)

③ 可参见《国外产业集群发展状况与比较》(http://www.craud.org.cn/a/xueshulunwen/2011/0311/360.html)

洲的印度、韩国、马来西亚、新加坡，拉美的墨西哥、牙买加、洪都拉斯、尼加拉瓜，北美的摩洛哥、突尼斯，非洲的尼日利亚、肯尼亚等都出现了产业集群或者产业集群的雏形，这些国家的政府通过政策环境的培育，积极引导和促进产业集群的形成与发展。其中，在印度，南部泰米尔纳德邦提若普尔镇的针织产业集群和班加罗尔的软件产业集群都是比较成功的例子；墨西哥的电子工业正逐步形成产业集群；尼日利亚的内维(Nnewi)正在形成汽车零部件产业集群。

产业集群之所以受到政府和学术界的高度重视，主要基于以下几方面原因：

(1) 发展产业集群是促进产业转型升级，提高产业国际竞争力的有效途径

美国哈佛大学以研究竞争战略而著名的迈克尔·波特教授，通过对十个工业化国家的考察后提出：一个国家的产业竞争力，集中表现在这个国家内以集聚形态出现的产业上。产业簇群以三种主要形式影响竞争，包括：增加内部企业或产业的竞争力；增加创新的能力，并因此导致生产力的上升；刺激新企业的成型，促进创新并扩大整个产业簇群。具体来说，一是产业集群在加剧集群内企业竞争的同时加强了产业内的合作。竞争是产业提升竞争力的主要动力，在产业集群内，由于各种竞争对手相互集中在一起，面对面地进行竞争，由此形成了一种独特的竞争环境，产业信息交流、透视敌手及互动强化的机会不断出现。因此，企业的集聚必然加剧企业间的竞争程度，而这种竞争程度的加剧，反过来又将促使企业进行创新、降低成本、提高产品和服务质量，从而增强整个集群的竞争优势。同时，地域和生产上的相近，以及人文因素的接近，使得集群内的企业间更容易产生分工和协作，从而节约交易成本，提高产业竞争力。二是产业集群有利于降低成本。产业集群用市场交易关系取代了内部管理关系，它使得生产线上的各个环节都被单独拎出来变为市场竞争的主体，使得每一个环节的生产和经营都是根据效率和经济原则而非其他关系进行广泛的分工与协作，最终使交易成本最小化。产业集群区内还拥有专业化的人才库，能吸引最优秀的人才来工作，从而减少在雇佣专业人才方面的交易成本；集群区内有大量的专业信息，个人关系及种种社区联系网络使信息传递很快，可以减少企业的信息搜寻成本；核心产品生产所需的原材料、零部件等上游配套产品大多可以从集群区内其他企业就近获得，可以节省运输成本和库存成本，还能享受供应商提供的辅助服务。三是产业集群有利于企业创新能力的提升。这种创新具体体现在观念、管理、技术、制度和环境等许多方面。一方面，集群能够为企业提供一种良好的创新氛围。由于存在着竞争压力和挑战，集群内企业需要在产品设计、开发、包装、技术和管理等方面，不断进行创新和改进，以适应迅速变化的市场需要。另一方面，集群有利于促进知识和技术的转移扩散。各种企业的相互集中以及顺畅的市场组织网络，有利于信息和知识的传播，从而产生知识"溢出"效应，促进知识和技术的转移扩散，为企业创新创造条件，并提供学习的机会①。

(2) 发展产业集群是带动区域经济和城市经济发展的动力源泉②

首先，产业集群有助于推动区域产业结构调整与升级。产业集群以分工协作的市场

① 上海汽车产业集群发展研究. http://www.askci.com/freereports/2008-06/200862491330.html.

② 马蓉，保育钧. 培育产业集群，促进区域发展[EB/OL]. http://cpc.people.com.cn/GB/78780/82291/83676/83682/8208390.html.

化配套促进区域内企业共同完成技术改进与产业升级，尤其是其中集聚的大量具有活力的中小企业成为产业升级的主力军。产业集群所特有的企业竞争与合作机制、企业间相互学习效应以及相对完善的公共配套设施和服务、区域品牌等，成为推动产业结构升级的动力和手段，直接推动产业结构调整和升级。

其次，产业集群影响区域经济发展格局，有助于提升区域经济综合实力。成熟的产业集群拥有完整的产业链，通过对生产要素的吸聚，使产业进一步植根于地方经济发展。因此，培育产业集群，能加快经济中心区域的形成，促进区域经济发展。而且，产业集群特有的区域分工协作和资源整合能力、竞争与合作机制、区域创新系统、区域品牌、协同效应等，能够丰富区域经济发展的资源，形成具有区域特色的竞争优势，从而提升区域经济综合实力。

第三，产业集群有助于培育区域品牌，提高区域经济创新能力。区域品牌是建立在区域内众多企业专业分工基础上的，是众多企业品牌精华的浓缩和提炼，是企业共同努力而创立的群体性品牌，它比单个企业品牌具有更广泛持续的品牌效应。区域品牌的形成，能整合区域经济发展资源，助推产业和区域经济持续发展。创新能力则是区域经济发展的根本动力，而发展产业集群是提高区域创新能力的基础和具体途径。产业集群可以汇聚大量的服务企业以及提供技术性支持的机构，它们能够对加强技术的研发、交流和扩散进而推动区域内企业技术进步起到重要的支撑作用。

(3) 发展产业集群是促进节约集约用地，实现工业园区转型发展的重要措施

产业集群的最重要特点之一，就是它的地理集中性，即大量的相关产业相互集中在特定的地域范围内，从而可以节约大量土地。特别是对于土地资源十分紧张的中国来说，意义尤为重大。我国许多城市的建设用地，特别是工业用地比例普遍偏高。例如，上海的建设用地占比高达35.9%，江苏和浙江两省的占比分别达 18.9%和 8.13%，从国际范围看，经济总量占世界第一的美国，建设用地占比约为 5.05%，英国的比例约为 14.4%。[①] 国际大都市的工业用地比重一般低于 10%，有的甚至不足 5%；而道路和广场用地一般高于 15%，绿地面积一般也高于 15%。2004 年上海工业用地比重为 23.99%，纽约、伦敦、巴黎分别只占5.89%、6.45%、7.96%。由于产业集群对企业、科研机构、大学等空间布局网络有相关要求，往往要求空间的相对集聚和融合，因此发展产业集群，有利于整合工业用地，达到节约集约用地的目的。根据国外资料，如果城市工业用地布局合理，一般可节约城市用地 10%—20%，交通运输线可缩短 20%—40%，工业管线可节约 10%—20%[②]。同时，按照价值链理论和“微笑曲线”理论，随着产业集群的建设，特别是创新产业集群的发展，产业越是不断转型升级，就会越注重附加值高的研发、设计、销售等环节的发展，这些企业多是省地型企业，而耗地比较多的加工制造企业将逐步转移出去，比重越来越小。这样，通过土地利用结构的调整，达到节约集约用地的目的，进而实现以资源利用方式的转变促进经济发展方式的转变。

① 吴宇. 2007. 长三角建设用地比例起过美国，面临严峻挑战. 新民晚报，12-25.

② 吕晓. 城市土地资源利用结构优化分析——以伊宁市为例. http://www.mlr.gov.cn/tdsc/lltt/200912/t20091211_699288.htm.

5.2 产业集群发展与土地利用管理

5.2.1 产业集群发展中的政府参与

1）美国政府对产业集群发展的参与方式

美国的产业集群类型多样、特点突出，是美国经济中的一个非常重要的现象，并创造了显著的经济和社会效益。美国由于有比较成熟的市场环境和发达的大学与科研机构，因此，美国的产业集群主要靠市场机制自发形成和发展。同时，为了加速发展，政府也进行了一定参与和调节[①]。主要表现在：

（1）注重统筹规划，明确产业集群的空间布局和地区功能分区

美国的产业集群在地域上呈现出明确的功能分区格局。美国很多城市以特色产业集群的发展而著称，甚至有些城市围绕一种核心产业，发展与之相关的配套关联产业，形成了以单一产业为主的专业化城市。20 世纪 90 年代以来，随着美国新经济的诞生和迅猛发展，政府规划了 4 大集群产业经济区。即以航空制造、娱乐和电子通讯业为主的南加州经济区；以软件、多媒体和互联网服务业为主的旧金山海湾经济区；以高产农业为主的中央流域经济区；以高科技制造、计算机服务业为主的萨克拉门托经济区[②]。

加利福尼亚这四大经济区特色鲜明，各自形成完整的体系，具有强劲的产业竞争能力，并且已成为世界瞩目的发展典范。合理的地区空间布局和功能分区是其成功的重要原因。一方面，区域最初的资源和信息等优势促进了产业的选择和集聚，并为产业集群的健康发展提供了条件；另一方面，产业集群的不断发展，也带来了技术、资金、劳动力等各项资源的不断集中，为区域经济的发展提供了物质基础。这两个方面相互作用、协调发展、彼此促进，形成了产业专业化特点突出、竞争力强劲的城市和区域。

（2）运用经济政策，有针对性地提供产业发展援助

加州有一个专门负责制定地区经济发展战略的机构——加州经济战略小组。从 1996 年起，该机构就开始进行全加州集群产业发展的跟踪研究，并适时提出政策援助建议。政府和公共部门提供的援助主要包括：①调整经济政策。根据形势需要更新产业发展标准，降低产业发展壁垒，以促进产业内部小企业发展；评估加州地区贸易成本、商业环境和企业竞争力；帮助解决产业领域的特殊问题等。②经济发展激励。如加州圣华金地区针对失业率较高的问题，实施吸引制造业发展的低税收激励措施等。③经济数据分析。加州贸易与商务处是加州提供经济数据分析资料的主要部门，承担着经济信息"智囊团"和"服务商"的角色。它不仅向许多企业有偿提供相关的信息分析产品，也为政府部门制定产业政策提供信息资料。

（3）加强软硬件建设，营造良好的创新发展氛围

完善公共领域的支撑体系。在这方面，政府所做的工作非常广泛。一是劳动力教育

---

① 钱东平. 产业集群与江苏区域经济竞争力——美国加州产业集群模式的借鉴[EB/OL]. http://www.govyi.com/lunwen/2008/200810/262377_2.shtml.

② 刘长全，李靖. 以市场导向为主——美国产业集群的"硅谷式"[EB/OL]. http://www.zjjm.gov.cn/zl/jj/2011/09/20/12538.shtml.

与培训。加州《地区劳动力储备教育和发展法》明确要求教育系统开展与经济发展相关的劳动力培训，以适应地区集群产业发展需要。二是改善基础设施，包括交通系统、学校建设、土地利用、通讯能力、信息系统等。通过立法途径增加对地方政府的财政预算，以新建或改善集群产业发展必需的基础设施。三是提高社区生活质量。除了高效的教育体系、良好的住房条件和社区邻里关系、高质量的空气和水资源环境外，社区生活质量还包括高素质的劳动力供应、高效的交通系统和便捷的高科技进入通道等。从经济意义上看，加州集群产业发展所关注的生活质量，更倾向于积极的商业氛围和潜在的创业、就业机会。

2）英国政府对产业集群发展的参与

20 世纪 90 年代末，欧洲产业政策和区域政策的重心逐步向培育产业集群转移，在一些国家或地区集群政策成为产业政策的新模式。英国对集群政策的研究和实施较早，并且取得明显成效。在 1998 年的"竞争力"白皮书中，英国把产业集群和网络作为本国经济发展的重要领域。目前，产业集群的形成与发展已成为英国经济发展战略的一部分，而各地的地区发展署负责本地区相关事务。主要支持政策有：

（1）加强空间规划引导，形成合理的地区功能分工。

英国产业集群的分布具有较为明显的区域特征。东南部地区主要以服务业、高新技术产业集群为主，包括金融、研发活动等，而英国北部地区的产业集群则主要是传统产业（池仁勇等，2004），如汽车、纺织和金属制品等。其中，金融、生物技术、IT 产业集群最为明显（Botham & Gibson，2001）。其中，金融产业主要集中在伦敦，生物技术产业主要分布在东南部及苏格兰中部，研发活动主要集中在东部。例如，在苏格兰的科技园区集聚了大量电子生产企业和相关的科技研发企业与销售公司，那里的集成电路产量占英国的 79%，占欧洲的 21%①。

（2）通过财政税收政策的运用，促进创新集群发展

主要包括：一是实施促进中小科技企业集群发展的税收优惠政策。实施税收优惠政策是英国政府促进高新技术产业化的重要制度安排，并且国家牵头建立了法拉第中心，推动产、学、研的紧密结合，也为促进中小企业高新技术产业化集群发展创造了良好的条件。二是实施了苏格兰企业网络计划。该计划优先支持苏格兰经济中集群的发展，并将石油和天然气、食品、半导体以及生物技术这四个集群列为先导集群，制定了推动产业升级的发展计划（朱丹，2003）。例如，通过加强研究和孵化机构等基础设施建设，促进生物技术集群的形成。三是加大资金投入，通过地区发展署（Regional Development Agencies）推动产业集群战略的实施。在 2000 年，英国政府启动了一个 5 000 万英镑的创新产业集群基金，在支持地区发展署实施产业集群发展战略中发挥了积极作用。2006 年又出台了一个新的地区创新基金，以一年 5 000 万英镑的额度支持地区发展署，推动实施地区产业集群计划②。此外，通过税收减免、国家或地方政府对特定项目的重点资助、对风险投资的鼓励等，促进中小企业的发展。

---

① 英国产业集群发展现状与集群政策. http://www.craud.org.cn/a/xueshulunwen/2011/0311/362.html.

② 英国发展高科技产业和科技园区的经验. http://www.cutech.edu.cn/cn/dxkj/webinfo/2007/05/1182411513615722.htm.

(3) 注重科技工业园区的打造,为产业集群发展创建良好环境

随着英国工业革命的不断推进,工人工资大幅度上涨,导致国内企业劳动力成本上升,加上来自世界范围的高新技术迅猛发展的冲击,从 20 世纪 70 年代开始,英国总体经济状况开始出现滑坡的趋势。在这种情况下,英国政府开始意识到发展高科技产业的重要性。当时英国国内大学研究经费普遍不足,政府便鼓励大学与企业合作,大学科技园应运而生。英国第一个大学科技园——剑桥科学园建立于 1970 年,目前其所在地区已经发展成为规模庞大的工业园区。继剑桥科学园之后,赫利奥·瓦特科学园、阿斯顿科学公园等又相继建立,可以说,英国建设大学科技园的热情在欧洲是首屈一指的。英国政府在发展产业集群时,注重将科研资源运用到企业中。以园区为载体发展产业集群,可以将大学和科研机构很好地纳入其中,科研成果可以尽快应用到企业生产中去,企业又可以提供资金资助科研。各级政府积极参与了科技工业园区建设,并为中小企业在科技工业园区集聚创造了有利的条件,使得以园区为载体的高新技术集群很快发展起来。

(4) 加强企业之间网络平台的搭建

在鼓励中小企业集群发展的政策中,最典型的是网络建设,并且地方政府在实际操作中起到了重要作用。地区发展署与地方政府、培训与企业顾问机构、小企业服务中心等中介机构一起,成为网络的促进者。这些机构直接参与集群内部的共同项目,如培训课程、出口项目和研究协作活动等的策划和实施。鼓励中介机构的积极参与对中小企业集群发展起到了很大作用。专业化服务机构,如行业协会、专利机构、律师、顾问招聘等对集群内企业的发展和企业之间的业务往来非常重要。

3) 意大利政府对产业集群发展的参与

意大利是产业集群的发源地之一,其发展模式被许多国家所效仿。其中产业集群型生产模式备受关注,在意大利现代工业中发挥着举足轻重的作用。据意大利国家统计局资料显示,意大利目前共有产业集群 156 个,居住人口 1 250 万;集群内制造业企业 21.5 万家,占全国制造业企业的 40%;制造业从业人员 200 万人,占全国的 39.3%,产值占国内生产总值的 27.2%。工业产值占全国产值的 37.7%,服务业产值占全国产值的 23%。制造业产品出口占全国同类出口的 44%,其中纺织服装、皮鞋皮具、非金属类矿产加工产品、木材和木质产品以及机械设备产品均占全国同类产品出口的 50%以上[①]。在意大利产业集群发展过程中,有两点值得关注:

(1) 工业园区的内部建设发挥了重要作用

在意大利,产业集群型生产模式以工业园区为表现形式,主要体现在:在同一生产过程中,单一企业的专业性与企业分工合作相结合;拥有有价值、有规范的文化环境,具备信息流通便利、与周围地区连接等条件;建有自上而下的互联网络,可使区内小型企业不受规模限制,进入更广阔的国内和国际市场。1991 年,意大利政府颁布 317/91 号法规,首次在法律上对工业园区作了严格的规定。根据该法规中对工业园区的描述,工业园区是指众多独立的小型专业性企业集中在一个地区,并在该地区建立起统一的产业链;各

---

① 借鉴意大利产业集群模式 促进我中小企业发展. http://www.china001.com/show_hdr.php? xname=PPDDMV0&dname=A40EE41&xpos=2.

企业负责产业链中不同的生产环节,并可利用这一地区的文化、历史、特色作为共同的企业标识。

(2) 政府运用多种调控手段推进工业区内各生产系统的专业化运作和有效整合

整个工业区内各生产系统的专业化运作和有效整合,主要是政府力量调控的结果。政府对中小企业的扶持和优惠通常以立法形式体现,手段包括财政补贴、税收减免、低息贷款、贷款担保等方面。这些优惠和鼓励措施,既反映了政府引导的意愿,也起到了指挥棒的作用。

4) 日本政府对产业集群发展的参与

日本是战后迅速崛起的经济强国。自 2001 年开始,日本经济产业省在本国实施产业集群计划,对分布在信息技术、生物技术、环境能源和制造业四个领域的中小企业和创新型企业进行扶植,形成学术界、产业界和政府之间的合作网络,以提高日本产业的国际竞争力。2007 年,参与的公司已增加到约 10 700 家,参与的大学也增加至 290 家。日本属于赶超型国家,之所有在战后能够迅速赶超西方发达国家,与其赶超型的产业政策是分不开的,其中产业集群便是一个典型。日本的产业集群政策由中央政府提出,由区域机构负责执行,具有明显的“自上而下”特征。具体表现在以下几方面:

(1) 制定明确的集群政策目标和推进计划,着力营建企业的网络环境

日本产业集群政策的意图是使日本的工业能够在日益激烈的国际竞争中生存,使地方经济自主发展,提高创新能力,推动全国各区域利用本区域产业资源,发展新产业和创建新企业。为此,日本集群政策着力于营建企业的网络环境。不仅要增强企业间的横向和纵向网络联系,还要形成产业—学术—政府,以及跨产业合作的网络关系,从而促进区域创新,形成产业集群,以及新产业和新企业的创建。日本集群政策的目标是:促进企业创新环境的发展,通过产业、学术、政府、企业环境的“新融合”,促进创新,促进新企业的创建与发展,促进企业合作,促进管理创新支持体系的完善。中央政府的集群政策与地方产业政策合力,以产生协同效应①。同时,日本把集群政策的实施周期定在 15—20 年,并为集群的每个形成阶段都制定了目标和预算。日本早在 1997 年就出台了《特定产业集群激活法》和 1998 年《创新促进法》,开始有意识地推进产业集群发展的阶段。进入 21 世纪以来,日本政府加速了对产业集群的推进步伐。日本国家层面的产业集群计划主要包括 2001 年日本经济贸易产业省(METI)提出的“产业集群计划”和 2002 年日本文部科学省(MEXT)制定的“知识集群计划”,这两个计划分别于 2006 年、2007 年进入第二阶段。METI 和 MEXT 的集群政策都是以构建大学、企业、政府机构之间的联系网络为核心,通过官、产、学之间的密切联系与合作,激活区域持续创新能力,从而提高区域产业的国际竞争力。这两个计划的提出,使得发展产业集群上升到日本国家战略层次,发展产业集群的目标更明确,政策更有针对性。

(2) 把营造创新环境,提高创新能力放在首位

在《产业集群研究会(2005 年)》的文件中,日本经济产业省对产业集群做了如下描述:“不是简单的企业扎堆,而是通过具有一定水准的企业间协作以及官产学的协作网络,灵活运用各机构间的经营资源,形成企业孵化环境,促进新企业、新业务的不断产

① 俞培果. 2006. 日本的产业集群政策及其对我国的启示[J]. 现代日本经济,(5):1-5.

生,从而形成优势产业,并以此为核心形成产业的聚集。”政策宗旨是“以形成产业集群为目标,在集群内形成官产学、企业和不同产业间的协作网络的同时,促进创新,创造出新的产业与新业务”①。从这一描述中可以看出,日本的产业集群政策强调不同技术间的协作,不同知识间的协作,不同产业间的协作以及大学研究成果向企业的技术转移,通过这种方式来促进新技术、新产品、新业务的产生。

从目前日本实施的两个产业集群计划来看,都瞄准了对集群创新能力的培育和建设。METI 产业集群计划的主要目标是:第一,改善创新环境,即通过加强官、产、学联系网络建设,吸引更多经济实体加入网络,促进新业务和新企业源源不断地产生;第二,根据国家战略,从区域角度促进对国民经济发展有重要影响的新产业的诞生;第三,与区域主导的产业发展相结合,以产生协同效应。其最终目标是:第一,通过知识和信息的交互作用实现持续创新;第二,实现产业最优化并加强产业对环境变化的应对能力;第三,创建集群品牌,加速国际化集群的形成。产业集群计划主要分为三个阶段:第一阶段为2001—2005 年,是产业集群发起阶段,主要政策是选出优先支持项目,构建官产学网络,对新企业及新产业的创建给予支持;第二阶段为 2006—2010 年,是产业集群成长阶段,主要对原有项目进行评估和调整,强调建立联系更为紧密、范围更为广阔的创新网络,取得更为具体实际的政策效果,加强集群的国际化程度及提高集群自我发展能力等;第三阶段为 2011—2020 年,是产业集群的自我完善阶段,主要任务是继续推进官产学网络建设,发展战略产业,促使集群独立融资,获得自主发展能力。

MEXT 的集群政策是依据日本科学与技术基本计划(S&T Basic Plan)制定的,日本在第二期 S&T 基本计划中提出了建设区域知识集群的战略,而在第三期 S&T 基本计划中提出了形成区域集群的战略。根据第二期 S&T 基本计划,MEXT 于 2002 年发起了“知识集群计划”,即在一些大学和科研机构较为集中的地区,以大学及科研机构为核心,通过与企业进行合作研发,发展知识型集群,其主要目的是通过加强大学等研究机构与企业、政府之间的网络联系,改良区域研发体系,加快科研成果转化为现实生产力,从而提高区域持续创新能力。

(3) 产业集群政策“自上而下”特征明显

METI 和 MEXT 的集群政策无论是在区域的选定、产业的选择还是合作研发项目方向的选定方面,都是政府刻意的行为,而不是市场选择的结果,虽然在政策执行过程中也关注到了市场需求,对创新成果的商业化予以重视,但仍改变不了集群政策自上而下的特征。这种自上而下的政策,可以调动国家力量,对私人企业不愿承担也难于承担的风险较高、投入较大、周期较长的前瞻性产业领域及公共性较强的产业领域予以支持,从国家战略的角度引导产业发展方向,确保国家在国际科技竞争中的领先地位。

(4) 通过软、硬环境建设,推动产业集群计划的实施

为了配合产业集群计划的实施与推进,日本政府还制定了一些与之相配套的政策,2001 年日本经济产业省颁布了《振兴区域经济的产业集群规划》,之后,2002 年文部省又颁布了一项发展产业集群的补助方案——《知识集群创新事业》,此方案的主要目的是扩

---

① 刑华,王旭辉,胡汉辉. 2006. 日本区域集群规划对我国构建国家创新体系的启示[J]. 亚太经济,(4):58-61.

展不同地区的先进技术，建造知识集群，以大学及公设研究机构为据点，形成“日本硅谷”。产业集群规划与知识集群创新事业政策促进区域内新开发的技术成果转化为当地的新兴产业，并与当地已有的竞争力强的产业相结合，共同创造具有特色的产业集群。国土交通省出台了《通过地域牵引形成产业集群据点的新一轮国土资源开发》政策，通过交通、环境等基础设置的建设与改善，吸引企业与人才的聚集，这几项政策从“软、硬环境”上为产业集群的形成与发展提供了保障。

5）我国台湾地区推进产业集群发展的做法

台湾最初编制的工业区没有明确的产业指向性，主要是提供多数厂商一个投资设厂环境。在产业转型升级的背景下，台湾更重视具有专业特色的产业发展带或园区的规划，其中以新竹工业园区的 IC 产业集群发展最为典型。

台湾新竹科学工业园(Hsinchu Science Park)位于台湾西北部的新竹境内，占地面积 632 hm^2。新竹科学工业园成立于 1980 年 12 月 15 日，以创建优良投资环境，吸引高科技人才，引进高科技投资为宗旨，目标在于促进台湾产业升级。自创建至今，新竹科学工业园已发展成为当今世界科学园的一个成功典范，被人们普遍视为信息技术时代的一个奇迹。到 1998 年，新竹科学工业园区的众多产品，如笔记本电脑、网卡、扫描仪、集线器等产量均居世界第一，晶圆代工也占世界第一(占有 64.6%的市场份额)，集成电路设计居世界第二位，集成电路产业规模居全球第四位，大部分产品占台湾全岛产量的 100%。2002 年，园区所有的 335 家高技术企业中，从事集成电路产业的有 136 家，电脑及外围设备 50 家，通讯 60 家，光电 56 家，精密机械 15 家，生物科技 18 家。2003 年，新竹科学工业园区各产业进出口总额达到 178.48 亿美元，其中出口额为 113.97 亿美元，占 63.9%。从同期园区产品及服务出口的产业类别来看，集成电路为 58.34 亿美元，占园区出口总额的 51.2%；电脑及外围设备为 26.56 亿美元，占 23.3%；通讯为 10.53 亿美元，占 9.2%；光电为 17.64 亿美元，占 15.5%。

规划科学合理被认为是台湾新竹园区成功的重要因素之一。政府通过科学的规划，使园区的交通、厂房、设施等布局更加合理，使园区的发展具有前瞻性、长远性。新竹科学园在成立之初就确定了高科技化、学院化、社区化、国际化的建区方针，选定了极具战略意义和发展前景的集成电路(IC)、电脑及外围设备、通信、光电、精密机械、生物技术等六大高科技作为支柱产业。按照规划，新竹科学工业园区将建设成为一个自给自足的小型社区，主要规划有工业区、住宅区以及休闲娱乐区。园区工业区内除了有台湾地区政府兴建的标准厂房、厂商出资的自建厂房外，还有银行、邮局、诊所、储运、报关等事业单位。住宅区则建有各式住宅。休闲娱乐区包括运动休闲设施及餐厅、书店、人工湖、购物中心等。另外，园区周边的许多大学和科研机构，如台湾的清华大学、交通大学、中华工学院、工业技术研究院等众多高校和科研机构，以及周边双语教学的中小学、银行、邮政等相关配套设施，均是其产业成为发展与吸引海内外人才进驻的优势。由于大量的企业都喜欢在这里设厂，使得园区的上游与下游厂商的关系也越来越密切，在企业彼此的支持上也很好。为了吸引海外研究人员，园区内还特别设立了双语教学的中学和小学，供在此服务的研究人员子女就学。中华经济研究院曾经以新竹科学园区为样本进行研究，以了解在科学园区的厂商之所以会选择在此处设厂的主要原因，其结果如表 5-1。

表 5-1 科技厂商选择在科学园区内设厂的原因统计

加权后的排序	厂商愿意在园区内设厂的主要原因
1	租税优惠
2	土地厂房优惠
3	金融奖励措施
4	金融、通讯、报关等设施便利
5	园区名声佳
6	靠近大学研究所
7	高素质劳工充分
8	生活品质及居住休闲环境良好
9	接近上游工厂
10	交通便利
11	接近下游工厂
12	其他

6）各国（地区）政府参与产业集群发展的主要特点

总的来看，从产业集群的发展动力看，目前国际上主要有两种类型：市场主导型（也称为“自下而上”型）和政府扶持型（也称为“自上而下”型）。

主张“自下而上”型的学者认为，集群首先是以市场为导向的经济活动，集群的发展状况也主要由市场力量决定，政府不能过多参与甚至发挥主导作用。意大利的传统产业集群是市场选择下自发形成产业集群的典型。然而，随着产业集群的进一步发展和国际竞争日趋激烈，一些组织机构也开始意识到自己可以作为产业集群发展的一个推动者和调节者，他们对产业并不设定优先目标，并认为“任何产业，任何集群，如果使用先进技术，有受到良好培训的人员，都能提高生产率……只要使用先进的方法从事这些行业，所有的集群都是好的”（Porter，1998）。这种思路强调培育有活力的市场机制以及消除市场缺陷，参与政策制定的主体可能不是政府，而是一些企业或者行会组织等。美国加利福尼亚的多媒体产业集群，就存在着自发形成的企业家联盟和准政府机构。前者为成员间的信息流动提供方便，同时作为该行业在政治上的代言人；后者为多媒体产业在海湾地区的发展提供一些便利条件（黄花叶等，2003）。

主张“自上而下”型的学者认为，由于市场自身的盲目性、自发性等缺陷，以及对市场基础和环境要求比较高，因此，在后发展中国家单靠市场机制推进产业集群建设，可能会比发达国家需要花费更多的时间。在市场机制不完善和产业基础薄弱的地区，在市场力量自发作用下，不可能在短期内形成具有很强竞争力和持续发展能力的集群。因此，许多国家根据自身特点，制定了一些促进产业集群发展的战略和政策。有专家就指出，集群政策并不是全新的事物，而是一种新的政策措施组合（黄花叶等，2003）①。

从政府的参与程度看，各国有一定差异。美国由于市场相对成熟，科研院所密集，本身就给产业集群营造了良好环境，因此，政府参与的程度相对小一些。瑞士、意大利等国

① 黄花叶. 基于产业集群的区域发展理论及集群政策研究［EB/OL］. http://www.doc88.com/p-338730888825.html.

家的产业集群大多是自发形成的，并且创造了较好的效益，政府有关部门主要是为集群的发展做一些协调、服务工作，而不是干预或主导集群发展的方向。而英国以及亚洲一些国家，则明显属于政府推动型。除了日本的产业集群属于在政府的强力推动下实现快速发展外，印度也是典型的政府推动型。印度政府实施的软件产业发展优惠政策是班加罗尔地区快速发展的外生推动力，所以，也有人将班加罗尔地区称作“外生型”增长区。

从政府的参与方式看，主要有三种方式：

(1) 制定规划。由于产业集群的显著特点是地域的集聚性以及企业的关联性。因此，各国政府在发展产业集群过程中，非常注重产业集群的空间布局规划和功能分区。例如，日本编制的《振兴区域经济的产业集群规划》以及《通过地域牵引形成产业集群据点的新一轮国土资源开发》等，明确了产业集群的空间布局规划和功能分区。美国、英国等也都依托大学或科研机构规划一些科技园区。

(2) 政策支持。各国在支持产业集群发展中出台了大量的政策，明确了政策的目标、重点、手段等。在政策目标上，通过软硬件的建设，为集群发展营造良好的创新发展环境。日本就明确提出，政策的核心是促进官、产、学创新网络建设①。在政策重点上，产业集群政策是产业政策和区域政策等多方面政策的组合，不同时期、不同区域在政策制定上有不同的重点。第一，为产业集群提供良好的公共计划和投资，以弥补市场失灵和制度失效导致的公共物品供给不足，如改善集群发展的基础设施等。第二，改善集群发展的软环境，促进集群内企业之间的交流合作、中介机构的发展、举办人员培训等，以提高集群整体的凝聚力和竞争力。第三，鼓励创新，着重对进行高科技创新的产业集群给予资金支持，或实行税收减免等②。例如，韩国政府为促进创新型产业集群的发展，颁布了《研究合作促进法》和《合作性研究行为促进法》，制定了改善国家优势政策、发展企业间网络政策、区域发展政策和产业研发集聚政策等四类政策。在政策工具上，主要是建立辅助基金、减免税收、加大金融贷款以及风险投资支持、建设公共设施等。

(3) 完善体制。不少国家为了支持产业集群的发展，都成立了专门的机构，搭建服务交流平台。例如，日本在组织层面上，建立区域性官产学交流网络，定期召开研究会、交流会、讨论会等，加强官产学以及企业间的交流与合作，进行一体化的管理与服务。日本东京政府为促进大田区产业集群的发展，建立了一个企业产品和技术数据库，鼓励和支持企业建立技术学习系统和合作交流系统，支持企业举办国内外贸易博览会；再如，韩国政府为促进创新型产业集群的发展，颁布了《研究合作促进法》和《合作性研究行为促进法》，制定了改善国家优势政策、发展企业间网络政策、区域发展政策和产业研发集聚政策四类政策，建立了供应链协会和区域研发中心。区域研发中心一般由大学申请，中央政府审批，私人企业与大学、中央政府、地方政府共担费用。另外，不少国家还专门成立了行业协会，协调推进集群发展。产业集群是企业和产业在一定区域范围内分工协作不断深化的产物，行业协会是维护企业间分工协作关系的重要手段。因此，国外创新型产业集群往往有行业协会及相关组织的支撑。例如，意大利的对外贸易协会、地区商会和产业区俱乐部等在创新型产业集群发展中发挥了重要作用。

---

① 李晗斌. 2009. 日本产业集群政策分析[J]. 现代日本经济，(5)：29-35.

② 刘长全，李靖，朱晓龙. 2009. 国外产业集群发展状况与集群政策[J]. 经济研究参考，(53)：3-12.

此外，不少国家都十分注重工业园区建设。将科技工业园区建设成为高新技术产业集群的载体，是许多国家为了适应高新技术产业化的内在需要所采取的一种手段。目前很多国家都建立了各种类型的科技工业园区，并使科技工业园区成为中小企业在高新技术产业实现集群发展的一条途径。例如，1991 年，印度政府发起了“软件技术园区计划”，在班加罗尔建立了第一个国家级软件技术园区，利用产业集群方式发展软件业。至 20 世纪 90 年代末，印度成为仅次于美国的世界第二大软件出口大国。

5.2.2 土地利用政策对产业集群发展的影响机制

产业集群既是一个经济学概念，又是一个地理学概念。产业集群最显著的特点是空间的聚集性和企业的关联性。由于我国城市土地的国有属性，以及政府控制一级土地市场供应等特点，使得土地在我国不仅是重要的生产要素，还是有力的调控手段。土地利用政策主要从以下几方面影响或引导着产业集群的发展。

1）土地利用结构和布局对产业集群的影响

土地利用结构是一定区域内不同类型用地的比例结构。按照我国开发区规划管理办法，工业园区内既有工业用地，也有商服用地、居住用地和其他公建配套设施等配套用地。而不同类型用地之间的比例结构配置，可以影响到园区产业结构的调整，进而影响到产业集群的发展。土地利用布局是指一定区域内不同类型用地的空间分布。土地利用结构和布局是工业园区在总体规划阶段必须考虑的基本内容，反映着对工业园区产业发展的总体空间安排。产业集群作为一个产业群落，有其内在的空间集聚规律和内在联系规律，需要生产、服务、研发企业、科研院所、公共交流平台等在空间上的有机组合和配置。因此，为了营造产业集群发展的空间环境，必须构建科学合理的土地利用结构和布局。特别是要结合产业集群的地域集聚性以及企业关联性的特点，合理地选择园区的区位、科学划分内部的功能分区等。同时，在不同发展阶段，产业集群内部的结构也会不断调整，例如由传统型产业集群向创新型产业集群转变等。在此过程中，也需要对原有的功能区进行调整，对空间布局进行优势，以促进产业集群的优化升级

2）土地利用性质和开发强度对产业集群的影响

如果说，土地利用结构和布局是从总体规划层面或者区域层面影响产业集群发展的话，土地利用性质和开发强度则是从详细规划层面或者从具体地块层面影响产业集群的发展。土地利用性质是指城市规划管理部门根据规划的需要，对某宗具体地块作出的用途规定。按照《城市规划法》，规划区内的土地必须严格实施用途管制制度。改变土地的使用性质，必须经过严格的审批程序，并补交相应的土地出让金。土地开发强度也是城市规划中一项重要内容，包括建筑密度、建筑高度、容积率等。在编制工业园区控制性详细规划时，对各地块的土地利用性质和开发强度进行确定，或者进行调整时，只有充分考虑到产业链的发展要求，考虑到企业之间的关联性需要，才能有效促进产业集群的发展。否则，脱离产业发展实际，过分追求物质规划或形态规划，或过分强调规划调整程序等，必然阻碍产业集群的发展。

3）土地供应方式对产业集群发展的影响

如果说规划主要是从空间聚集或者空间环境的营造角度促进产业集群发展的话，土地供应方式则主要是通过对入驻企业的选择，增强园区企业之间的关联性方面促进产业

集群的发展。我国现行的土地一级市场中,政府作为土地出让人,可以依据特定的偏好配置土地资源。土地供应只有适应产业集群发展的内在规律和要求,才能促进其发展。产业集群本身讲求产业链的延长、价值链的提高,企业之间的共生等,实际上,就是将有内在联系的企业在一个特定的地域空间集聚起来。实现这种集聚,如果单靠市场机制,自发地进行组织,可能需要很长时间;如果在招商引资过程中,特别是在土地供应时,有目的地"招商选资",可以更加快速地实现企业有秩序的集聚,促进企业之间共生,有效延长价值链和产业链,达到推动产业集群发展的目的。

4) 土地税费政策对产业集群发展的影响

目前我国的土地税包括土地使用权取得环节、保有环节和转让环节三部分,其中在取得环节有耕地占用税;保有环节有城镇土地使用税、房产税;流转环节有土地增值税、契税、印花税、营业税、企业所得税、个人所得税。土地税费政策实际上是一个利益调节机制,可以通过税费优惠政策,吸引相关企业入驻,调动企业创新的积极性,引导产业发展方向,促进中小企业发展等方面,促进产业集群发展。

5.3 上海产业集群的发展情况及面临的问题

近年来,我国对产业集群建设高度重视。从国家层面看,2007 年 11 月,国家发展改革委《关于印发促进产业集群发展的若干意见的通知》,明确了我国产业集群的发展思路和措施;2011 年 7 月国家科委下发了《关于印发〈创新型产业集群建设工程实施方案〉,并组织开展集群建设试点工作的通知》,通过试点形式,着力推进创新型产业集群的发展。

从地方层面看,国内许多省市都印发了有关加强产业集群建设的通知,编制产业集群建设规划纲要,把发展产业集群作为推进产业转型升级的重要手段大力推进。例如,中共福建省委、福建省人民政府下发《关于加快产业集聚培育产业集群的若干意见(试行)》(闽委发〔2004〕13 号),把发展产业集群提高到战略高度,积极推进;浙江省人民政府颁布的《浙江省先进制造业基地建设规划的框架与重点》,也把产业集群作为发展的重点;山东省出台了《山东省中小企业产业集群发展规划》;河北省人民政府出台了《关于加快中小企业产业集群发展的指导意见》;湖北省出台了《关于促进产业集群发展的意见》;广东省经济贸易委员会发布《关于建设产业升级示范区加快产业集群发展的意见》,提出要集中力量建设一批产业升级示范区,促进产业集群发展;陕西省编制了《陕西省产业集群发展规划纲要》(2009—2015 年),明确了目标和任务,提出使工业园区成为产业集群发展的重要平台和载体;杭州市人民政府办公厅出台了关于加快块状经济向现代产业集群转型升级的实施意见,等等。在政府的支持和鼓励下,国内产业集群快速发展①。北京市中关村,从 20 世纪 80 年代初期开始形成"中关村电子一条街",到后来的大批 IT 企业扎堆,形成全国第一家"国家级高新技术产业开发区",成为影响力巨大的高新技术产业集群。2004 年,共有高新技术企业 14 280 家。其中,电子信息类占63.3%。拥有生产计算机整机(PC)和配件为主的企业 888 家,拥有软件企业 3 246 家,各级各类研发机构 500 余家,形成了联想、方正、清华同方、清华紫光、曙光等著名龙头企业,集聚有 37 家跨国公

① 张占仓. 2006. 中国产业集群研究及进展[J]. 地域研究与开发,(5):8.

司设立的研发机构40家，是全国乃至全世界研发机构最密集的地区之一。2004年，福建省已经形成产业集群60个，总产值3 800亿元，平均每个产业集群产值60亿元以上。浙江省拥有年产值超亿元的产业集群区519个，总产值达6 000多亿元。珠三角已有1/4的镇发展为专业镇，经济总量已占广东省GDP的50%以上。广东小镇清溪生产了占全球市场份额40%的电脑磁头，30%的电脑机箱，25%的电脑高压包，以及20%的马达。完善的配套吸引了诺基亚、杜邦、飞利浦等1 800家电脑制造企业落户，IBM、Compaq等著名厂商都在东莞采购，有“东莞塞车，全球缺货”之称。

5.3.1 上海产业集群的发展情况

上海近年来产业集群也得到了大力发展，在原有产业园区的基础上，形成了一大批高质量的产业集群基地。

首先，生产性服务业集群获得了极大发展。“十一五”期间，以总集成总承包、研发设计为代表的生产性服务业发展迅速，在推动上海产业结构优化升级、促进先进制造业和现代服务业融合发展、提升上海城市功能方面发挥了积极作用。“十一五”期间，上海编制了《生产性服务业发展重点及空间布局规划》和《生产性服务业发展重点指南》，制订了《上海产业发展重点支持目录(2008)》，将生产性服务业列入重点支持门类。随着信息化、网络化等新技术、新方式在生产领域的广泛应用，总集成总承包、检验检测、电子商务、供应链管理等新兴的生产性服务业加速发展；同时，一些传统生产性服务业经过现代技术的改造，层次不断提升，加速向制造生产的全过程渗透，生产性服务业的结构得到重组，服务领域不断拓展。2010年，上海市生产性服务业十大行业重点企业完成营业收入4 105亿元，比上年增长23.8%；实现利润320.2亿元，比上年增长17.5%。以工业设计为核心的创意产业增加值从“十五”期末的549亿元提高到2010年的1 320亿元，占上海市生产总值的比重从6%提高到8%。为适应上海城市转型和产业升级需要，上海积极探索依托现有开发区和工业用地，规划建设生产性服务业功能区，引导为制造业配套的生产性服务业企业集聚发展。“十一五”期间，根据产业布局规划、城市总体规划、土地利用规划，推进生产性服务业功能区建设和发展。到2010年，重点推进的23家生产性服务业功能区总占地面积超过3 900 hm^2。生产性服务业以功能区为载体，按照服务长三角，服务长江流域和服务全国的要求，由原来零星的向成片的功能集聚发展，一批以新能源服务、医疗器械研发、工业设计、电子商务、检验检测、云计算等为产业导向的功能区开始涌现，吸引了行业内具有引领作用的企业向功能区集聚，初步形成特色鲜明、错位竞争的态势。

其次，第二产业的集群化发展日益明显。按照上海市有关方面规划，在松江、青浦、浦东和漕河泾地区开发微电子及通信信息产业群，浦东、青浦和奉贤地区形成生物医药及中药产业群；宝山和宝钢地区形成精品钢材及延伸业产业群；嘉定和浦东地区形成汽车及零部件产业群；金山、漕泾、金山嘴和吴泾地区形成石油化工及精细化工产业群；南汇、奉贤和闵行地区形成大型成套装备产业群；长兴岛和外高桥地区形成造船及港口设备产业群；闵行、南汇和大场地区形成航空航天制造产业群。上海的制造型企业特别是大型制造业集团在培育核心竞争力过程中，从单纯提供设备向提供方案设计、承接项目、实施工程、项目控制、设备维护和运营管理等一体化服务转型并利用制造业的优势向产业链两端延伸，在为集团主业提供配套服务的基础上，也为其他企业提供专业的第三方服务。到2010年底，落户上海的总部经济机构累计已达837家，其中跨国公司地区总部达到305家，投资性公司213家，研发中心319家，服务功能不断增强。

5.3.2　上海产业集群发展中存在的主要问题

尽管上海的产业集群发展取得了一定成绩，但与国内外发展较为成熟的产业集群相比，还比较滞后。从产业集群形成的动力机制、形成方式和最终目标看，当前上海第二产业布局的政策还主要体现在提高土地集约化程度和降低污染治理成本方面，而对如何根据产业链的内在联系，集中相关联的企业及与之相关的生产性服务机构等方面的考虑和重视不够，一定程度上影响了产业集群的快速发展。从土地利用政策的角度分析，主要存在以下问题。

1）现有的用地分类标准，不利于新兴产业的发展

功能混合发展是现代城市以及现代产业园区发展的趋势。特别是随着产业集群的发展，产业链的延长，一些新的产业，比如研发、设计、创意、总部、物流等所谓的生产性服务业即2.5产业相继出现，发展的势头也越来越猛，同时也成为产业转型升级的重要引擎。而按照国家现行的《城市用地分类与规划建设标准(2011年修订版)》，有关工业仓储用地中也只分了“工业用地和物流仓储用地”两类，从而给土地转性、土地出让等带来了困难。按照现行政策规定，服务业用地属于经营性用地，工业园区内不能利用工业用地发展生产性服务业；如果对土地性质转性，其程序又比较复杂，同时转性后还需要补地价等，这必然会削弱企业发展生产性服务业的积极性。因此，根据产业集群的发展趋势和新兴产业的发展要求，研究制定新的用地分类标准，已经迫在眉睫。

2）现有的规划理念和用地结构，不利于创新空间的营造

一是在规划理念上，现行的工业园区规划偏重于形态规划，对产业集群的发展规律和内在要求考虑不够。产业集群特别是创新集群的发展，需要“产学研”一体化的运作。但是我国许多高科技园区未能成功地将城市的智力资源引入园区。以上海紫竹科学园区为例，上海交通大学和华东师范大学都在园区内设立分部，用地面积占到整个园区的近20％，但进入园区的这两所高校仅将园区土地作为新入学本科生的教学和居住基地，绝大多数老师都不在该地居住，高校的重点科研项目、研究生教学和生产实践过程均与园区脱钩。高科技产业是一个以研发为核心的产业链，由于这个产业链无法得到上游的持续补给，因此不利于高科技产业的持续健康发展。

二是工业园区用地结构不合理，不适应产业集群发展要求。首先，园区道路用地比例过大。由于园区规模大，城市主干道和快速路不可避免地穿园区而过，从而使园区增加了不少不为自身所用的道路面积。绝大部分园区的道路用地比例普遍16％左右。例如，上海张江高科技园区中区达到20.6％。其次，园区内部尺度过大。园区的大尺度使地块面积普遍较大，道路密度较低。其结果是为了满足园区的交通量(其中相当部分是过境交通)，不得不加宽道路。再次，公共设施配置过多。由于园区尺度大，内部人员数量多，且离城市中心较远，因此不得不在园区内部配置大量公共设施，如车站、商店、餐厅、邮局等，有的甚至要配置居住区。以张江集电产业区为例，各类公共设施占到总用地的近30％。道路面积、服务设施面积过大，不仅增加了大量用于简单加工的工业用地面

积,使园区宝贵的土地得不到充分利用,同时也使得整个用地结构不利于营造研发创新的环境,比如,科教研发用地达不到相关要求,缺乏尺度宜人的公共绿地等。

3)现行的土地供应方式,不利于产业链的形成和延长

一是工业用地挂牌出让和招商引资之间的矛盾。按照国家规定,我国的工业用地一律实施招拍挂出让制度。但是经过近几年的实践,工业用地招拍挂制度逐渐暴露出一些问题,一定程度上阻碍了产业的转型升①。一方面,工业用地公开挂牌出让方式虽然增加了信息透明度,但是按照"价高者得"原则取得土地的企业,未必与园区的产业战略导向相吻合,不利于产业链的形成和延长。另一方面,与房地产用地不同,工业用地的开发承载了特定的产业发展功能,蕴涵着相关管理主体的行政调节,需要体现相应的产业战略开发意图。单纯通过市场机制筛选出来的产业并不一定符合园区的产业发展导向。

二是工业用地批租年限与企业生命周期之间的矛盾。据有关方面研究,中国企业平均寿命为7—8年,民营企业的平均寿命仅3.7年,而发达国家企业平均寿命为12年,世界500强企业平均寿命40年。因此将土地一次性作价出让50年给企业,不利于产业结构调整和升级,也不利于企业退出机制的建立和政府对土地后续利用的调节。

三是企业扩建用地与挂牌出让方式之间的矛盾。鼓励企业增资扩建,是提升产业能级,促进土地节约集约利用的重要途径。按照现行土地出让政策,对于企业扩建项目用地,也必须纳入招拍挂出让范围,但是由于企业无法确定能否竞得成功,以及竞得成本很难估计,从而在很大程度上抑制了企业扩建的积极性。

5.4 案例分析:张江高科园区创新集群的建设

上海市张江高科技园区成立于1992年7月,位于浦东新区中部,规划面积25 km^2,分为技术创新区、高科技产业区、科研教育区、生活区等功能小区。1999年8月,上海市委、市政府颁布了"聚焦张江"的战略决策,明确园区以集成电路、软件、生物医药为主导产业,集中体现创新创业的主体功能。自此,张江园区步入了快速发展阶段。2009年浦东新区和南汇区合并后,张江园区的范围也随之扩大,管辖范围除了原有区域外,还包括康桥工业园区、上海国际医学园区,总面积超过74 $km^2$②。(图5-1、图5-2)

图5-1 张江高科园区的地域范围

图5-2 上海张江高科园区一角

---

① 邓浩强.2008.浅谈当前上海产业发展中遇到的用地问题[J].上海开发区,(3):27-28.

② 沈开艳,徐美芳.2009.上海张江高科技园区创新集群模式的特征及主要政策[J].社会科学,(9):3-9.

目前，园区建有国家上海生物医药科技产业基地、国家信息产业基地、国家集成电路产业基地、国家半导体照明产业基地、国家863信息安全成果产业化(东部)基地、国家软件产业基地、国家软件出口基地、国家文化产业示范基地、国家网游动漫产业发展基地等多个国家级基地。张江高科技园区已经发展成为国内最具实力的高科技园区之一，成为我国54个国家级高新技术开发区中国际知名度较高的园区，成为创新、创业的密集区域、高科技人才的汇集区域、高科技企业的富集区域，成为生产型特征鲜明、产学研一体化初具规模的高科技园区。2011年，张江高新区核心园经营收入达到3 700亿元，同比增长21%；完成固定资产投资超过200亿元(不含市政基础设施投资)；累计注册企业近万家，其中经认定的高新技术企业365家，技术先进服务企业117家，留学生企业600多家，上市企业累计25家，跨国公司地区总部39家；经营收入过百亿元的企业4家，过十亿元的37家，过亿元的177家。

5.4.1　张江高科园区产业集群的发展情况

近年来，围绕IT(信息技术)和BT(生物技术)两大核心技术，张江高新区核心园着力打造"两大三新"产业体系。"两大"是指信息技术产业和生物医药产业等两大产业集群，"三新"是指低碳环保、民用航空研发和高端汽车配套产业等三大具有核心竞争力的高科技特色产业。目前已形成集成电路、软件、现代生物医药三大产业集群①。

(1) 在集成电路产业集群方面，目前张江园区已成为国内集成电路产业集聚度最高、产业能级最优、技术水平最先进的产业园区，成为国内名副其实的集成电路龙头园区。2011年张江集成电路产业销售收入达318.52亿元，占上海的50.52%，占全国的20.26%。集聚了集成电路各类企业153家。其中，设计企业95家；芯片制造企业5家；国家级研发机构1家；封装测试企业8家；设备材料企业21家；另有其他设计服务、配套企业23家。在产业门类上，张江园区在全国率先实践集成电路"产业链"的发展思路，以产业链培育和完善来带动、提升集成电路产业的整体规模和水平，目前已在国内形成包括设计、制造、封装、测试、设备材料等行业在内最完整的产业链，并已跨越单纯上、下游企业的集聚，扩展至企业、高校、研究机构和国内外技术中心之间的合作交流层面，并围绕着产业链形成了一个较为完善的集成电路产业集群体系。

(2) 在生物医药产业集聚方面，经过十多年的建设和发展，张江已初步建立了一个较完整的产业体系，形成"张江药谷"。主要包括生物医药、医疗器械、医疗服务等领域，基本形成了从新药研发、药物筛选、药理评估、临床研究、中试放大、注册认证到量产上市的完整创新链，搭建了"二校、一所、一院、十八个公共服务平台、四十多个中心"组成的生物医药研发创新环境平台和要素高地，构筑了国内最完善的生物医药创新网络，成为我国创新药物研发数量最多的区域。2011年，基地拥有10多家国家级科研院所、40多家各级企业技术中心、240多家自主创新中小企业、超过30家高端医药制造企业和40多家医药研发外包企业的研发创新产业集群，涵盖了新药探索、药物筛选、临床研究、药品上市

---

① 滕堂伟，曾刚. 2007. 从集群制造到集群创新的典型案例分析——以张江高科技园区为例[J]. 中大管理研究，2(4):126-141.

的完整产业链，形成了具有张江特色的“药物研发与临床应用”发展模式。

（3）在软件产业集群方面，以浦东软件园、国家信息安全成果产业化（东部）基地和集电港为载体，另外还有少部分的软件企业散布于园区内部，如宝信软件和东软软件。浦东软件园是张江园区最重要的软件企业集聚地。经过几年的发展，张江软件业收入水平超过 70 亿元，从业人数达到了约 1.1 万人。由于市场竞争激烈，张江内部企业数量呈现出动态变化的趋势。主要表现为企业数量稳中有降，从业人员逐年增加。从中可以看出，企业的平均规模在扩大，张江发展态势良好。在市场开发方面，国外市场（软件出口）的发展速度要快于国内市场。张江企业业务范围涵盖了 ERP 软件开发、信息服务、系统集成、电子商务、数据通讯、信息安全、芯片设计、软件出口、金融证券、医药、电信等各个领域，尤其是软件出口、管理软件开发、信息安全、数据通讯、系统集成等在张江内的发展速度较快。

5.4.2 张江高科园区推进产业集群发展的主要做法

张江高科园区产业集群从无到有，能够在短时间内快速发展起来，并且取得不俗的业绩，政府的大力推动无疑起了重要作用。在政策优惠方面，为了强化资本的引力，吸引更多的创业人才，各级政府及园区出台了多项优惠政策。据不完全统计，仅从 1999 年“聚焦张江”以来，各级政府即出台了约 70 项针对园区创新创业的金融、人才、税收、土地、市场拓宽、专利技术等各种规定或办法。在土地利用方面，主要有：

（1）科学规划，合理布局，创建了产学研联合发展的环境

张江生物医药产业集群网络主要是由生物医药制药企业和小规模的创业企业、大学、研究中心、医院及健康需求、相关辅助产业和公共服务平台等通过正式和非正式的联系，共享资源、分工协作，相互交织、相互影响、相互制约所形成的关系系统（图 5-3）。目

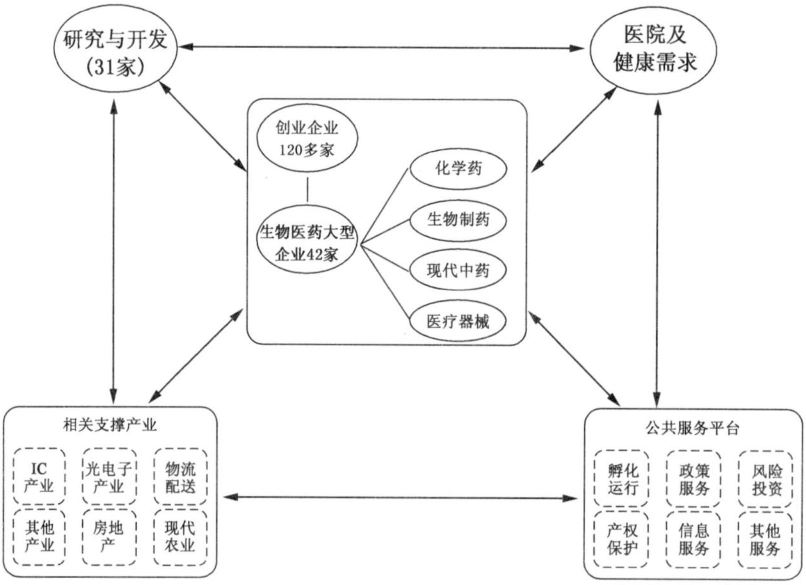

图 5-3 张江生物医药产业网络

前，从技术研发、产品生产、专业服务、教育培训到下游市场开拓，“张江药谷”已经初步形成一个以研发为中心、生产为重点的完整的产业链，各个环节之间相互联动、相互制约、相互依存，在技术上具有一定的关联性，上游、中游、下游产业各环节之间存在大量的信息、价值方面的交换联系，并具有多样化的链接实现形式。

在“张江药谷”中，上游产业——高校、研究所及研发中心，中游产业——以生产功能为主的制药企业与中小型创新企业已经分别形成了三个生物医药产业集群。其中，研发机构在张江内形成了既分散又相对集中的空间布局结构，同时又邻近其下游——制药企业，符合生物制药企业的高科技区位指向规律(图 5-4、图 5-5)。这种空间布局结构有利于园区内研发企业之间、研发与制药企业等各机构之间相互进行正式或非正式交流和学习，同时，也有利于积极支持企业设立技术中心，并建立专业技术服务平台。张江园区一方面积极资助企业设立技术中心，另一方面在几个主导产业中设立了专业技术服务平台，为企业提供有关服务。为此，在张江中区规划中，强调以生活服务、商务服务为重点，以科教研发、总部经济、知识社区为基础功能，实现科研、生活、文化休闲一体化(图 5-6)。

图 5-4 张江药谷上游产业部门空间分布图

图 5-5 张江药谷中游产业部门空间分布图

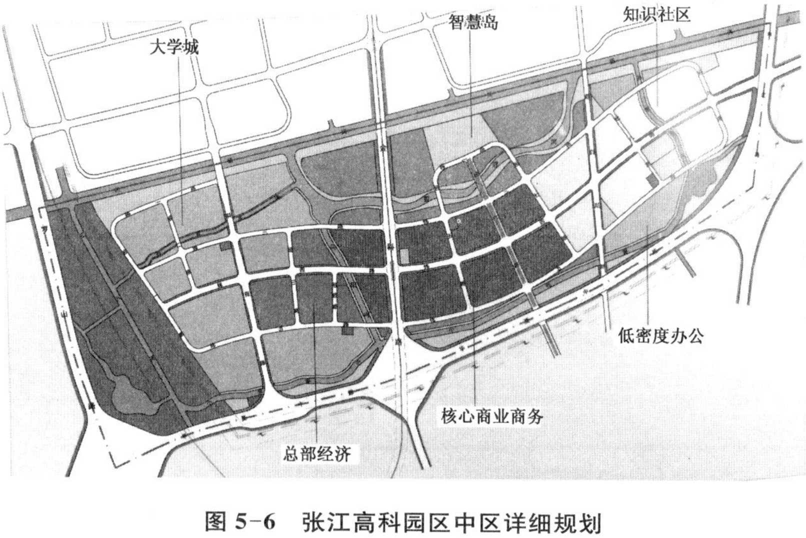

图 5-6 张江高科园区中区详细规划

同时，园区还积极引进国内外先进的研究机构、高校，以产学研结合的方式促进技术创新的加速增长。园区引入了复旦大学张江校区、上海交通大学信息安全工程学院、西安交通大学上海研究院、北京大学上海微电子研究院、上海中医药大学、上海电影艺术学院、中国美术学院上海设计学院、中国科学技术大学上海研究院、上海建桥学院、上海中侨职业技术学院、上海医药高等专科学校等十一所高等院校。这些高等学府为张江园区提供了高质量的人力资源和在职培训。除此之外，这些学校在科技园中也创建了很多新兴企业，促进了大学的研究重心与产业需求更为紧密的结合(图 5-7)。

图 5-7　集聚在张江的高校和研发机构

(2) 加强产业链招商，延长产业链

首先，引入龙头企业，并迅速形成三大支柱产业，在对上海甚至全国起到重要的引领作用。例如，在集成电路方面，张江在开园之初即引进了外资的中芯国际和宏力半导体。2007 年，张江的集成电路营业收入约占上海的 59%，全国的 18.4%，成为国内最大、最先进的集成电路研发、制造一体化产业基地。

其次，实行产业链招商。成立之初，张江就确立了以“人才培养—科学研究—技术开发—中试孵化—规模生产—营销物流”为产业链的招商模式。上述两个企业的一期投资分别高达 15 亿和 16 亿美元，随后，一批相关企业纷纷抢滩张江。如今，除了中芯、宏力、华虹三大芯片制造企业，张江还集聚了 150 家芯片设计企业、12 家封装测试企业、2 家光罩企业、34 家设备配套企业，总数超过 200 家，形成了完整的产业链集群。正是由于项目之间都是关联的上下游企业，企业之间容易形成合作伙伴关系，进而促进创新集群合作平台的建立。

(3) 实行“公司开发、政府回租”等土地开发创新机制

张江技术创新区内采取“公司开发、政府回租”的形式突破原有的房地产开发形式。例如，《上海市促进张江高科技园区发展的若干规定》明确，对于进驻软件园的企业，政府采取直接向高科技项目提供房租补贴等措施，以减少创业者进入园区的初期投入。2007 年浦东新区政府又出台了《张江功能区域关于开展“腾笼换鸟”工作的实施意见(暂行)》，通过替换和淘汰劣势企业，大力引进产业能级较高的科技型、自主创新型龙头企业，以提高土地利用率。

5.4.3 张江高科园区产业集群发展中面临的问题

张江产业集群在快速发展过程中也存在一些问题和制约因素。主要表现在：

1）大学、科研机构与企业之间的联系不强，对企业的技术支撑作用有限，影响了创新性发展

从国外情况看，随着生物技术的迅猛发展和政府的积极引导，许多发达国家的生物医药产业都在向技术、人才、资金密集、企业相对集中的区域聚集，逐步形成了比较完善的生物医药产业链和生物谷或药谷。如美国已形成了旧金山、波士顿、华盛顿、北卡、圣迭戈五大生物医药产业区；德国、法国和瑞士形成了著名的莱茵河上游金三角生物谷。

从张江园区的情况看，生物医药企业群总体上处于蓄势和整合阶段，在企业之间的关联和产业衔接上还不够完善。主要表现在：一是虽然目前张江生物医药产业链各环节齐备，企业高度集聚，但尚未构成为成熟的产业集群。产业间缺乏联系，造成了区内研究资源不能得到充分和有效的利用，削弱了产业技术进步的进程。张江园区内的大学、科研机构与企业之间的联系不强，对企业的技术支撑作用有限，园区内的企业(特别是一些跨国公司)主要是与母国的大学和科研机构有着紧密合作关系，知识和技术都是从区外获得。高素质的人才以及知识、技术的不断创新是高技术产业发展的关键，大学和科研机构不仅承担着对前沿技术的研究开发工作，同时也是整个地方产业网络发展的技术支撑。特别是产业集群应有的效应尚未有效发挥，还远不能平衡企业直接面临的商务综合成本不断攀高等因素；二是这些研发和服务机构大部分仍按照原有的体制在运作，缺乏主动整合区内产业资源的意识和动力；三是与美国的硅谷、中国台湾的新竹园区等相比，张江园区内的大学和科研机构数量不多，对园区集成电路产业的技术支撑作用仍不明显。在从集群制造向集群创新转化的过程中，还存在着孵化器功能不足、风险投资意识薄弱等较为突出的问题。集群内部由于企业之间的缺乏交流而导致创新知识在网络内的流动滞缓，一定程度上阻碍了网络链式效应和集群效应的辐射和带动作用。

2）生产性用地过多，生产制造型集群色彩浓厚，产业链有待延长

张江作为一个工业园区的特征比较显著，表现在工业固定资产投资比重高、工业在园区经济中的比重高等方面。从按三次产业结构划分的固定资产投资结构看，第二产业占72.70％，第三产业占27.30％；其中第二产业中工业占71.88％。工业固定资产投资所占比重在1992—1999年间平均为57.35％，2000年、2001年、2002年、2003年、2004年、2005年分别为64.99％、80.38％、76.78％，74.66％、79.39％和48.08％，工业固定资产投资比重状况表明，张江目前是一个比较典型的生产型工业园区；工业固定资产投资比重大幅度降低的趋势，说明园区内工业发展趋于平稳运行阶段，第三产业固定资产投资比重相应地呈现出大幅度上升的态势，说明园区转型态势初显。从园区三大主导产业集群状况看，集成电路集群的生产制造型特征表现较为突出，生物医药产业次之。例如，在集成电路产业全球价值链中，张江处于其中的价值增值最低点(图5-8)。

从园区用地结构看，以张江集成电路产业区二期开发地块为例，其主要项目是台湾日月光企业的生产区，占总用地的32％，而为了满足大量工人的生活需求，又配置了一定规模的土地建造工人宿舍，二者用地共占总用地的约60％。这样一来，产品加工区代替了高科技园区，简单劳动密集型产业代替了智力密集型产业。大量的生产加工设施和生

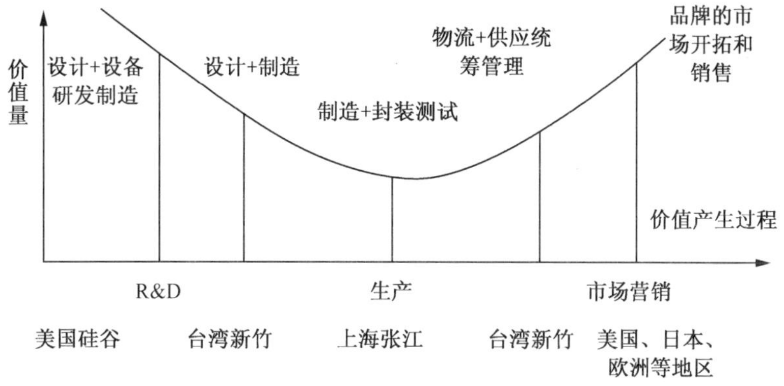

图 5-8　张江集成电路产业在全球价值链中所处的地位

活设施,降低了高科技园区土地的应有价值,同时也会降低园区对其他研发机构的吸引力。

3）配套设施的配置以及创新环境营造还需提升

目前张江生物医药产业面临创新创业阶段政策体系较为全面,但产业化与商业化阶段政策引导和支持力度较弱的困境,产业化、商业化阶段应配套的空间规划、政策体系等尚未构筑完善。一方面,尽管在张江高科技园区中区中心位置专门规划了一片创业服务区,为整个中区提供商务服务功能和少量必要的生活配套功能,包括酒店、金融、企业服务中心等商务服务机构;专业商场、单身公寓、超市等生活配套设施,但这些公共设施,主要是基于园区的大规模和大尺度配置的,大部分设施并不用来满足园区从业人员工作时的需求,如酒店、公寓、商场、超市等,都是"八小时以外"使用的公共设施(图 5-9)。另一方面,张江生物医药企业大多数是以研发为主的科技型中小企业,经过多年的发展,不少企业的研发成果已经达到或接近生产和销售阶段,但由于企业自有资金有限,因而自身缺乏生产、销售承载能力,在本地新建生产、销售企业成本偏高,委托其他企业生产、销售又存在政策障碍、利益分配等方面问题,加之上海本地企业承接转化成果的积极性较低、消化能力不足,使得园区生物医药企业研发与生产、销售对接不畅问题较为突出。数据显示,张江生物医药企业近年来累计转让成果总量至少有 79 个,转让项目主要集中在缺乏生产能力的研究院所以及中小企业,转让地区主要是上海之外的其他省市。从客观上讲,张江作为创新的源头为全国各地的生物医药产业发展做出了巨大贡献,但对张江本地产业投资与回报体良性循环机制的形成和发展造成较大的冲击。

图 5-9　园区内部的商品房大量被园区外人员购买居住

5.5　促进上海产业集群发展的土地利用政策创新

国家发展改革委《关于促进产业集群发展的若干意见》指出:"加强科学规划,优化区域和产业布局。严格贯彻《产业结构调整指导目录》和国家产业政策，遵循产业集群形成、演进、升级的内在规律，准确把握产业集群不同发展阶段特征，结合区域优势和特色，科学规划，合理布局，统筹区域协调发展，提升产业集群整体优势。推进东部加工制造型产业集群向创新型集群发展，加快提升在全球价值链中的分工地位。以特色产业和自然资源为突破口，主动承接发达地区产业转移，延伸产业链条，加快中西部地区产业集群发展。健全体制机制，发展专业化协作配套，促进东北地区等老工业基地形成一批新型装备制造业集群。在具备条件的中心城市适度发展文化、创意设计等新兴集群，促进现代服务业集聚发展，着力发展一批具有国际竞争力、在同行业中具有较大影响的高技术产业集群。[①]"按照该定位，上海应加快推进工业区转型，实现由以传统的生产制造为主，转向服务型、复合型、多功能型发展，特别是大力推进创新型产业集群发展。在土地利用方面，建议采取以下措施：

5.5.1 创新土地分类标准，支持新兴产业发展[②]

土地分类是土地利用规划的依据和前提。土地的分类标准直接影响到工业园区的土地利用结构和功能分区，进而影响到产业集群的发展。因此，促进产业集群发展，首先要创新现有的土地分类标准。从我国目前情况看，在城市规划和工业园区规划时，使用的是住房和城乡建设部 2011 年颁布的《城乡用地分类与规划建设用地标准》；在土地供应时，使用的是 2007 年国土资源部颁布的《全国土地利用现状分类标准》。由于这两个分类标准中都没有研发、总部等生产性服务业用地以及物流有地等新兴产业用地类别，给园区规划和土地供应带来一定困难。

为了适应产业转型升级的要求，建议结合上述两个分类标准，修订上海市城市用地分类标准。在产业用地方面，建议重点修订以下几个方面：

(1) 建议在"工业用地"中增加"工业研发用地"种类。工业研发用地提供给各类产品及其技术的研发、中试等。借鉴香港城市用地中工业用途类别下的"研究所、设计及发展中心"用途，同时针对目前上海产业升级带来的从生产向研发演变的趋势，建议新增"工业研发用地"，在土地出让和使用时，按照工业用地性质对待。

(2) 建议在"仓储物流用地"中增加"物流用地"种类。应对已有的物流与仓储用地联合开发所形成的综合物流园区、物流中心等情况。新增的物流用地，包含货物运输、商贸类的物流中心、货物分包、配载市场等用地。设定物流用地，有利于这一新兴产业门类的优化布局。

(3) 建议增加"生产性服务业"用地，作为"工业用地"下面的一个用地类别。在土地出让和管理时按照工业用地对待。

5.5.2 科学编制开发区控详规划，增强规划弹性

根据 2008 年颁布的《城乡规划法》，控制性详细规划成为土地出让的重要依据，成为

---

① 国家发改委出台关于促进产业集群发展的若干意见. http://wfg.cq.gov.cn/content.aspx? id=2022.

② 上海市规划和国土资源管理局. 2011. 上海市规划编审中心.《上海市控制性详细规划技术准则》研究报告(报审稿).

控制城市开发的重要手段。但是如何编制好开发区的控制性规划,适应产业集群的发展和转型升级,这一问题非常值得研究。根据英国开发控制管理经验,规划编制应由终极蓝图转向综合性的引导预控,提高规划的动态统筹能力。

为此,在开发区的控制性详细规划编制上,既要加强刚性约束,防止规划管制的放松而造成混乱,同时又要适当增加规划的弹性,引导新型产业发展。

(1) 根据产业集群发展的需要,及时调整控制性详细规划,增加新兴产业发展区。推进专业化开发和规划布局,促进产业集聚。在空间布局方面,做好整体的产业布局规划,引导各产业基地充分利用现有产业基础,推进资源集聚,促进资源整合,打造产业集群,形成专业特色,并以专业特色领域为载体,合理引导相关上下游企业逐步集聚,最大限度形成产业的增长极和辐射源。例如,漕河泾开发区根据开发区转型发展的需要,及时调整规划,新规划了科技绿洲等。金桥开发区原来是以出口加工区为主的开发区,近年来转型升级的步伐加快,提出在产业结构调整中要实现"五个转变":从单纯的制造业向制造业和服务业并行转变;从要素驱动向创新驱动转变;从外资为主向内外资并举转变;从出口为主向国内市场为主、国际市场为辅转变;从扩张性、粗放型向资源集约利用型转变。开发区提出要建设高科技、复合型、生态化的世界一流产业新城,并加大了ICT 产业集群的发展。为适应产业转型的要求,开发区规划建设了 4 个生产性服务园区,总建筑面积约 150 万 m^2(图 5-10)。

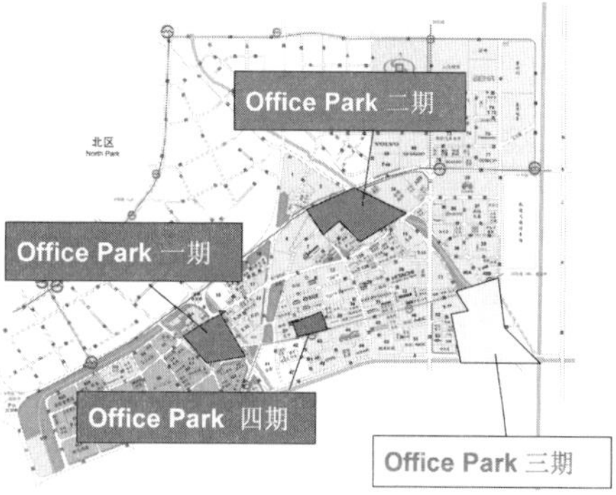

图 5-10 金桥开发区新规划的生产性服务业集聚区

(2) 创建良好的创新空间和氛围。建立大学与开发区之间的纽带桥梁,充分发挥大学的支撑作用。英国前首相撒切尔夫人曾说,检验现代大学的标准之一就是让高等教育承担产业中心的作用,这样有利于把大学储备的新思想、新发现播撒出来,使之成为社会的财富,为以后的经济增长奠定了基础。大学在高科技产业园区可以一身兼多职,既是技术创新的开发者,又可为科技园区提供思想活跃、技术熟练的科技人员,同时也可成为企业成长的孵化器,并提供中介服务。规划的基本策略包括:一是合理安排高校与企业之间的空间分布形式。通过规划加强研发机构和高校之间的相互联系。在空间上可以采取如下的安排:在城市中心的一端安排研发区;紧接着是生活配套区教学区(可共同使用一套公共服务设施);在城市边缘的一端安排生产区。二是减少商业设施的用地比例。对于一些面积较大的高科技园区进行功能分区时,将研发区安排在靠近城市的方向,尽量使内部的人员能享用城市的公共设施;对于一些服务半径较小而不得不在园区内部设置的设施,如银行、邮局等,因根据园区需求尽量缩减不必要的功能,减少占地面积;对于餐饮类,应设置服务面积较大的快餐业,以解决工作餐为基本目的。三是园区内应建立创业中心和高科技成果孵化器,鼓励各类高科技人才在园区内部进行创业,鼓励高校将各类实验室、研究中心、学术机构以及研究生的学习、研究和生产实践过程安排在园区内。例如,上海漕河泾开发区中建有大量孵化中心和商务中心,在推进创新集群建设中发挥了重要作用(图 5-11)。三是增加公共开放空间。可以通过公共开放空间,增进园区内部的人际交流机会，公共开放空间应深入地块内部，营造宜人的工作环境。尺度不宜过大，应随研发用地的公布而展开，公共开放空间更可结合一些员工餐饮中心、活动中心等设置，方便园区内部人员使用。四是根据园区人员的特点，进行交通设施的配置。首先，应配有足够的停车位，建议结合大片的公共绿地设置公共的地下车库；其次，可在园区主要的出入口设置班车，来往于市中心或园区附近的轨道交通站点。

图 5-11　上海漕河泾开发区内建造的国际孵化中心和商务中心

(3) 预留备用地。借鉴新加坡的“白地”做法，针对近期实施建设的城市建设用地，选取尚未明确规划用地，或暂时难以确定用途的，将其设置为“特定用途的用地”，或称为“X”用地。X 用地的设立保障了规划的弹性，避免了控规在无充分布局理由的情况下盲目设定用地性质，造成在项目应用阶段不得不调整规划的缺陷，也为未确定具体功能的必要设施落地预留了空间。例如，1995 年，为了使发展商有更大的灵活性以适应市场需求的变化，新加坡引入了“白色地带”的概念。所谓的“白色地带”，是指政府划定特定地块，在该地块内，允许包括商业、居住、旅馆业或其他无污染用途的项目在该地带内混合发展，发展商也可以改变混合的比例以适应市场的需要。在“白色地带”内，政府允许发展商在项目周期内的任意时间改变用途，而无需交纳额外费用。这种灵活性使发展商能够对不断变化的市场条件迅速回应，无需局限在原定用途，从而最大限度地减少原计划与市场需求不匹配的风险。同时，使得特定地块的开发更富弹性。① 目前，相当数量的白色地带已成功开发。为了进一步扩大灵活性，2003 版的总体规划中关于新白色地带的允许混合用途类型及所占比例已扩大至运动和娱乐用途，清洁工业和研发设施也将被列入。关于“白色地带”的比例，不同的产业园区有不同的规定。例如，新加坡商务园 2000 年的规划指引提出，允许园区总建筑面积的 15%用作白色用途，可用于办公、商店、银行、餐馆、浴室、娱乐中心和健康中心等，从而创造一个混合用途的、“工作、生活、娱乐”一体化的环境。另外，白色用途的数量还与区位有关，例如，靠近地铁站的地块可以具有更多的白色成分。

(4) 倡导混合用地，增加用地的兼容性②。混合用地是指一个地块中有两类或两类以上使用性质的建筑，每类性质地上建筑面积占地上总建筑面积的比例均超过 10%的用

① SEOW ENG ONG. 2002. Strategic Considerations in Land Use Planning: the Case of White Sites in Singapore.

② 上海市规划和国土资源管理局，上海市规划编审中心. 2011. 上海市控制性详细规划技术准则研究报告(报审稿)[R].

地。德国、香港、新加坡等地都十分注重对混合用地的规划,以便体现一定的灵活性和及时性,适应和促成土地使用的价值最大化和空间最优化。例如,德国 B-PLAN 设立独立的混合用地分类,对应满足各种具体的混合情况。再如,新加坡实施的“仓库附带零售计划”(WRS)。所谓“仓库附带零售计划”,是指允许仓库或工业建筑以合理的比例附带一些零售功能,通过将总部、后勤、零售功能共设于相对集中的地点而获得可观的利润和生产效益。这是新加坡历史上第一次允许零售活动设于仓库或工业带内。这一计划将促进一种具有创新意义的工业区零售商业模式的形成,例如仓储式零售和大型零售商(通常占 10 万到 20 万 m^2 的营业面积)得以发展,这种总部和旗舰店相结合的模式将为公司增强其区域竞争力打下基础,从而建立更强大的流通网和各种商业运作系统。结合我国实际,建议:对于功能用途互利,环境要求相似且相互没有不利影响的用地,可以混合设置。例如一类工业用地、工业研发用地、仓储物流,产业研发用地与商务设施用地等,这类用地之间无尖锐矛盾,不影响各自正常的使用功能,考虑到集约利用土地和提升地区活力等要求,可以混合使用。

5.5.3 完善土地供应政策,实行产业链招商

一是建立一套严格的审核制度和标准,加强对入驻园区企业的把关。重点考察两方面内容:(1) 考察入驻企业项目本身的投资建设情况。根据园区的功能定位及产业发展方向,设置投资强度、单位面积产出、技术含量、就业带动性、企业自主创新等方面的指标。园区在其不同发展阶段,产业导向可能会有所调整,先前引进的部分项目会由于不符合新一轮产业发展战略而面临淘汰。因此,在项目引进初期就把好入口关,严格按照产业发展导向审核引进项目,在投资强度、产出强度、辐射能力等方面做到高起点、高标准规划和建设,就能够在相当程度上避免或缓解二次开发所带来的后续治理压力。目前,一些开发区已经注意到了这一点,试图从项目引进初期就坚持宁缺毋滥的原则,逐渐提升进区项目的品质,不断优化园区项目的构成①。例如,对于新引进企业,上海漕河泾开发区坚持从生产性、制造型、外资类项目的引进,向重点引进国内外著名企业集团的“一部三中心”(一部即地区总部,三中心即设计研发中心、运营结算中心和管理服务中心)项目转变,严格限制占地多、单位面积产值低的制造业进入。还坚持从单个高新技术项目的引进,向完善其产业链以及提升自主创新能力转变。(2) 考察入驻企业与园区已有企业以及园区定位的匹配性,重点看引进的企业,能否与园区已有企业之间形成产业链和产业集群。例如,张江高科技产业东区在建设初期就有意识地注重产业链条的完整性②。园区对于入驻的每一家企业都要严格论证,看它在园区内行业内能起到怎样的“化学作用”。甚至还拒绝了一些高新技术、产值很高,但不符合园区产业定位的企业。而且,张江高科技产业东区通过“腾笼换鸟”,回购土地,为“上天马”项目的落户创造了有利条件③。而“上天马”项目的落户又奠定了“大飞机”项目最终落地的“序曲”③。目前张江东区有七八十家企业都是产业链的核心,它们之间形成相互服务的关系,并不断吸引新

① 曾刚,林兰.2009.全球金融危机下上海开发区的困境与出路[J].上海开发区,(3):39-45.

②③苏静.2010.企业:藏龙卧虎;规划:恰逢其时 张江东区生产性服务业发展渐入佳境——专访张江高科技产业东区董事长叶千军[J].上海开发区,(4):4-5.

③ 上海张江高科技园区.2010.实施“腾笼换鸟”战略 大力提升产业能级[J].上海开发区,(4):15-17.

的企业加入产业链。

二是创新工业用地供应政策。鉴于开发区工业用地有别于一般性房地产用地以及在工业用地招拍挂制度运行中出现的一系列问题,为了防止产业发展战略受到市场机制的扭曲,因此有必要把握好招商引资门槛。建议采取“价格优先、综合评估”的挂牌出让方式确定工业地块受让人,从保证园区产业规划战略落实的角度出发,将开发区开发管理主体纳入审定受让人的决策过程,发挥开发区招商引资的主动性,综合考虑土地价格和项目综合效益来确定受让人。同时,建议在开发区内推行工业用地租赁制度,赋予开发区土地租赁权利,开发区代表国家将土地租赁给符合园区产业规划的企业使用,租期根据产业类型及企业规模等要素进行协商约定,租金实行年付制,每年可根据市场情况调整租金大小,租期期满后开发区代表政府无偿收回土地进行后续开发,这样既可以减少企业用地成本,也可以提高开发公司对土地的调控力度,提高产业用地流转效率,减少闲置用地现象,有力保障产业规划的实施①。

5.5.4 创新土地管理机制和模式,为产业集群发展提供保障

对工业区的土地使用权管理既要统筹全局、提高土地集约利用率、优化产业布局,又要给下级政府适当操作灵活性,提高办事效率和服务水平。因此,土地使用权的审批、管理不能一刀切,要照顾和均衡市、区和企业的利益。总的原则是,既要集中,又要有适当的灵活性。我国工业区土地管理可分为两个层次进行:一是工业区自身的土地来源管理;二是工业区内企业的土地使用问题。对于第一个层次,应严格按照国家的有关规定由国家和上海市政府审批,对于非经国家和上海市批准的工业区,应实行压缩、集中。对于第二个层次,应扩大工业区的自主权,减少层级审批程序。工业区由政府成立管理委员会具体负责开发,由政府把土地无偿划拨给工业区,工业区管委会对土地进行初步开发后,再招商建立“园中园”,由“园中园”按照工业区的产业规划负责具体的招商引资。这样,工业区土地的供给基本上收归市政府,有利于市政府对工业区土地进行统一管理和对工业区产业进行统一规划。

为此,建议政府在提高土地一级市场宏观调控水平和效率的同时,适当放宽工业区内部的自主运营和项目审批权限,简化各种审批程序并落实到具体的“一条龙”或“一站式”服务,即实施扁平高效的规划土地管理体制。例如,新加坡工业园区是由准政府组织的裕廊镇管理局负责管理。裕廊镇管理局采取的是公司制的运作模式,负责新加坡工业园区的规划、建设、租赁和管理工作,它其实是一个房地产开发商,重点是投资土地和设施,并通过其产品和服务的销售来获得收入。同时,裕廊镇管理局也行使一定的政府职能,拥有一定的审批权,包括土地供应、项目审核、日常管理和服务等。裕廊镇管理局不仅负责供应土地,而且可以批准项目;发放居民暂住证、城市规划与建设设计许可;管理贸易和市场、征税;发放商业许可证等,还提供警察、税收、海关、社会保障、教育、全民体育运动,以及社区发展、劳工等多项公共服务。这种集政府管理与开发运作于一体的管理模式,大大提高了管理效率。裕廊镇管理局在审批上实施一站式服务,大大降低了交易成本,提高了审批效率。例如,对于建筑规划图的审批,程序简化后只需不到三十分钟

---

① 邓浩强.2008.浅谈当前上海产业发展中遇到的用地问题[J].上海开发区,(3):27-28.

的时间;转租审批,简化后 80%的转租只需自我申报,即使复杂的转租也只需七天。对于工业用地的申请,简化后只需六个星期。

5.6 本章小结

产业布局有其自身的内在规律性。工业园区的规划只有适应产业布局的自身内在规律,才能有效促进产业转型升级。从国际产业发展的趋势看,产业集群化是产业布局的最新趋势,推动产业的集群化发展也是促进产业转型升级的重要途径。

为此,本章首先深入探讨了产业集群的基本特征和相关理论,总结了国外产业集群的发展规律,以及政府对产业集群发展的参与方式。认为政府的参与方式主要表现在制定规划、政策支持、完善体制、加强园区建设等方面。在此基础上,结合上海张江高科园区创新集群发展的实例,从土地分类、控详规划编制、土地供应政策、土地管理机制和模式等方面,提出了促进产业集群形成的土地利用创新政策。

6　促进工业区联动发展的土地利用政策创新

联动发展(或异地联动开发),本质上是一种“借地”发展的行为。是近年来一些开发区针对本区域内开发用地不足而采取的向外拓展的发展方式。由于联动发展目前尚处于起步和探索阶段,本书在分析联动发展相关理论的基础上,经过大量案例的分析,结合目前存在的问题,提出促进工业区联动发展的思路和土地利用创新政策。

6.1　联动发展的相关理论

6.1.1　联动发展的概念

所谓联动发展(或称异地联合开发),是指一些开发区在发展过程中,由于土地资源不足,就联合土地资源相对丰富的地区(或开发区)进行联合开发,共同在资金、项目、土地、技术、人才、管理经验等方面进行沟通,实现资源共享,优势互补,通过构建一种良性的协作分工机制,以实现双赢的发展局面及其相应的产业发展目标。

6.1.2　联动发展的好处

一是有利于解决开发区增量用地不足的问题。上海工业用地存量达到 800 km^2 余,占全市建设用地的 1/3 以上,总量较大。但是增量空间较小。到 2020 年工业用地总量控制在 1 000 km^2 左右,未来 10 多年的新增量只有 100 km^2 余,开发区可新增利用土地的数量较为有限。据预测,全市工业用地的极限量不超过 1 200 km^2,新增土地资源受到计划指标控制。目前上海每年用于工业发展的新增土地指标不足 10 km^2。截至 2009 年①,全市 38 个以工业为主的开发区规划可供应面积 501.6 km^2,已供应面积 316.92 km^2,规划工业用地 318.47 km^2,已供应工业用地 203.56 km^2;尚可供应用地184.24 km^2,其中尚可供应工业用地 114.91 km^2。上海各开发区的可用工业用地分布十分不均,主要集中在少数几个市级开发区,国家级开发区可供应的工业用地仅剩 9.67 km^2,市级开发区还剩105.24 km^2。尤其是张江(本部)、金桥(本部)、闵行(本部)、漕河泾(本部)、市北等园区已基本上没有剩余可供应批租工业用地。鉴于土地资源相对紧张和土地指标紧缺的双重条件约束,土地开发难度空前增加。在利用好存量土地的同时,主动拓展外部发展空间,也就成为必然的选择。这有利于拓展发展空间,以及更大层面上统筹土地利用,以达到节约用地的目的。

二是有利于产业布局的合理化,推进产业转移和开发区的错位发展。在世界产业转移过程中出现了以构建全球新兴产业链为目标,以跨国公司为主体,以优秀大型开发区

---

①　上海市经济和信息化委员会. 2010. 2010 上海产业和信息化发展报告——开发区[M]. 上海:上海科学技术文献出版社.

为载体，对研究、生产和服务等产业链的主要环节进行联动转移的方式。上海应发挥特大城市的综合服务功能与技术和人才资源等优势，积极开展与长三角和国内其他地区在产业链上的纵向、横向分工与联动合作，从而构筑新的产业布局空间结构体系，对各类工业区实行差别化的区域调控政策，实现市域乃至更大范围内产业分布的有效整合与合理重组，尤其是有利于开发区之间的错位发展，以适应上海产业布局优化升级的需要。从上海城市发展看，目前上海建设用地总量约 2 400 km^2，如果到 2020 年达到 3 000 km^2 就已接近极限。然而土地供应矛盾不仅在于刚性约束，还体现在建设用地结构的不合理。目前 2 400 km^2 建设用地总量中，工业用地占到 1 000 km^2，城镇居民用地则为 600—700 km^2，按照国际标准，工业用地与生活居住用地之比最高为 1∶1，由此可知，上海的工业用地规模已超警戒线。国际大都市的工业用地比重一般低于 10%，有的甚至不足 5%；而道路和广场用地一般高于 15%，绿地面积一般也高于 15%。而 2004 年上海工业用地比重为 23.99%，纽约、伦敦、巴黎分别只占5.89%、6.45%、7.96%(表 6-1)。另外，上海面临商务成本不断上升的困境。由于土地资源的相对稀缺与用地需求的利益增加，导致地价、房价等上升较快，加大了各产业发展的商务成本，对一些生产制造型企业造成了极大的压力，对各开发区招商引资、产业集聚产生了不利影响。

表 6-1　国际大都市各类用地占建设用地的比重①

年份	城市	工商业用地比重(%)	居住用地比重(%)	绿地比重(%)	交通用地比重(%)
2005	大伦敦	4.7	32.56	38.23	14.12
2006	纽约市	7.59	42.15	25.37	18.08
2006	东京都区部	11.28	58.2	6.3	21.8
1996	大巴黎地区	12	30	12	27

三是有利于实现不同地区(或开发区)之间的协调发展和土地资源的优化利用。从产出水平看，目前，上海市开发区土地产出水平差距仍然较大。2010 年，上海的国家级开发区单位土地产值最高，达到 115.29 亿元/km^2，是市级开发区的两倍多；产业基地单位土地产值与市级开发区相当，为 55.11 亿元/km^2；城镇产业区块最低，为 25.20 亿元/km^2(表 6-2)。

表 6-2　2009 年上海开发区平均单位土地产出率

开发区	单位土地产出率(亿元/km^2)
上海漕河泾新兴技术开发区	293.13
上海金桥出口加工区	178.22
上海闵行经济技术开发区	139.84
上海浦东康桥工业区	123.64
上海张江高科技园区	97
上海化学工业园区	65.02
上海朱泾工业区	17.90
金山第二工业区	12.23
上海富盛经济开发区	9.81

① 石怡邵，等. 2010. 国际的大都市建设用地规模与结构比较研究[M]. 北京：中国建筑工业出版社.

从税收来看，不同类型开发区之间差距也很大。2010 年国家开发区单位土地税收产出最高，为 17.22 亿元／km^2，是上海市开发区税收的主要力量；市级开发区次之，为 2.04 亿元/km^2；产业基地和城镇产业区块较低，分别为 0.31 亿元/km^2 和 0.96 亿元/$km^2$①。从开发容积率看，不同开发区的差异也非常明显。漕河泾经济技术开发区的容积率最高，达 1.41；上海化学工业区的容积率最低，仅为 0.37。从土地资源情况看，部分发展水平较高的开发区土地开发已基本完成，而一些工业区块土地利用仍有较大空间。例如，金山、奉贤、南汇、崇明等远郊市级工业区效益明显偏低，甚至远低于苏州市的部分省级开发区。浦东、闵行、松江等近郊的开发区效益明显比奉贤、崇明等远郊的好。因此，建立全市开发区联动发展机制，允许土地集约利用度高、管理高效的园区，通过输出品牌和管理，对低效的工业园区进行兼并、合并，或联动发展，不仅可为绩效高的工业园区进一步发展提供空间，而且更重要的是可全面提高低效工业园区的土地集约利用水平，提升整体产业发展层级。通过优势互补，推动不同区域之间的协调发展。例如，经济发达地区的开发区与落后地区的开发区联动发展，可以将好的管理经验、招商资源输送给落后地区，进而推动落后地区的发展。

6.1.3 联动发展的理论基础

1）集聚—分散理论

在工业化时代，国际大都市的城市化进程处于集聚阶段，经济活动和人口都在向城市集中。在后工业化时代，则出现郊区城市化和逆城市化趋势，城市人口向周边地区扩散。在工业化时代，国际大都市的工业生产功能不断加强，是巨大的工业生产中心；在后工业化时代，国际大都市往往表现出产业结构“空心化”或“逆工业化”的趋势，国际大都市作为全球经济控制中心的功能随着全球经济一体化进程的加快而得到加强，成为国际信息中心。从国际大都市的产业结构特征及演变规律看②，生产布局往往根据产业链进行调整。随着工业企业内部分工的不断细化，很多企业按照产业链的要求，对企业的生产活动进行了重新布局，将处于产业链中间环节的大规模生产活动向大都市区外围或其他地区转移，同时把公司总部、研发、设计和销售中心留在市中心。大都市更多地表现为研发、设计中心，而不是生产中心。这一趋势既表现在传统制造业部门，也表现在技术密集的高新技术产业。纽约市服装制造业 19％的就业人口是经营管理、专业设计人员和营销人员，而与此对应的全国平均水平是 7％。而从工资的角度进行衡量，曼哈顿区的服装业就业的平均工资又高于纽约市整体水平，这些特征都反映了价值链在空间上的分布。

从产业集聚区向外部空间转移出来的企业、产业，不仅带动集聚区以外土地空间上的经济发展，同时拓展了集聚区原先的发展空间，缓解了集聚区内企业所面临的拥堵成本、商务成本、劳动力成本压力。这一阶段也就是所谓的经济地域空间集约式一体化发展阶段。此时产业集聚区的边界出现钝化，进而引发“泛”产业集聚区的空间格局的出现，并在一定土地上表现为集中、扩散，集中、再扩散的运动态势。这时，城市产业用地在经济运行效率、要素承载密度、土地利用结构、土地供给规模方面将不断趋向优化。这种

---

① 上海市经济与信息比委员会．2011．2011 上海产业和信息化发展报告——开发区［R］．

② 刘长全，等．2005．国际大都市产业结构与工业布局演变趋势［J］．上海经济研究，(12)：45-51．

土地在连续的时空节点上不断趋向优化的过程,也是土地集约利用效率不断趋向提高的过程。

2)产业转移理论

从国际上看,当前,世界产业转移门类的重心已开始由原材料工业向加工工业、由初级工业向高附加值工业、由传统工业向新兴工业、由制造业向服务业方向转变。另外,发达国家在转移劳动密集型产业或劳动密集型工序的同时,也已开始有选择地向发展中国家转移资本、技术密集型产业或高技术产业的生产与部分 R&D 活动。在世界产业转移过程中,出现了以构建全球新兴产业链为目标、以跨国公司为主体、以优秀大型开发区为承载体,对研发、生产和服务等产业链的主要环节进行联动转移的方式。例如,日本由于应用研究实力雄厚,在引进美国的基础研究和技术后,能够快速吸收和创新,日本国内很快实现了以汽车、机械制造为主的重工业产业升级,由此实现了赤松要提出的"雁型模式"的产业结构转移。此时,日本成为"领头雁"。其产业结构的不断升级为亚洲其他充当"雁身"和"雁尾"的国家提供产业转移。

从国内来看,产业空间转移大致有两种情况,一种是随着集聚规模的膨胀,出现规模不经济,如地价上涨、交通拥堵、劳动力成本上升等,一些低产值、低效率部门出于成本收益考虑,将会在其他地方设立新的分支机构,开辟新的市场、寻求新的发展空间;另一种是随着城市产业升级的需要,原先的一部分生产效率、资源能耗、运营成本比较劣势的产业将从中心城区向城市边缘转移,或向其他城市转移。如果说,前一种情况的出现主要是企业出于自身的成本收益分析而采取的理性选择,而后一种情况的发生则比较多地需要政府通过土地指标、地价、税收的政策调控与规划引导来实现,这将使城市内部空间的功能结构重新调整。例如,目前许多城市正在实施的城市"退二进三""腾笼换鸟"战略,就是政府推动下的地域空间产业转移战略。大量厂区从城市内部向城市边缘进行空间转移,一方面使生产制造业企业从散落的分布状态向以园区为载体的空间集中状态转换;另一方面使置换出的土地空间让位于以商(业)务园区、都市型先进制造业园区(楼宇)为基本载体,以总部经济、金融服务、咨询管理、技术服务、产品设计开发为主的现代服务业、生活服务业,以及高增值、低消耗、少污染的以生产为主要内容的都市型先进制造业,推动城市产业功能在土地利用结构的转换过程中实现空间重构。

3)地租理论

城市产业结构的调整对城市外部形态和内部结构的影响,主要表现在城市空间的价值定位上。由于城市土地级差的客观存在,各类经济资源要素受成本—收益的约束围绕着城市中心呈现向心集聚态势。不同附加值的产业在空间的集聚分布将表现出规律性的动态平衡,按产业的不同,各类用地布局呈现出明显的区位特征。在级差地租规律的作用下,当代城市空间的利用出现了新的趋势与取向,都市复兴主义、新城市主义等城市建设新理念纷纷登上历史的舞台。

4)"点空间"向"关系空间"转变理论

自 20 世纪 70 年代末期、80 年代初期开始,由于资本主义生产方式及与此相对应的技术—体制的转变,西方产业布局理论的思维定势发生了由"点空间"向"关系空间"的转换。就布局因素而言,更加注重相互联系的产业空间组织、企业与企业(包括机构)之间的联系关系及产业组织的网络形式和相关体制问题,而不是单个企业或产业的布局;就地域组织形式而言,摈弃了以往计划体制的"地域生产综合体"理论模式,而更加注重相同和不同产业的竞争、联系与合作、产业内部的纵向分离、国际联系通道和信息的灵敏程度及相对集中的空间接近性问题。两者交互作用的直接结果是促进新体制背景条件的产业集聚和产业群落(或集群)的形成。由此,在区域和城市经济的发展中,产业群落(或集群)模式已经成为产业空间布局的新形式。新时期的上海产业布局规划,要跳出以往"点空间"与"地域生产综合体"模式的理论框架,运用"关系空间"和产业群落(或集群)新思维,按照产业空间组织和产业群落(或集群)的发展规律和特点,立足于整个市域、长江三角洲乃至更大区域范围内产业活动的国际化、信息化和空间组织的最优化。

6.2 目前上海联动发展的进展情况及存在问题

6.2.1 上海开发区联动发展的现状

近年来,上海开发区联动发展积极推进,成效明显。如上海化工区与奉贤分区、金山分区联动发展,临港产业区积极推进临港产业区奉贤园区建设,上海综合保税区整合外高桥保税区、洋山保税港区和浦东机场综合区,实现"三区"联动,金桥出口加工区管委会统筹管理金桥出口加工区、南汇工业园区和空港工业园区开发和建设。张江高新技术开发区加快联动步伐,张江高科技园区管委会的辖区范围由 25 km^2 扩大到张江东区、银行卡产业园、孙桥现代农业园、南汇国际医学园区和康桥工业园区,形成"1+5"的崭新发展格局。漕河泾开发区以自身品牌,招商管理等优势和产业链延伸与松江区合作成立漕河泾松江开发区松江园区,与康桥合力打造漕河泾科技绿洲,将科技绿洲品牌效应拓展到浦东。长三角地区园区共建取得实质性进展,有效推进上海市开发区与外地开发区园区共建,如漕河泾与嘉兴海宁合作建设漕河泾开发区海宁分区、嘉定工业区与盐城建湖县合作建设上海嘉定工业区建湖科技工业园等。

当前上海开发区联动开发的主要模式有以下几种①:

(1)"飞地开发"模式。经国家或市政府批准,品牌开发区另外选择一块区域进行"飞地开发",由当地政府负责拆迁,开发区负责"七通一平"建设、招商引资和企业服务。漕河泾开发区在闵行建设浦江高科技园、闵行开发区在南汇临港进行扩区即属此类模式。由于受国家土地政策收紧影响,目前此类模式国家已停止审批。漕河泾浦江高科技园原为闵行浦江镇工业园区,当时园区内主要是粗放经营的乡镇企业,由于缺乏龙头企业和主导企业,土地利用效率较低,该园区改由漕河泾开发区"飞地开发"后,相继引进了英业达、尚德太阳能等项目,目前产出率达到 100 亿元/km^2,基本实现了"腾笼换鸟"和产业结构的转型升级。

为了解决各地都要办工业集中区的问题,福建省福州市实施的"飞地工业"模式也是提高工业用地利用效率的有效模式。所谓"飞地工业",按照福州人的说法,就是位于甲地而财税归属乙地的工业区或工业项目。也就是说,如果甲地建了集中的工业区,乙地

① 上海漕河泾开发区松江高科技园. 2009. 大力促进开发区联动发展 统筹利用本市工业土地资源保增长调结构[J]. 上海开发区,(2):8-9.

丙地未必再为了当地税收,非在自己那里也建工业区,因为到甲地建工厂,税收一样回到乙地丙地。2002 年福州永泰县建立了马洋工业集中区,同时规定县内各乡镇引来的项目都要安排在该集中区中,而项目产值的统计和税收全部归属于引进该项目的乡镇。这就是"飞地工业"。

(2) 联合开发模式。由两个以上开发区,采取统一品牌进行招商引资或建立产业配套关系。张江高科技园区与浦东合庆镇合作建设张江东区也是一个典型的例子。一方面,随着一批创新创业型企业在张江高科技园区的发展壮大,部分企业急需拓展新的发展空间;另一方面,邻近张江高科技园区的浦东合庆工业区是一家区级工业区,为提高合庆工业园区的开发水平,2004 年在浦东新区政府牵头下,成立以张江高科技园区为核心的张江功能区管委会,将合庆镇纳入功能区,由张江高科技园区对原工业区进行统一招商、统一管理。经过四年的开发,目前园区形成了约 28 万 m^2 的工业厂房,成功引进新波、联广、日荣、辉源、诺金科等一批医疗器械项目和上海天马微电子项目(其中新波、辉源等企业都是张江孵化出来的高科技创新型企业),园区取得了明显发展。目前,实行此类联合开发模式的还有漕河泾开发区与松江合作建设光仪电产业园,上海化工区在奉贤、金山区建设化工分区,外高桥保税区与江苏启东合作建设外高桥集团(启东)产业园,等等。

(3) "园中园"模式。较为成熟的园区开发公司,通过"招拍挂"在其他开发区获取一定面积熟地,然后进行工业房产开发及招商引资,如康桥漕河泾科技绿洲等就是这种模式的运作成果。这种模式虽简单方便,但一般开发的规模较小。

(4) 友好园区模式。通过签订相关协议,园区之间建立战略合作和友好园区关系,在招商信息、园区管理、人才培训等方面开展交流合作。这种模式的合作关系较为松散,彼此之间没有硬性约束。如漕河泾与市内外 10 多家园区建立了合作关系,嘉定、青浦、松江等工业园区也与外省市相关园区建立了合作关系。目前,上海市开发区与外省市开发区的合作主要以此种类型居多。漕河泾开发区海宁分区就是一个典型例子①。海宁经济开发区成立于 1992 年 8 月,1997 年底被批准为省级开发区,已开发面积 17.8 km^2。作为海宁市重点发展平台,海宁经济开发区主要经济指标占海宁市的比重达到或超过 20%,作用日益显著。而且海宁位于上海一小时经济圈内,拥有良好的交通区位优势、土地资源优势、成本优势和服务优势,具备承载上海产业转移所需要的良好内外部环境。2008 年 10 月 9 日,上海漕河泾开发区与浙江省海宁市签订了全面合作框架协议,与海宁经济开发区签订缔结友好开发区协议,并商定共同开发建设"漕河泾开发区海宁分区"。2009 年 12 月 17 日,漕河泾开发区海宁分区揭牌。海宁分区成立一年以来,已成功引进总投资 2 000 万美元的法国机电项目,基本完成 1.77 km^2 范围中的动迁、场地平整、基础设施和环境建设,未来几年,海宁分区将全面提升开发开放水平,建设成为转型升级的示范区、市场机制的先行区和现代城市的新城区②。

---

① 陈子君. 2009. "走出去"拓展开发版图 产业转移实现共舞共赢——"漕河泾开发区海宁分区"横空出世[J]. 上海开发区,(6):20-22.

② 可参见《漕河泾海宁分区举行分区成立一周年工作汇报会》(http://www.chj-hn.com/park_dynic_Info.php?id=45)

6.2.2 上海开发区联动发展的趋势

从地域空间范围来看，上海开发区的联动发展主要表现在两个层面：一是在上海市域范围内的联动发展。例如，漕河泾开发区与松江、闵行等区的联动开发。二是上海与周边省市之间的联动开发。例如，漕河泾与嘉兴海宁合作建设漕河泾开发区海宁分区、嘉定工业区与盐城建湖县合作建设上海嘉定工业区建湖科技工业园等。

从发展趋势看，这两方面都呈现加速发展的势头：

从上海市域范围内的联动发展看，随着中心城区和近郊土地资源的日益紧张以及产业的不断升级，这些地区的开发区在本地拓展已不可能，势必向远郊地区拓展。

从上海与周边省市的联动开发看，国务院《进一步推进长江三角洲地区改革开放和经济社会发展的指导意见》对长江三角洲地区明确提出"异地联合兴办开发园区"的要求。2010 年，国务院正式批复《上海市土地利用总体规划(2006—2020 年)》。根据批复，到 2020 年，上海全市建设用地规模为 2 981 km^2，与上海已建成用地面积相比，用地净增长空间只有 100 km^2 余。如何破解土地资源瓶颈，保障经济持续健康发展，还需要寻找新的路径。同时上海作为中心城市，如何按照中央的要求，更好地服务长三角，服务好全国，也需要寻找新的载体。长三角一体化的发展，特别是周边省市人力成本、土地成本的优势，以及交通条件的改善，都为长三角地区的联动发展提供了重要契机。一方面，周边城市在制造业的生产要素价格上存在较大的落差。同时，随着区际重大基础设施条件的改善和突破性进展，昆山、苏州、杭州、绍兴、嘉兴等地因便捷的交通与不断提高的产业配套能力以及大量熟练技术工人，吸引外来工业性投资的竞争优势越来越明显。另一方面，交通网络建设为上海产业布局优化创造了新的条件和背景。近几年来，上海不仅加快了市域内以"三港两网"为重点的交通骨架网络建设，而且还加强了与长三角其他城市区域性重大交通基础设施建设的协调和合作。便捷、畅通的区际交通既是经济要素扩散的主要通道之一，也是产业集聚和发散的媒介，重大区际交通设施建设必然会对产业的空间布局产生深远影响。作为支撑，上海对内、对外交通网络的不断完善，将为上海产业布局的拓展和优化提供更多有利的条件。如沪嘉浏和沪青平等高速公路网络的开通，不仅可以加强市中心和各区县之间的联系，也有利于加快市区工业向外环线以外的转移；同时，轨道交通的建设和地面交通运营效率的提高，对繁荣全市经济和改善生活及投资环境十分有利，能为促进总部经济的发展与现代服务业的集聚提供便利条件。另外，发达的对外交通网络也为上海产业布局走出上海提供了更多的辐射轴线。其中，杭州湾跨海大桥和沪崇苏大通道的建设，将使上海对南通、泰州、扬州和绍兴、宁波、舟山的产业辐射进一步加强，为上海产业的异地布局和交互布局提供可能性。

6.2.3 目前开发区在联动发展中面临的难点

从国内的实践看，在联动发展过程中，也面临着一些难点：

1) 联动双方在产业布局上的统筹规划问题

开发区的联动发展，不只是空间地域上的拓展，更不是简单的对落后项目的空间转移。目前长三角产业园区的地域分工不明确。一是传统重点产业发展与国内特别是长三角产业发展同构性同能级的现象日趋严重，竞争优势和发展动力不足。二是产业布局以横向叠加调整为主,产业链集聚尚处起步阶段。三是各区县产业门类呈趋同化发展趋势,并集中在几个主要行业,工业布局也呈现分散化趋势。要进行产业链的空间重组,需要错位发展,进行联动开发。在更大范围构建产业集群,既要有利于推动输出方的产业转移和升级,又要带动承接方的地区发展。

2) 联动双方在用地指标上的统筹安排问题

开发区联动发展的初始动机在于对土地资源的需要。考虑到目前我国土地资源十分紧张,尤其是长三角地区土地资源更为紧缺的状况,如何加强更大范围内的土地管理,统筹好联动发展双方的土地资源,包括统筹安排两地的土地利用总体规划,统筹安排两地的用地指标等,还需要深化研究。

3) 联动双方积极性的调动问题

从联动发展双方的合作动机看,"输出方"是为了获得更多的土地资源以及由此获得土地收益;而"承接方"通过合作开发,获得管理经验、技术转移以及相关税收等。如何让双方各得其所,充分调动双方的积极性,使联动发展不仅成为"输出方"的获利手段,而且成为统筹区域发展的重要途径,还需要进一步研究。

4) 企业积极性的调动问题

如何通过建立利益调节机制,以及产业链的关联关系,让输出方内的企业感到,如果将企业的部分生产环节转移出去,不仅有利于节约土地成本,有利可图,而且还有利于价值链其他环节的发展,形成不同环节之间相互支撑的局面。只有这样,才能更好地引导企业从"输出方"向"承接方"转移。

6.3 上海开发区联动发展的案例分析

6.3.1 案例一:漕河泾开发区松江园区(跨区县的联动发展)

漕河泾开发区是上海首批国家级开发区,国家级经济技术开发区投资环境综合评价指标体系考评全国十强,其中发展与效率指标全国第一,同时位居 2010 年《上海市开发区综合评价报告》排名综合发展总指数第一,也是"国家新型工业化产业示范基地""中国服务外包基地城市示范区""上海市首批知识产权试点园区" "上海市企业信息化促进中心""产业转移促进中心(商务部上海基地)",还建立了"知识产品(上海)集散中心"。但是漕河泾开发区本部可供开发的土地已不多,拓展新的开发区域,输出品牌和管理的愿望强烈,园区产业溢出效益明显。松江区是上海文化的起源地,人文环境好,开放度高,工业经济基础雄厚,区位及交通优势明显。近年来,松江区一直积极谋求产业结构升级,经济发展方式转变的新动力、新载体。

1) 发展历程

漕河泾松江园区是漕河泾开发区与松江区政府联合开发的一个园区(图 6-1、图 6-2)。从 2006 年成立以来,虽然只有短短不足七年时间,但其成长的每一年都有显著的特点,在较短时间内完成了其他园区可能十年甚至更长时间的发展历程,取得了突出的成绩。

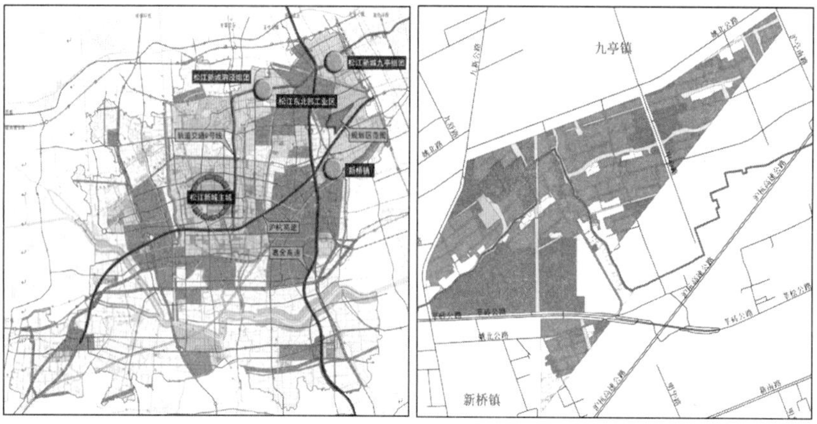

图 6-1　漕河泾松江园区位置图

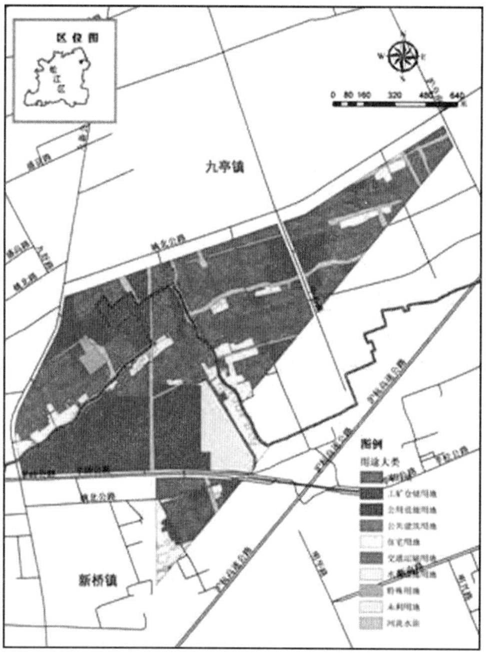

图 6-2　漕河泾松江园区土地利用现状图

其成长历程可分为以下三个阶段：

(1) 规划阶段(2006 年)。2006 年,新经济园公司出资 3 600 万元(占 60%股权)与松江新桥资产经营有限公司(出资 2 400 万元,占 40%股权),共同成立了上海漕河泾开发区松江高科技园发展有限公司(后于 2008 年同比例增资至 10 000 万元),并获取了首期 258 亩建设用地,表明松江高科技园区的开发建设正式启动。当年内完成了园区建设框架协议的签订,并开始进行园区的整体规划设计和一期项目的开工准备工作。12 月 14 日,“上海微电子产业基地松江光仪电产业园”立项并获得批准。

(2) 建设阶段(2007—2009 年)。2007 年,项目规划设计方案在新经济园领导指导下与设计单位反复沟通，不断完善，最终形成了满意的方案。2007 年园区建设项目进入了正式的土建阶段，开始建设一期标准厂房。

2008 年，该园区实现了当年竣工、当年进驻企业，并于当年被市政府批准成为“上海微电子产业基地松江国际光仪电产业园”。2008 年 3 月，园区举行了上海微电子产业基地松江国际光仪电产业园揭牌仪式，有力地推进了招商及后期工作的顺利开展，当年完成租售面积约 45 604 m^2，实现销售收入 7 420 万元。

2009 年，松江高科技园区实现净利润 4 047 万元，完成厂房租售面积 56 165 m^2，并在这一年被市经信委评为“区区合作、品牌联动”示范基地和松江国际光仪电产业园，极大地扩大了园区的影响，为公司今后的大发展打下了坚实的基础。2009 年 12 月，新经济园公司出资 5 100 万元(占 51%股权)与松江九亭资产经营有限公司(出资 4 900 万元，占 49%股权)，共同成立了上海漕河泾开发区松江高新产业园发展有限公司。自此，漕河泾松江园区开始正式成立。

(3) 跨越增长阶段(2010 年至今)。2010 年，新成立的园区实现净利润 6 720 万元，厂房租售面积 9.28 万 m^2。园区已入驻企业近 150 户，产业集聚度明显增强，初步形成了以光仪电为主的先进制造业和现代服务业的集群。2 月 18 日园区正式获批为上海市生产性服务业功能区。

2) 主要特点和经验

漕河泾松江园区在如此短的时间迅速推进土地动迁、农民安置、园区规划、工程建设、招商引资等一系列难度很大的工作，得到了市场的热烈响应和多方面的满意肯定，主要得益于采取以下的运作机制。

(1) 实施“政府招园区、园区招企业”的招商模式。尤其注重与本部在产业上联系，以及产业集群的建设。在进行品牌输出和产业转移的过程中，漕河泾开发区特别重视各分区品牌的一致性，并在实践中根据各园区不同的产业、资源禀赋差异化发展，通过实施大招商，进行整合资源和产业链分工，发挥各自优势，提升整体竞争力。例如，漕河泾开发区本部集中了众多外资企业和国有高新技术企业，但民营科技企业却缺乏足够的生长空间，为此，漕河泾松江科技园重点吸引民营科技企业。而漕河泾松江园区则主要定位为光仪电产业，并致力于形成产业链完整的发展环境，与精品园形成错位和差异化发展。当前，松江园区已入驻的企业中超过一半均为已形成产业链的企业。例如，大唐移动、佳豪船舶工程设计股份公司、中交三航等知名企业入驻后，其产业链上的上下游企业纷纷跟进，光仪电产业集群初具规模。

新经济园公司作为专业的工业房地产开发与集成服务商，在招商引资、筛选企业方面比当地镇政府更为专业，通过先期规划和严格的考察机制，确保入驻企业符合区域产业导向。园区严把招商引资关，通过设置入驻企业门槛，着力培育产业链上下游相关企业集聚、提升土地利用效率。根据功能区的产业定位，着力引进光仪电及相关生产性服务业高端优秀企业，在引进中推动松江及周边区域的产业升级，在融合中促进经济发展方式的转变。而当地的镇政府则从本身并不擅长的产业招商工作中解脱出来，做好园区发展的服务工作，集中精力解决关键问题。

(2) 实施股份制运作模式，充分调动参与各方的积极性。漕河泾开发区与松江区合作的创新之处就是双方以股权的形式共同投资成立合资公司，《公司章程》明确了双方的权利和义务,由合资公司作为园区开发主体,这看似简单之举却奠定了合作成功的基础。公司根据《公司法》、《公司章程》规范运作,建立了完善的法人治理结构,成立了股东会、董事会、监事会。公司的经营管理由一支高素质的职业经理人和优秀团队负责,重大事项报请股东会、董事会、监事会审议。漕河泾开发区、松江区、新桥镇、九亭镇不参与公司经营和园区开发。同时双方成立了领导协调小组和协调办公室,共同研究推进园区开发中遇到的问题或瓶颈。漕河泾松江园区是漕河泾开发区、松江区的利益共同体,双方做各自最擅长的事,充分发挥各自优势,共同把“蛋糕”做大。漕河泾开发区具有品牌优势、先进的规划设计理念、丰富的招商资源和完善的服务体系。漕河泾开发区通过品牌和管理的输出,使园区具有高起点、高品质,并提供创新、创业等内容的客户服务。园区入驻企业中很多是冲着漕河泾开发区品牌来的,还有一些企业是从漕河泾开发区总部转移或推荐来的。松江区发挥社会管理的功能优势,着重推进土地动迁、农民安置、水电气配套以及道路交通等基础设施的工作,积极营造良好的外部环境。在各方积极性调动方面,园区采用加快开发,自身做大做强等方式。新桥、九亭两镇在园区加快开发中,通过股权投资取得利润分红,通过园区持有房产的增加使集体资产保值增值,通过入驻企业税收使镇财政持续增收,从而有财力、有能力补偿动迁农民,有动力、有积极性改善园区周边的配套设施和环境,进而推进城市化进程。农户则较其他类型的动迁取得更多补偿,同时集体资产在园区的保值增值使他们对老有所养、老有所依更有信心,他们理解动迁,支持动迁。这种合作开发的模式和机制较好地解决城市化、工业化进程中出现的失地农民的问题。

(3) 利用漕河泾开发区品牌优势,加大服务力度。园区专门设立的“园区管理服务中心”致力于搭建全方位服务平台,以无微不至的服务促进企业进一步挖掘土地利用潜力,提升用地效率。通过平台功能形成“服务企业发展、推动产业进步、满足企业需求、提升园区品质”的园区服务大格局。园区引进了漕河泾企业协会分会和科技创业中心分中心(企业孵化器),为企业提供企业投融资、培训、专家咨询、校企交流、政策扶持等一系列服务;园区积极推进企业科技成果产业化和市场化的进程,协助企业申报高新技术企业,争取“火炬计划”等政府资金扶持与补贴项目,推动园区的科技发展;与松江区科委联合创建了上海市“知识产权保护试点园区”;多渠道联系创业投资公司和担保公司,沟通各商业银行,探索建立创业基金和贷款担保基金的可行性,建设促进投融资双方资本对接的平台,为科技创新创业型企业提供细致、快捷、全面的投融资服务。上述的这些举措在一定程度上均达到了直接或间接提升单位土地产值、增加地均税收收入、带动当地就业,促进经济的发展与产业结构优化升级的作用。

6.3.2 案例二:外高桥启东园区(跨省市的联动发展)

上海外高桥保税区是1990年6月经国务院批准设立的全国第一个规模最大、启动最早的保税区,集自由贸易、出口加工、物流仓储及保税商品展示交易等多种经济功能于一体的开发区(图6-3)。上海外高桥保税区是国内建园最早、也是15个保税区中经济总量最大的。2009年外高桥保税区投资企业实现增加值993亿元;区内投资企业全年完成营业(销售)收入达到6 631.09亿元,实现利税总额844.43亿元。

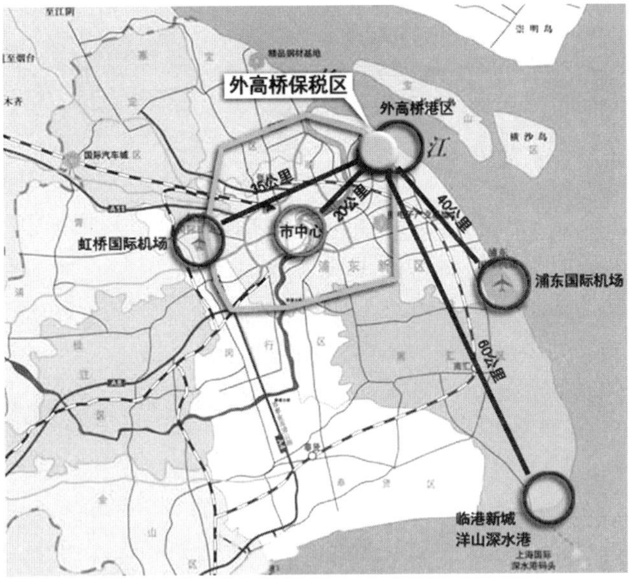

图 6-3　外高桥保税区的位置图

1）发展历程

由于外高桥保税区属于较早建成的保税区，绝大部分规划面积已经封关运作，土地开发成熟程度高，可供土地资源非常有限。受到开发区红线限制，近 3 年区内土地主要以调整用地结构为主。目前除 2007 年 9 月审批的扩区范围外的几个区域几乎已无土地供给，但土地需求量大，因此处于供不应求状态。

为此，外高桥保税区近年来实施向外拓展战略，首先选择了一江之隔的江苏省启东市。2008 年，由上海外高桥保税区的开发主体——上海外高桥（集团）有限公司与江苏启东联合建设外高桥集团（启东）产业园（图 6-4）。2008 年 1 月，启东市政府和上海外高桥集团签订战略合作协议，达成共建意向。同年 4 月，双方成立股份公司，总注册资金为 3.2 亿元，其中首期注册资金 3 220 万元。产业园占地总面积约 5.33 km^2。时任上海市委书记的俞正声同志就沪苏这种合作模式作出专门批示，“希望上海各区县开发区借鉴外高桥保税区和启东合作联动模式，积极走出去。”

图 6-4　上海外高桥集团启动产业园区

2）发展特点

（1）注重联动开发合作伙伴的科学选择。外高桥保税区之所以选择启东作为联动发展合作伙伴，主要基于以下几方面考虑：一是土地资源情况。启东有着比较丰富和价格低廉的土地资源，这是重要前提。上海外高桥 1 亩工业用地的价格为 150 万，而启东滨海工业园提供的每亩价格是 13.6 万，不到上海的十分之一。再加上厂房等配套基础设施的建设成本和劳务成本、商务成本等，启东的优势显而易见。二是交通条件。外高桥和启东之间的车程只有 40 分钟，远比外高桥和同在浦东地区的奉贤、南汇等地区之间的车程要快。启东位于长江出海口北岸。2010 年崇(明)启(东)大桥一开通,从浦东到滨海工业园只需要半个小时,比到昆山还快。三是产业配套情况。产业互补性也是实现“双赢”的基础。启东沿海地区的精密机械、电子信息、生物医药、船舶及其配件业等产业,可以形成区位互补、功能互补的合作新局面。总之,通过联合兴办产业园,外高桥公司营造了一个较低土地成本、较小运输半径、拥有一流物业服务的良好发展环境。

(2) 建立“园区管委会+开发区公司+沪苏协调理事会”的运作模式。上海外高桥保税区联合发展有限公司(外高桥保税区下属公司)和启东滨海工业园开发有限公司双方共同成立合资公司,注册资本 3.2 亿元,上海、启东各占股本 60%和 40%。实行现金出资的合资模式,启东以土地入股 40%,上海外高桥现金入股 60%。在合作模式上,参照苏通科技产业园运作的成熟经验,沪苏都同意实行政企分离、高层协调的机制,即“园区管委会+开发区公司+沪苏协调理事会”的模式,参与股东涉及上海城投、上海电气等多家大型国企。

目前,外高桥启东产业园已取得初步成效。园区充分发挥浦东国家级开发区成功的优势,已经引进一批“项目体量大、产业关联度大、科技含量高、集约程度高”的龙头型、旗舰型、基地型大项目,园区内四星级酒店、白领公寓、大型超市、图书馆等商务配套工程已经全面竣工并投入使用,外高桥(启东)海韵广场、龙豪大酒店、综合医院、南通大学(启东)校区等也全面开工建设。按照规划,今后 5 年内,将再引进 500 家工业企业,投入 500 亿资金,形成 1 000 亿元的产出,实现 50 亿元的财政收入,把产业园建设成为以外向型生产加工业为主,物流、贸易产业为辅,生产、办公、生活设施完备的综合性大型产业园。

从上述两个案例看出,在合作的主体和形式上,无论是上海漕河泾开发区,还是外高桥保税区,其开展的联动发展都属于企业自发型,都是开发区管理机构主动出击,寻找联动开发的合作伙伴,都是企业与政府之间进行合作。

6.3.3 案例三:浦东新区范围内开发区联动发展(调整行政区划后的联动发展)

1) 有关背景

1990 年浦东新区实施开发开放以来,土地资源优势一直是推动整个新区发展的主要力量之一,但是随着经济和城市化的高速发展,原浦东新区已面临土地资源紧张的问题,已建设用地已占将近 75%。而与浦东相邻的原南汇地区则蕴藏巨大的土地资源,825 km^2 的土地只建设了近 34%。2009 年 5 月 6 日国务院正式批复《同意将原南汇区行政区域整体建制划入浦东新区》,为浦东新区的发展提供了新的契机。浦东与南汇合并后,总面积达 1 405 km^2,其中未建设用地达 668.58 km^2,极大地拓展了浦东的空间发展潜力(图 6-5 至图 6-7)。

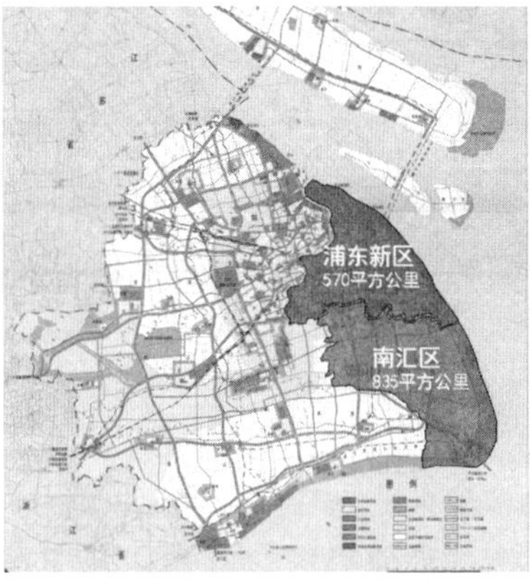

图 6-5 原浦东新区和原南汇区的行政区范围及土地面积

原浦东新区的三个著名开发区张江、金桥、外高桥目前正面临着新一轮的转型。20 世纪 90 年代成立的以生产功能为导向的三大国家级开发区是浦东的产业主战场。其中,外高桥的第三产业最突出,第三产业主营收入最高。金桥的工业最突出,工业产值最高,占浦东工业总产值 1/4。张江的工业、服务业比较均衡,第三产业主营业务收入与工业产值相当。而市级开发区中康桥工业区的产值比较高,其他开发区的产出和效益偏低。随着浦东新区的持续开发,各个开发区尤其是三大国家级开发区的相对区位发生变化,从开发初期的外围远郊,变成为中心城区(外环内)。区位的变化造成产业发展成本上升,部分制造业开始逐步外迁,如张江部分医药企业迁往上海医学园区,金桥部分制造业转移到临港工业区和康桥工业区。三大国家级开发区的土地基本用完,发展空间受限,向外扩区圈地成为必然。

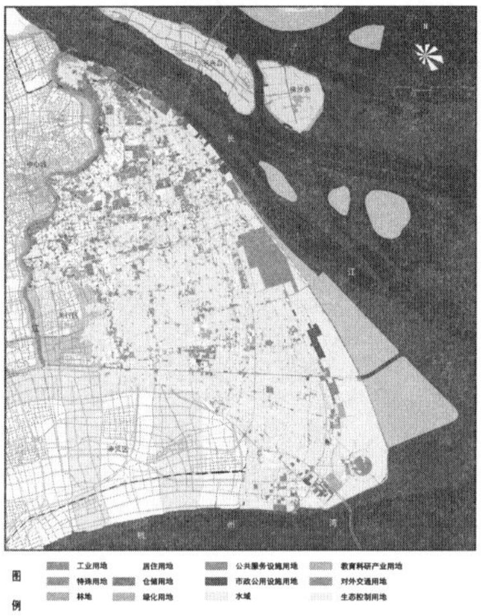

图 6-6 合并后的浦东新区土地利用现状图

图 6-7 合并后的浦东地区工业区块分布图

2) 开发区整合联动发展中面临的问题

浦东、南汇两区的合并,不仅仅是土地、人口、产出的增加,而且是对两区原有资源的全面整合,达到了取长补短,加速发展的效果。尤其是对于两区的产业园区,这种整合作用更加明显。对原浦东的产业园区来说,可以解决空间难以突破、成本不断提高的问题;对原南汇的产业园区来说,可以解决优秀企业资源、管理经验和资金技术等不足的问题。实施联动发展是将二者整合起来发展的最佳途径,目前已经开始实施联动发展,但是仍存在一些问题。

一是产业园区产业构成的同质化现象。目前浦东新区几大产业园区的产业构成类别的同质化现象较为明显。例如,金桥出口加工区、外高桥保税区、张江高科技园区、康桥工业园区四大产业园区,微电子与信息产品制造、生物制药、软件研发等均是其主要的支柱产业,作为上海市的微电子产业与信息产业发展重点地区的张江高科技园区,该类产业的产值尚不及金桥、外高桥和康桥。应该说产业集群的发展策略在某种程度上来说并没有充分实现。这种产业园区产业构成同质化的现象,或者说是同类产业分散发展的现状,削弱了优势产业集聚效能,同时也导致园区之间的同质竞争,降低了园区的发展效益。

二是如何处理开发区与所在地政府的关系。新区、开发区、功能区、开发公司、集团与乡镇(街道)之间的复杂关系是制约浦东未来发展的瓶颈之一。因此,务必要理顺相互之间的关系和职权分工,提高行政效率。

3) 浦东新区内部开发区联动发展的主要做法

统筹安排产业布局,实现产业的地域空间重构,推进产业集群化发展。

一是推进制造业南移。推进先进制造业向原南汇区转移,主要向康桥工业园区、南汇工业园区、临港主产业园区、临港重装备物流园区转移,其中:康桥主要是整合现有资源,将部分一般制造业向其他地区转移,重点以发展医疗器械产业为主;南汇工业园区(惠南)主要是承接原浦东新区的产业,尤其是浦东支柱产业成套设备制造和汽车产业;临港主产业园区主要是承接金桥、张江相关科技产业的转移,发展电子信息、精密仪器等;临港重装备及物流区主要是发展重型装备、港机等产业(图 6-8)。

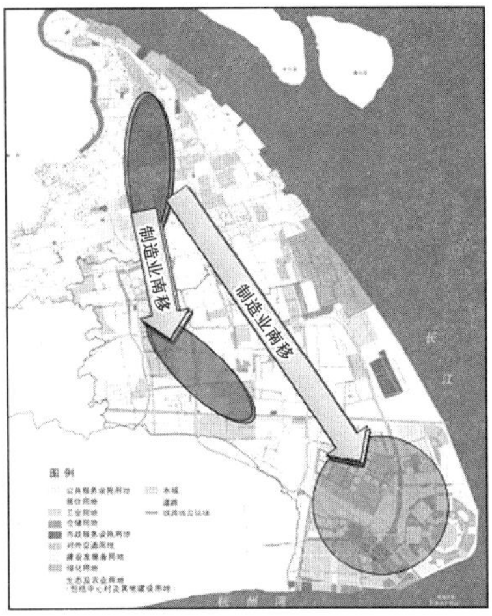

图 6-8 合并后的浦东新区产业转移图

二是对现有产业园区的功能进行升级。例如,外高桥对现有的石化产业进行转移,对港区进行外拓,完善江海铁路转运服务,深化航运物流转运及高端制造业。金桥将现有加工制造业外迁,发展电子信息及相关总部经济、研发服务、会务展示等;张江将加工制造业外迁,重点发展生物医药、电子软件服务等,以形成浦东的创业技术孵化基地。

三是在更大范围内建设产业集群。生物医药是原张江的主要产业方向,同时也是康桥和国际医学园区的主要产业。从原有规划情况看,原张江高科技园区的北区的研发与工业功能并存,中区和南区以研发功能为主,生活配套主要依靠张江镇和两个动迁基地。康桥产业区以工业功能为主,由于与周浦镇的邻近关系,在罗山路以西工业用地布局呈现比较分散的局面。国际医学园区医疗服务、研发、工业、配套居住、公共服务功能并存。三个产业园区的规划比较自成体系,拼合在一起缺少功能联动性和产业布局协调性,需要进行空间布局上的统一考虑。为此,两区合并后,可以避免产业同构,更好地发挥土地资源的区位价值。目前浦东新区政府将原张江园区、康桥园区和国际医学园区建立统一管委会实施统一管理,在更大范围内建立生物医药产业集群(图 6-9)。张江核心区(北区和中区):以构建城市公共中心功能为目标,形成以科研教育、技术创新、总部经济、知识社区、高科技产业集聚及科技成果孵化为基础功能,以居住、生活服务、商务服务、生产性服务等为发展重点,集中体现科研、生活、居住、文化休闲、服务一体化的城市公共中心。张江南区、银行卡产业园、康桥工业区以及医学园区主要构建产业化中心,以高效精准、规模化的生产能力,用以保证全区创新能力快速转化为创

图 6-9 新张江园区的地域范围

值能力,并以产生的市场价值进一步反哺创新源,以完整的产业链运作,形成研发—生产—销售—再研发的良性循环发展模式。主要分工是,原张江园区主要是发展研发总部;国际医院园区主要作为研发基地,从事研发;康桥工业园区主要从事生产制造。这样,就在更大空间范围内形成了产业集群,就可以有力地促进产业转型升级。

6.4 江苏和广东开发区联动发展的经验做法

目前,国内推进开发区联动发展的省份主要有广东和江苏。这两省已经制定了相关政策,开展了相关试点,积累了一些经验做法。

6.4.1 江苏模式:江阴、靖江的跨江联动发展

异地联合兴办开发区最早在江苏启动。从 2003 年启动的江苏江阴—靖江工业园区,到近两年的苏南苏北联动开发的十大园区,联动发展已经显示出一定的规模和成效。参照“江阴—靖江工业园区”模式的 10 个省级开发区跨区域共建的庞大战略正在推进,比如苏州与宿迁、常州与盐城、无锡与徐州均在共建开发区。联动开发已成为当前江苏区域经济发展的一个新的战略亮点。

1) 江阴—靖江工业园区联动发展的背景

江苏江阴经济开发区,位于江阴市东部,紧邻城区,为江阴市新城区的重要组成部分(图 6-10)。1991 年成立,1993 年 11 月经江苏省政府批准为省级重点开发区。1993 年 11 月批准面积为 6.6 km^2,远期规划面积 52 km^2,主导产业有金属新材料、高档纺织服装、石化、电子信息、精密机械等。特色园区包括:省级高新技术产业开发园、省级电子元器件产业园、省级高新技术创业园、省级留学人员创业园。2010 年,江阴经济开发区实现技工贸总收入 1 520 亿元,完成财政收入 43 亿元,实现到位注册外资 1.4 亿美元。

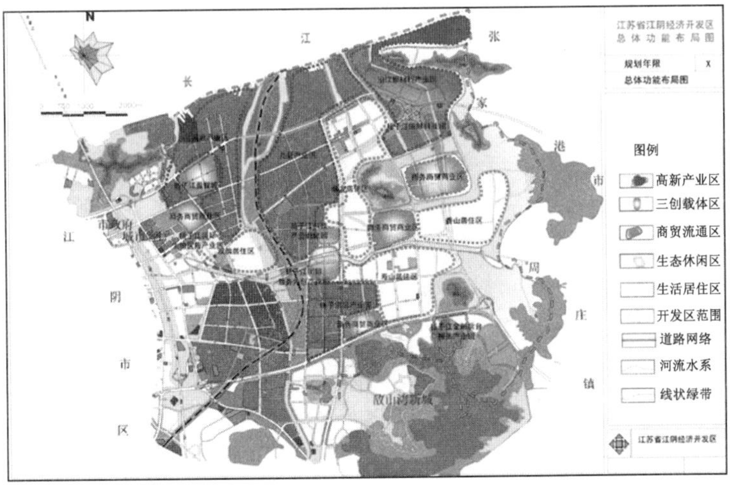

图 6-10 江阴经济技术开发区总体功能布局图

随着江阴开发区的快速发展,遇到的最大问题就是土地资源严重不足,开发区缺乏用于扩展的土地空间。与此同时,一江之隔的靖江虽然拥有丰富的土地资源和廉价的劳

动力,但是工业基础落后,管理经验不足,难以实现快速发展。为了统筹苏北、苏南的联动发展,2003年6月29日江苏省政府专门下发了《关于促进江阴经济开发区靖江园区加快发展若干政策措施的通知》(苏政办发〔2003〕105号)(见附6-1),提出了一系列支持措施。在江苏省委、省政府的大力推动下,江阴开发区跨越行政区到靖江发展,与靖江合作成立了江阴经济开发区靖江园区,实施联动发展(图6-11)。2006年,江阴—靖江工业园区进入实质性启动以来,作为江苏省"联动开发的先导区、科学发展的示范区",在贯彻江苏省沿江开发战略中进行了积极的探索,开创了"两江联动模式",为跨行政区合作积累了宝贵经验。

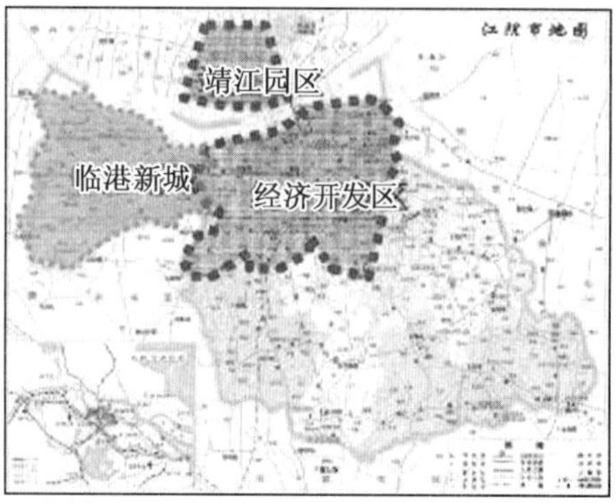

图 6-11 江阴—靖江工业园区区位图

2)联动发展的运作机制

(1)在管理体制上,靖江市将属地管理的权限委托给园区管委会。为全力支持江阴经济开发区靖江园区的开发建设,靖江市人民政府在江阴经济开发区靖江园区首期启动区范围内正式成立了江阴经济开发区靖江园区办事处,它属于靖江市人民政府派出机构,全权委托江阴经济开发区靖江园区党委、管委会管理,具体负责园区首期启动区的社会事务,协助园区搞好开发建设。在日常管理分工上,按照经济开发与社会管理相协调的原则,园区内经济管理事务由江阴经济开发区负责,社会管理事务由靖江市政府委托园区管理。在园区内部管理方面,园区管理人员主要来自江阴市,园区的党工委书记、管委会主任由江阴市一名副市长兼任,另抽调两名干部分别担任党工委副书记和管委会副主任;靖江方面有一名副主任名额,主要负责园区社会事务管理。园区管委会下设办公室、招商局、经发局、财政局、规划国土建设局,负责人由江阴派驻,其余公开招聘。在行政审批上,园区不对江阴也不对靖江,不对无锡也不对泰州,直接对省政府部门,享受地级审批权限。具体来说,园区建立行政审批中心,由两市相关审批职能部门在中心设立机构,充分授权,直接办理,实行一头审批,一站式服务。工商、国税、地税、环保、质检五部门由江阴派驻,国土、消防、水利等部门由靖江派驻。在口岸管理方面,园区海事管理由江阴负责;海关、国检由江阴统一管理,边检也在争取由江阴管理。

(2)在投资和收益分配上,园区成立了江阴经济开发区靖江园区投资有限公司,首期注册资本金1亿元,江阴出资90%,靖江出资10%。随着开发的持续推进,还将进一步追加投资。投资公司收益全部留在园区滚动开发,江阴、靖江十年内均不从园区分取一分收益,上交省里的税收全部返回,同时省里每年还给园区财政补贴1 000万元。

(3)在用地政策上,对园区新建工业用地,新增建设用地有偿使用费。省里将这部分的45%返还给园区,按规定用途使用。农地转用、征用按项目审批。省国土部门在统筹安排两市土地资源利用的基础上,合理确定江阴、靖江两市的基本农田保护面积和规划建设用地指标。为提高办事效率,由靖江市国土部门派员在园区办理手续。

(4)在招商引资上,对江阴来说,靖江园区与江阴的其他园区一样,实行统一招商,统一向外方推荐。比如原来江阴也有造船厂,靖江也有造船厂,而现在江阴所有的造船厂都不造了，全部转移到靖江园区，有外商来投资建造船厂，江阴市政府就劝说其到江对岸的靖江园区去建。江阴南岸则主要搞综合性码头。

(5) 在交通联系上，为了方便两个园区之间的交通联系，江苏省提出减免跨江交通收费，向园区管委会发放 8 张车辆特别通行证，免收江阴大桥、广靖锡澄高速公路江阴南和靖江收费站区间内的过路过桥费。对园区常驻企业，每个企业发放 2 张车辆特别许可证，减半征收上述区间的过路过桥费用。在沿江高等级公路建设上，为策应江阴、靖江两岸联动开发，先期实施苏中沿江高等级公路靖江段 16 km 路段。省交通厅按 350 万元/km 定额补助标准优先下达。

3) 联动发展的成效和存在问题

江苏靖江工业园区自成立以来，在两市的共同努力下，已取得了积极成效。至 2010 年末，实现地区生产总值 883 685 万元，工业销售2 640 599 万元，财政收入 145 642 万元，利税总额 495 485 万元，园区以新扬子造船、中建钢构、中泰钢结构等优势企业、龙头企业为核心，成功打造了船舶、重钢结构两大生产基地，形成了以船舶制造业、高精钢构加工业、车船配件制造业等三大产业群为支柱的特色产业格局。同时在推进过程中也存在一些问题：一是由于该园区突破了行政区划，如何建立与之相适应的政府考核体系和完善现行的管理体制，充分激发两者的积极性，还需要进一步完善；二是如何实现靖江园区和江阴开发区之间的产业布局优化，推动更大范围内的产业集群建设，实现错位发展，进一步加快横向融合和垂直分工的步伐，避免同质化竞争，还需要进一步研究。

6.4.2 广东模式：以“双转移”实现联动发展

作为我国改革开放的前沿阵地，广东省近年来大力推进产业转型升级和区域统筹发展。尤其在珠江三角洲地区，随着土地资源日益紧缺，近年来加大了开发区的联动发展力度。广东提出了“双转移”战略，即实现产业转移和劳动力转移，目的是突破珠三角土地资源匮乏、环境承载压力加大、发展空间受限等突出问题，促进珠三角产业升级，同时，带动经济比较落后的粤东西两翼和粤北山区加快发展。

1) 运作机制

(1) 由省政府直接牵头推动——加强领导，完善政策。省政府成立了以常务副省长为组长，分管副省长为副组长、省直 9 个部门组成的省推进产业转移和劳动力转移工作领导小组，领导小组办公室下设经济和信息化委员会。此外还成立了“省推进珠江三角洲产业向山区和东西两翼转移联席会议”制度。在此基础上，出台了大量政策给予支持。包括《广东省委、省政府关于推进产业转移和劳动力转移的决定》以及《广东省产业转移区域布局指导意见》《广东省人民政府办公厅转发省国土资源厅关于支持产业转移工业园用地若干意见(试行)的通知》《广东省产业转移和劳动力转移目标责任考核评价试行办法》《关于抓好产业转移园建设加快产业转移步伐的意见》《广东省产业转移工业园管理办法》等一系列配套政策文件，以及产业转移奖励资金管理办法，进一步完善了产业转移政策体系。

(2) 搭建产业转移载体——产业转移工业园区。实施“建园区、搭平台”，为产业转移提供载体。截止至 2010 年底，共认定省产业转移工业园 34 个，14 个欠发达地市和江门市至少各有一个园区。34 个园区中有 32 个是珠三角与欠发达地区合作共建的园区，其中15个园区已升级为由地级以上市合作建设。《广东省产业转移区域布局总体规划》,提出了"一核三圈五轴五块"的总体发展思路,指导园区合理布局,协同发展。

(3) 加大财政资金投入。发挥省推进产业转移各项专项资金的带动作用,引导社会资金的投入,加快园区基础设施建设。截止至2010年,省财政投入产业转移专项资金128.4亿元,带动省产业转移工业园建设投资超过400亿元。

(4) 强化目标责任考核。开展年度产业转移目标责任考核评价工作,将考核结果作为地方政府政绩考核的重要内容,以考核促进产业转移各项工作落实。激励督促各地各园区加快工作进度,提高工作质量,督促珠三角政府落实合作共建责任。目前珠三角各市均已落实派遣副秘书长到合作共建省产业转移工业园所在地政府或园区任职或挂职,派员参与园区管理。

(5) 降低园区经营成本。在用地、用电和公共基础设施建设等方面积极向省产业转移工业园倾斜,使省产业转移工业园电价实现了比珠三角地区低0.1元/千瓦时左右的目标。对省产业转移工业园推行"零收费区"的政策,除国家规定统一征收的税费外,不再对入园企业征收任何地方性收费。推动落实产业转移奖励资金,鼓励珠三角产业加快向粤东西北地区转移。粤东西北地区地方政府也不断完善政务环境,推行"一站式"服务,进一步提高办事效率。

(6) 加大土地政策支持力度。对产业转移园建设用地指标安排加大倾斜力度,保证其建设用地需要;对规模大、成效好的产业转移园的用地指标省里给予支持,对于投资10亿元以上重大项目的用地计划由省专项安排。允许产业转出,转入地按照依法、平等、自愿、有偿的原则,对口调剂使用农用地转用计划指标和补充耕地指标,允许珠三角地区委托山区对口开发补充耕地;鼓励采取土地置换、土地使用权调整、改变土地用途等方式盘活用地。实行产业转移园单位面积投资强度最低标准,推广多层标准厂房建设,提高土地使用效率。

2) 实施成效及存在问题

从2005年设立第一批3个省产业转移工业园起,迄今已认定省产业转移工业园35个。根据广东省经济和信息化委员会一项初步统计,截止至2011年6月底,全省35个省产业转移工业园累计吸引各类项目2 988个,总投资约7 030亿元,其中建成项目1 448个,总投资额1 552.5亿元。从工业生产规模来看,2008年到现在,这35个省产业转移工业园累计创造工业产值已经超过4 500亿元,税收约250亿元。

广东省的产业转移是在政府强力推动下实施的,在实施过程中也遇到了一些问题。主要表现为"三难两不高",即省产业转移工业园招商难、资金难、用地难和珠三角地方政府推动产业转移的积极性不高,珠三角地区企业转移发展的积极性也不高。其中"用地难",主要表现在用地指标不足、用地成本过高等方面。

为此,广东省政府又专门出台了《关于进一步推进产业转移工作的若干意见》(见附6-2),提出在用地、资金以及调动政府和企业的积极性方面加大支持力度。主要包括:

在用地方面,广东省提出,将支持产业转移园在满足一定条件前提下申报扩大园区范围,降低园区工业土地出让底价(对符合产业转移园产业发展规划、列入《广东省产业结构调整指导目录》鼓励类、用地集约度高的工业项目,允许按不低于所在地土地等别相对应的工业用地出让最低价标准的70%确定土地出让底价),在省级权限范围内适当减征或免征土地行政事业性收费和土地使用税,对发展比较好的产业转移园适当增加用地指标等。

在资金方面,明确提出,鼓励创新投融资模式,采取贷款贴息、注入资本金等形式,鼓励金融机构加大对产业转移园开发建设的信贷支持,全面落实与产业转移园签订的融资协议。鼓励民间投资主体参与园区开发建设,鼓励成立产业转移园开发投资公司并发行企业债券,加快园区基础设施建设和重点项目建设,另外,加大财政支持力度。2010年至2013年,省财政共安排产业转移奖励资金25亿元,鼓励珠三角地区加快产业转出。从2010年起,省每年安排欠发达地区(含江门市)的省产业转移园发展资金,由省财政直接划拨到各产业转移园,并适度向一般园区倾斜,用于支持园区贷款贴息及基础设施建设。

在激励政府积极性方面,提出在政府层面鼓励园区在管理体制机制上先行先试,在园区管理架构和利益共享等方面大胆创新,进一步提出在产业转移园划出一定区域,约定开发年限,由珠三角合作方政府负责开发建设和管理,并享受相关收益的做法;鼓励双方政府共同出资成立股份制公司,以资本为纽带形成低成本、高效率的产业融资开发新模式。同时,针对珠三角地方政府推动产业转移的积极性不高的现象,省里决定实行行政奖励,安排3亿元设立珠三角地区政府产业跨市转出奖励资金,对2010—2012年度产业转移目标责任制考核评价中,每年名列前两位的珠三角地级以上市政府,给予5 000万元的一次性奖励。

在激励企业积极性方面,省里安排约9亿元设立省珠三角地区企业产能转移奖励资金,按30元/万元年产值(产能)的标准给予一次性奖励,促进加速转移。此外为提高企业比较优势,安排专项资金,用于广东省产业转移工业园内企业的出口退税征退税差综合扶持和来料加工工缴费扶持等,鼓励外向度高的企业向欠发达地区省级产业转移园区转移。

总的来看,在动力机制上,江苏、广东的联动发展,虽然有开发区自身发展的需要,但更多的是政府强力推动的结果,主要表现为"自上而下"的运作机制,是一种典型的政府推动型,特别是省级政府部门在财政支持、管理体制、土地指标、行政审批等方面给予了大力支持,有力推动了开发区的联动发展。而上海工业区的联动发展,除了浦东新区的开发区联动是在政府的推动下实施外,多数还是开发区的主动出击和自发行为,更多是靠市场机制来运作的,是一种"自下而上"的市场推动型。这种工业区之间的自发行为,虽然有利于按照市场规律,促进产业的联动发展,但是如果缺少政府的有力支持,不仅会影响到联动的推进进程,而且也缺乏空间上统筹规划,资源的优化整合和利用。

6.5 促进上海工业园区联动发展的土地利用政策创新

针对上海工业区在联动发展中面临的问题,建议上海在推动工业区联动发展过程中可适当借鉴江苏、广东等地的经验做法,按照"政府引导、市场运作、优势互补、互利共赢"的方针,加强引导和调控,进一步推动工业区的联动发展,推动产业结构的优化升级和土地资源的优化配置。

6.5.1 加强统筹规划，构建错位发展、相互支撑的联动发展格局

一是科学选择联动开发合作伙伴。作为“输出方”的开发区，在选择联动对象时，应主要考虑以下因素：(1) 土地资源的丰富程度；(2) 土地价格的高低；(3) 考虑“承接方”与“输出方”交通联系情况；(4) “输出方”的产业配套情况以及劳动力情况，只有这样，才能为以后的联动发展提供基础。这也是“输出方”工业区内的企业是否愿意前往投资的主要考虑因素。

二是规划好“输出方”与“承接方”之间的产业分工。在确定“承接方”的产业定位时，既要考虑当地的产业基础和资源条件，更要考虑与“输出方”的关系。最理想的产业定位是，“输出方”与“承接方”之间是一种产业链的关系，相互依托，相互支撑。“输出方”由原来的生产加工基地，调整为总部、研发、设计、销售等产业链的高端部分；“承接方”可将“输出方”由原来的生产加工部分承接过来，同时也可发展一些相关的配套产业。这样，实际上，可以在更大的空间范围，即两个联动工业区之间构筑一个或多个产业集群。既有利于“输出方”工业区的产业升级，又有利于带动“承接方”的产业和区域发展。

6.5.2 建立利益调节机制，引导输出方企业向承接方转移

一方面，降低“承接方”园区的经营成本。政府有关部门在用地、用电和公共基础设施建设等方面要积极向“承接方”倾斜，减免对“承接方”税费征收，除国家规定统一征收的税费外，尽可能减免对入园企业征收任何地方性收费；推动落实产业转移奖励资金；推行“一站式”服务，进一步提高办事效率。

另一方面，加大财政信贷支持力度。由市政府建立推进产业转移专项资金，引导社会资金的投入，加快园区基础设施建设。鼓励创新投融资模式，采取贷款贴息、注入资本金等形式，鼓励金融机构加大对产业承接园开发建设的信贷支持，鼓励民间投资主体参与园区开发建设，鼓励成立产业承接园开发投资公司并发行企业债券，加快园区基础设施建设和重点项目建设。

6.5.3 加大土地政策支持力度，激发输出方积极性，支持承接方建设

一是在土地利用总体规划上，上级国土部门在统筹安排两地的土地资源利用基础上，充分考虑两地工业区的联动发展，合理确定两地的基本农田保护面积和规划建设用地指标。允许产业转出，承接地按照依法、平等、自愿、有偿的原则，对口调剂使用农用地转用计划指标和补充耕地指标，允许“承接地”对口开发补充耕地。

二是对于“承接地”的工业园区，在用地指标和土地税费方面给予大力支持。单列产业转移园区用地计划指标。对产业转移园建设用地实行倾斜政策。每年在下达的新增建设用地计划指标中，按20%—30%的比例划出一块实行计划单列，专项用于安排产业转移项目。对投资超过一定数额的产业转移项目用地优先安排用地计划指标。对于新建工业用地，新增建设用地有偿使用费省里将这部分的45%返还给园区，按规定用途使用。将支持产业转移园在满足一定条件前提下申报扩大园区范围，降低园区工业土地出

让底价(允许按不低于所在地土地等别相对应的工业用地出让最低价标准的70%确定土地出让底价)等。新建产业转移项目所缴纳的土地使用权出让金地方留成部分以及省市返还地方的国有土地有偿使用费和新增建设用地有偿使用费,全部安排用于园区土地开发。

6.5.4 完善运作机制,发挥各自优势,形成发展合力

一是建立股份合作制运作模式,分工合作,激发参与各方的积极性。借鉴漕河泾松江园区、江阴靖江工业园区的做法,建立"政府招园区,园区招企业"的运作模式。这里的"园区",是由"输出方"、承接地政府、承接地农民以股权的形式共同投资成立合资公司。在日常管理上,把社会事务和经济开发分开管理,投资公司的主要功能是搞业务开发,当地政府发挥社会管理的功能优势,着重推进土地动迁、农民安置、水电气配套以及道路交通等基础设施的工作,积极营造良好的外部环境。园地开发公司具体负责招商和日常管理。这样,园区开发公司通过加快开发,获取利润;当地政府在园区加快开发中,通过股权投资取得利润分红,通过园区持有房产的增加使集体资产保值增值,通过入驻企业税收使镇财政持续增收,从而有财力、有能力补偿动迁农民,有动力、有积极性改善园区周边的配套设施和环境,进而推进城市化进程。农户则较其他类型的动迁取得更多补偿,同时集体资产在园区得到保值增值,充分调动各方积极性。

二是建立考核机制,督促政府推进工业区的联动发展。开发区的联动发展,不仅关系到开发区自身的经济利益,而且还关系到土地资源的可持续、产业的优化升级、区域的协调发展等问题,因此,政府有责任、有义务推动这项工作。为此,借鉴广东等地经验,专门出台相关政策,建立考核机制,加大支持力度。开展年度产业转移目标责任考核评价工作,将考核结果作为地方政府政绩考核的重要内容。

6.6 本章小结

目前,上海工业园区不平衡发展现象还比较严重,这种不平衡在土地利用上表现得十分明显。有些园区尽管土地资源开发已接近饱和,但外来投资仍源源不断;而有些园区虽然土地资源仍有许多剩余,但仍难以吸引到外来投资。如何充分利用有限的土地资源,使之发挥整体最大的价值,是当前迫切需要解决的问题,也是本章的研究重点。

本章从统筹区域土地资源利用和优化区域产业布局入手,研究如何通过工业区之间的联动发展来推动产业的转型升级和土地资源的节约集约利用。首先分析了产业园区联动发展的理论基础,并总结了江苏、广东近年来的实践经验,然后结合上海漕河泾开发区、外高桥启东园区、浦东新区范围内开发区的实际,从跨行政区的联动发展和同一行政区内部的联动发展两个角度,提出了相应的土地利用政策创新。

7 促进工业区二次开发的土地利用政策创新

针对土地资源日益紧张的现实，单纯依靠传统的外延式扩张的发展模式，已经难以为继。在当前大力转变经济发展方式的背景下，转变土地利用方式，盘活存量土地，推动工业园区二次开发，走内涵式的发展道路，已经成为上海工业区发展的必然选择。

7.1 工业区二次开发的相关理论

7.1.1 二次开发的概念

二次开发，即土地的再开发，就是通过对开发区的闲置土地和低效用地实施再开发、再利用，以达到提高存量土地利用效率、推动产业转型升级的目的。

所谓闲置土地，根据国土资源部令〔1999〕第5号《闲置土地处置办法》第二条规定，闲置土地是指土地使用者依法取得土地使用权后，未经原批准用地的人民政府同意，超过规定的期限未动工开发建设的建设用地。具有下列情形之一的，也可以认定为闲置土地：(1) 国有土地有偿使用合同或者建设用地批准书未规定动工开发建设日期，自国有土地有偿使用合同生效或者土地行政主管部门建设用地批准书颁发之日起满1年未动工开发建设的；(2) 已动工开发建设但开发建设的面积占应动工开发建设总面积不足三分之一或者已投资额占总投资额不足25%且未经批准中止开发建设连续满1年的；(3) 法律、行政法规规定的其他情形。

所谓低效用地，是指土地用途、投资强度、容积率、建筑密度、土地产出率、人均用地等未达到要求，仍有调整利用空间的建设用地。关于低效用地，目前还没有统一的标准。例如，浙江海宁市规定，具有下列情形之一的，可以认定为低效利用土地：(1) 土地出让两年内已动工开发建设，但开发建设的面积占应动工开发建设总面积大于三分之一且不足二分之一或者已投资额占总投资额大于25%且不足50%的，未经批准中止开发建设连续3个月以上；(2) 投资强度不符合建设用地使用权出让时合同约定或达不到该市行业规定强度的；(3) 注册资本未按规定期限到位的；(4) 项目综合验收后3个月以上未投产的，投产后3年内未达到合同约定的产出率的，且达不到行业平均税收60%的。由此可以看出，海宁的标准主要是由投资强度、产出率、开工率等指标反映的。其实，低效用地是一个动态的概念，其标准也在不断变化，原来属于高效的用地，随着时间的推移，也可能会变成低效用地。

7.1.2 实施土地二次开发的意义

一是实施土地二次开发，有利于推动城市功能转换和产业升级。从国际产业发展趋势看，大城市中心区日益成为跨国公司总部以及银行、保险、管理、咨询等生产性服务业高度集中的地区,成为协调全国乃至全球生产的信息和服务中心。例如,纽约作为美国和世界经济与金融中心,20 世纪 90 年代进一步加强了金融、保险、房地产和商务等现代服务业的集聚。其中,尤以专业服务业为主导的商务服务业的发展和聚集最为突出。推动中心城区土地二次开发,通过土地置换、空间重组,有利于发挥区位优势,实现功能转换和产业升级。

二是实施土地二次开发,有利于避免旧城衰退和改善城市形象。20 世纪 70 年代后,针对中心城工业用地限制、地价较高、居住环境恶化等原因而导致的内城机能减弱、就业机会减少等衰退现象,伦敦、纽约、巴黎等国际大都市都制定了《内城政策》与《住房与社会发展法》等政策法规,并采取了不少相关措施,如重新布局内城产业,增强经济实力;改善内城物质结构,提高环境吸引力;缓和社会矛盾,密切社区邻里关系;协调各种产业布局,保持整个城市的人口和就业结构平衡,等等。20 世纪 90 年代后,这些城市为了继续保持作为世界一流城市的地位,又加强了现代服务业的布局规划。主要包括:通过完善内城基础设施(尤其是交通设施)环境,吸引信息产业、商业、服务业等都市型产业在内城的聚集发展,并突出了创意和创新功能,增加新的元素改造原有中央商务区,使之再造发展成为中央创新区(GRD),实现城市的再度繁荣;选择合适区位布局和发展了歌剧院、报社、博物馆和都市观光等服务业,增强了城市文化、信息和旅游服务功能;完善了城市商业中心的等级结构,推进城市商业圈扩大和商业街的现代化再开发,使中心商业区再现繁华景象。上海中心城目前虽然还未涉及功能复兴的问题,仍然处于高度集聚现代服务业的阶段,但在强化中心城服务功能的同时,需要正确处理好与规划控制的关系,避免局部地区出现无序开发和过度开发的现象。

三是实施土地二次开发,有利于提高土地利用效率和节约集约用地水平。在城市化、工业化进程中,人们为充分挖掘土地利用的潜力,不仅将农业用地开发为工业用地,工业用地转化为服务业用地,同时需要对一次开发中利用效率相对较低的土地进行二次开发,以获取更高的投资回报,如对那些具有区位优势的原先普通居住用地通过再次开发,重建为回报率更高的商业、商务居住用地;还可以通过对同一地块承载的产业活动进行转换,如附加值较低的一般制造业转向附加值较高的先进制造业,使单位土地具有相对更高的产值。这种用地结构、功能改善的过程,也就是土地的利用与配置效率提高的过程。

7.1.3 土地二次开发的理论基础

二次开发的理论基础主要有以下几方面:

1) 产品生命周期理论、产业生命周期理论和区域生命周期理论

国内外许多学者从不同角度运用生命周期理论来解释老工业区衰退的原因,其中具有代表性的有区域生命周期理论、产品生命周期理论、产业生命周期理论。美国北卡罗来纳州大学地理系 Rees 教授提出老工业区的衰退与工业生产生命周期有着极为密切的联系,它是由产品的生命周期所决定的,老工业区衰退的一个原因是主导产品正处于产品生命周期中的成熟后期和衰退阶段;另外一个原因是无法及时退出产品生命循环进程。

产品生命周期创始人 R. Vernon 认为,各工业部门及各种工业产品都处于不同的生命周期阶段,产品和产业的发展,经历创新阶段、成长阶段、成熟及衰退阶段的过程。随

着全球产业结构重组，产品生命周期使得地区差异发生兴衰更替，刺激着地方必须提出对应的策略以符合全球竞争下的挑战。

产业生命周期是从产品生命周期的研究演变而来的，较早提出这一概念的是高特(Michael Gort)和克莱帕(Steven Klepper)，他们在对 46 个产品的整个或部分生命的销售、价格和产量时间序列数据进行分析的基础上，按产业中的厂商数目(净进人数)对产品生命周期进行划分，得到引入、大量进入、稳定、大量退出(淘汰)和成熟等五个阶段，建立了产业经济学意义上第一个产业生命周期模型(G-K 模型)。他们认为，阶段二的大量进入源于外部的(产品)创新，阶段四的大量退出则是由于价格战、外部创新减少和通过过程创新所建立的效率竞争，阶段五为产业成熟期，直至有重大技术变动或重大需求变动产生，开始新一轮生命周期。

区域生命周期理论认为，一个区域发展到不同阶段，将会面临不同的问题，区域经济的发展也要经历从起步到衰退的演变过程，因此，存在生命周期现象，具有生命周期的规律性。汤普森(J. H. Thompson)的区域生命周期理论认为，"一旦一个工业区建立，它就像一个生命有机体一样遵循一个规则的变化次序而发展，从年轻到成熟再到老年阶段"，并以新英格兰地区 20 世纪 30 年代的萧条到 20 世纪 60 年代的再度繁荣为例，说明工业区从年轻到成熟再到老年阶段的区域生命周期理论。汤普森将区域的经济发展划分为三个阶段①：(1) 在区域工业年轻期，市场急剧扩张，区位优势凸现，投资资本涌入，新技术支持区域增长，生产成本低，具有明显的竞争优势。(2) 当发展到成熟期，工业区对其他区域来说取得了主宰地位，区域竞争开始逐渐加剧，成熟的工业区仍能保持其区域成本优势。(3) 到老年阶段，原有的成本优势丧失殆尽，市场明显转移。步入老年期的区域可能陷入膨胀或萧条，但通过创新可实现持续发展，步入新一轮生命周期循环。

2) "循环经济"理论②

"循环经济"一词，是由美国经济学家鲍尔丁在 20 世纪 60 年代提出的。他认为地球就如同宇宙飞船一样是一个孤立无援、与世隔绝的独立系统，靠不断消耗自身资源存在，最终它将因资源耗尽而毁灭。唯一使之延长寿命的方法就是实现内部的资源循环利用。循环经济的提出是对由于传统经济发展模式带来的后果的一种反思和质疑。在传统的那种单向、线性的经济发展模式，即"资源—产品—废弃物"的模式中，由于人们仅仅看到经济的指数性增长，一味地对现有资源进行开发和利用，而忽略了生态与环境的因素，从而造成了资源的过度浪费，使得环境遭到了严重的破坏和污染，从而使人类的生存环境受到威胁，不仅使本代人的生存环境受到侵害，也使后代人赖以生存的环境遭到破坏。总的来说，循环经济是以资源节约和循环利用为特征的经济形态，表现为低消耗、低污染、高利用率和高循环率，使物质资源得到充分、合理的利用，把经济活动对自然环境的影响降至尽可能小的程度。而传统经济则是以"资源—产品—废弃物污染物—排放"单向流动为基本特征的线性经济发展模式，表现为高消耗、低利用、高污染，是不能持续发展的模式。

---

① 可参见《什么是区域物流系统》(http://management.yidaba.com/201006/291202391001100100000164247_3.shtml)

② 倪杰. 2006. 基于循环经济的土地资源可持续利用[J]. 农村经济，(9)：79-81.

循环经济模式在工业用地集约利用方面的应用主要表现在两个方面,一是园区层面,二是企业层面。园区层面主要是通过循环经济模式,实现废弃物资源化,减少污染废弃物占用园区企业的物流用地。为此,一些园区实施补链型招商方式,引进补链型产业或企业,注重将存在工业生态链接关系的企业进行相邻布局,提高工业废弃物循环利用的便利程度,有效地提高了园区用地效率;企业层面主要是通过企业清洁生产模式,改变生产工艺流程,尽量减少对土地空间的占用,提高企业用地效率。

3)累积因果理论①

区域累积因果理论是在贡纳尔·缪尔达尔(G. Mydral)的循环因果原理的基础上,经由卡尔多(N. Kaldor)等人提出具体的理论模式而形成的。1944 年,瑞典著名经济学家、诺贝尔经济学奖获得者缪尔达尔在《美国的两难处境》一书中首先提出了循环累积因果原理,之后他在《国际经济》《富裕国家和贫穷国家》《经济理论与不发达地区》和《亚洲的戏剧》等著作中,对这一原理作了进一步的发挥和运用。缪尔达尔认为,社会经济制度是一个不断演进的过程,这种演进是由技术的进步以及社会、经济、政治和文化等因素的演变造成的。在一个动态的社会经济过程中,社会经济的各种因素是相互联系、相互影响、互为因果的。某一社会经济因素的变化,会引起另一社会经济因素的变化,而第二级的变化反过来推动最初的那个变化(不论是上升或下降),导致社会经济过程沿着最初的那个变化方向发展运动。所以社会经济诸因素之间的关系不是守恒或趋于均衡,而是以循环的方式运动,但不是简单的循环流转,而是具有累积效果的。在这种理论中,可分上升的循环运动和下降的循环运动两种。上升的循环运动可以用于解释新兴聚集经济区的蓬勃发展;而下降的循环运动则被更多地用于解释不发达地区或问题区域(如衰落中的老工业区)的经济衰退问题。在此运动过程中,缪尔达尔强调了以下三个环节②:起始的变换,第二级的强化运动,最后的上升或下降过程。他认为这个原理反映了社会经济因素变化的客观运动,它既是对现实世界的真实描述,又是制定政策的可靠依据。由于缪尔达尔的理论分析运用"整体性"方法,强调经济同社会其他因素的相互关系以及对制度经济学的价值标准的进一步论证,他的这一理论被认为是西方制度经济学的重大发展。同时,缪尔达尔在区域经济发展方面还提出了两种效应:扩散效应(diffusion effect)和回流效应(backwash effect)。其中扩散效应是指发达区域到不发达区域的投资活动,包括直接投资和间接投资,这种效应有利于发达区域的经济进一步发展。回流效应指的是劳动和资本从不发达区域流向发达区域的过程效应,它将引起不发达区域经济的衰退。这里,回流效应也同样适用于处于经济衰退中的老工业区。它可以作为解释老工业区经济衰退持久性的一个原因,即劳动和资本等资源流动的地理惯性。同时,为了避免老工业区的进一步衰退,政府区域政策必须反向作用于这一地理惯性,这一思路构成了政府介入老工业区经济调整过程的一个理论基础。

4)土地置换理论

城市土地置换是指依据城市土地价值规律,通过转换城市土地使用功能和空间替代来调整城市土地利用结构,提高城市土地利用综合效益的一种城市可持续发展策略,其

① 杨䍃. 2004. 老工业区经济衰退与转型分析——德国鲁尔区的案例研究[D]. 杭州:浙江大学.

② 勾志骞. 2007. 区域经济发展不平衡性研究[D]. 长春:东北师范大学.

实质是对城市土地资源重新进行功能定位和优化配置。随着经济的发展、产业结构的调整、土地使用制度改革，以及现代企业制度的建立，目前国内不少城市都在通过土地置换，推动土地二次开发，以实现土地的有效、合理和综合利用。

影响土地置换的因素主要体现在两个方面：市场机制和政府管制。一方面，有效利用土地经济价值规律，通过市场力量，实现优区高地租的目标，迫使低效益企业向城市外围迁移，发挥城市用地置换的自发性和能动性。另一方面，由于工业用地置换涉及的单位和部门众多，因此要积极发挥政府规划的调控作用、政策扶持与管理引导的作用。在两种机制的共同作用下推进土地置换，实现城市土地的优化利用。

7.2 上海工业区二次开发推进情况及存在问题

7.2.1 上海工业区二次开发的推进情况

近年来，上海市开发区加大盘活存量土地资源力度，积极开展淘汰劣势企业、土地置换、厂房加层改扩建以及闲置厂房租赁回购等工作。2010 年共淘汰调整 1 000 余家劣势企业，腾出土地近 1 335 hm^2，市级以上开发区的平均建筑容积率从 2005 年的 0.5 提高到 0.65。开发区通过“腾笼换鸟”，淘汰高耗能、高污染、低产出的项目，为引进新项目提供发展空间。如闵行开发区通过到期换购、拍卖回购、调整功能回购、协议回购、违约回购等方式实施“腾笼换鸟”，已累计回购再利用土地 88 万 m^2，累计回购再利用厂房 28 万 m^2。漕河泾开发区以市场化手段，探索和实践土地二次开发新途径，通过联动发展、回购、拍卖、合作经营权转让等方式对区内土地进行二次开发，单位土地产出在全国名列前茅。与此同时，上海的工业用地效率还有进一步提高的空间。从土地利用强度看，2007 年全市工业园区平均容积率为 0.55，其中，园区容积率最高为 1.20，如漕河泾新兴技术开发区；最低仅 0.2 左右，如上海富盛经济开发区等；容积率高于 1.0 的园区数量不到总数的 10%。

7.2.2 上海工业区二次开发过程中面临的问题

1) 缺乏有效的规划引领

一方面，目前不少工业园区开展的土地二次开发，多是一些零敲碎打型的，缺乏一个系统的二次开发规划方案。同时，有的二次开发是出于园区管理者获取土地级差收益的需要，没有与园区的产业转型和整体发展有机结合起来，因此难以发挥应有作用。另一方面，在规划调整方面，受相关程序限制，还难以适应二次开发的节奏和产业快速升级的要求。

2) 现行土地出让制度的制约

目前实施的以土地收储方式推进园区二次开发的模式，受到土地出让政策等方面的制约。产业用地周期与土地出让年期不对应，土地收回难度大。目前我国普遍按工业最高出让年期 50 年来出让土地，大部分产业生命周期短于出让年期。由于利益机制的存在，企业在产业生命周期结束后不愿退出土地，影响土地节约集约利用和产业的更新换代。

3）政策体系不完善

目前，尚未建立针对闲置土地和低效用地处置的系统的政策体系。对于闲置土地的处置，虽然土地管理法中明确指出，闲置一年的要征收土地闲置费，闲置两年的要无偿收回，但是由于缺乏相应的抓手，在实施过程中很难操作。从目前国内各大城市看，真正无偿收回的闲置土地非常少。对于低效用地的开发，目前也只限于一些零星的探索，从全国范围看，还没有形成相应的政策体系。

4）企业积极性不高

企业是用地的主体。企业积极性能否调动起来，直接影响到二次开发工作的推进。目前，老工业区土地权属复杂，协调难度大，特别是缺乏相应的激励和制约机制，企业对二次开发的积极性不高。一些城市开展的二次开发还主要限于开发区管理部门的强力推动，而不是企业的主动行为，从而严重影响了操作进程。

5）地方政府的积极性也有待进一步提高

由于土地二次开发存在涉及利益主体多，周期长，所需资金大，开发成本高等问题，多数地方政府更倾向于对新增建设用地的需要，而对盘活存量土地的积极性不高，一定程度上也影响了二次开发的推进。

7.3 典型案例分析

7.3.1 案例一：漕河泾开发区的二次开发

漕河泾开发区由漕河泾新兴技术开发区发展总公司经营管理，一般的开发区都是由管委会进行管理，而漕河泾则是实行公司化的管理。总公司主要负责开发区内的基础设施建设、资金筹措和运用、土地开发、房产经营等，并且承担部分政府职能，如 3 000 万美元以上项目的审批、规划选址等。

漕河泾开发区现在分为老区和设在浦江镇的新区，新区是 2003 年才投入开发的新规划区，目前仍然在发展建设过程中，土地二次开发的情况极少。本案例关注的土地二次开发问题主要存在于漕河泾开发区的老区。老区总面积 5.984 km^2，其中位于田林路以西的东区占地 1.724 km^2，是老区中的老区(图 7-1)。它主要是原来遗留下来的老的国有仪表仪电企业，例如上海金星电视机厂、上海第一仪表厂等。这些企业在开发区设立之前就已经存在，因此开发区的土地开发并未涉及这片土地，而主要是对园区内中区和西区土地的开发使用。

图 7-1 漕河泾开发区(老区)范围图

1）漕河泾开发区土地二次开发的模式

漕河泾的土地开发经历了不同的阶段，因此也就导致了不同时期入驻的企业土地使用权限不同。园区开发总公司对于这些不同用地类型的企业在土地二次开发过程中使用不同的方式。

第一类是以谈判的方式收回企业未进行开发使用的土地。此类型的土地往往是由划拨方式取得的，入驻的企业往往占有较大面积的土地，但是又没有全部开发其占用的土地。在目前园区可供土地日益减少的情况下，开发总公司很希望能对这些土地进行二次开发。典型的案例有上海柯莱雅食品有限公司，这是一家成立于 1992 年的从事代乳品制造业的中外合资经营企业，位于开发区中区钦州北路上。企业在进驻开发区时占用了 19 000 m^2 的土地，但是因为付不起场地开发费，有 5 540 m^2 的土地一直没有利用。在 1999 年漕河泾开发总公司通过谈判把闲置的 5 540 m^2 的土地收了回来，然后再把土地提供给其他企业。

第二类是通过回购和拍卖的方式收回转让或出租厂房的使用权。如果企业因为经营不善需要退出，这些企业的厂房就需要收回重新进行招商。但是退出企业可能会不通过开发总公司而擅自将厂房转让，转让的企业又可能由于无法达到"环评"要求或者不符合园区的产业导向而不应该进入园区，因此园区对于这种情况就需要进行严格控制。目前，园区开发总公司是通过两种途径对此类情况进行监控：一是通过园区的统计中心对区内企业每年的产值、税收等状况进行把握，一旦发现企业效益不好就进行密切关注；二是和房地产交易中心随时保持联系，一旦企业进行房地产转让就可以尽早介入。对于这些有意向要转让的企业，园区开发总公司由于没有行政权，因而大都只能通过回购和拍卖的方式收回土地和厂房。据统计，最近几年园区开发总公司回购厂房约 2 万 m^2、土地面积 11 000 m^2(容积率大约是 1.82)，共涉及 5 家企业。例如新加坡的立颖公司要进行转让的时候，开发总公司就通过谈判回购了其 1 万 m^2 余的厂房；而对于园区内的 MTC 企业，开发总公司则是通过拍卖的方式取得了其 1 350 m^2 的厂房。在取得这些撤出园区企业的厂房以后，开发总公司整修后将它们再次提供给其他企业，提高了园区土地的利用效率。

第三类土地二次开发模式是漕河泾开发总公司和原企业进行合作经营或者购买原企业的股权。由于一些需要进行二次开发的企业盘子过大，总公司没有实力把他们的土地、厂房全部回购，因此就通过购买股权或者合作经营的方式对这些企业的土地进行二次开发。例如，成立于 1993 年的新芝电子有限公司是一个占地 5 000 亩左右生产彩色阴极射线管用平板荫罩的大型企业，由于生产过程会产生一定的化学污染，所以现在不适合再在园区内进行生产。这家企业当初办的是租赁土地，期限是 25 年，到 2008 年才结束。由于该企业占地较大，开发总公司没有能力完全回购厂房，于是就采取了合作经营的方式对土地进行二次开发。工厂 2007 年 7 月停产，安置人员及清偿银行贷款的资金缺口由开发总公司暂时垫付，然后将土地改建为商务楼盘，并在建成出售后回收垫付的款项，从而完成该片土地的二次开发。

还有一类是对于一些开发区早年建设的项目，为了提高土地的使用效率，现在需要把旧厂房推倒重新建设。由于这些厂房都是开发总公司自有的，因此实施起来困难较小。这其中最大的一个项目是鑫源商务中心，现在的占地面积为 3 万 m^2 左右，建筑面积是 1.3 万 m^2，将其推倒重建将大大提高该地块的土地利用效率。

从总体上看，漕河泾新兴技术开发区中区、西区的土地二次开发是比较成功的。由园区开发总公司主导，以市场化的手段运用谈判、回购和拍卖等方式对面临淘汰的企业进行土地二次开发,从而盘活和提高了园区土地的存量。通过对企业生产情况的有效监控和及时跟踪,较准确地了解企业的经营状况,对于可能进行土地二次开发的企业,通过谈判对土地或厂房进行回购,或者通过拍卖的方式重新取回土地、厂房的使用权,然后再按照园区的产业导向进行二次开发,重新进行招商。对于那些大型的、开发总公司无力承担的退出企业的土地二次开发,园区则通过运作模式的创新,采取购买股权和合作经营的方式来实现对土地的二次开发。

2) 漕河泾开发区在二次开发中遇到的问题

目前二次开发的难点在东区。漕河泾东区国有企业闲置厂房、仓库的出租等行为在漕河泾东区是较普遍存在的现象。

一是多元管理体制影响了园区土地二次开发的推进。漕河泾开发区的管理涉及漕河泾开发总公司、当地街道办事处等多个部门。这些部门在二次开发过程中价值取向不一致,直接影响了二次开发工作的有效推进。漕河泾开发总公司是园区的直接管理者,其目标是维持园区的产业发展和规模增长,促进土地的高效利用。当地街道办事处关注的是本地区的经济发展和税收,不会首先考虑园区的产业导向,因此对闲置厂房、仓库的转租或发展商业持支持的态度,并愿意为商业经营活动办理临时经营许可证。在东区的土地二次开发中,开发总公司所处位置与中、西区土地二次开发的绝对主体地位不同。东区的企业基本上都是老的国有企业,开发总公司很难对企业的行为决策产生影响。某些企业在走下坡路的时候,以改建仓库的名义从事商业活动,例如建设超市等。按照规定,这样做是需要经过开发区批准的,但是因为商业与园区的产业导向不符,不可能得到园区的批准,于是部分企业就避开了开发总公司而通过当地的街道获得临时经营许可,从而影响到开发总公司在土地二次开发中的作用,使园区的土地二次开发无法统一进行。

二是土地二次开发中经济压力较大。漕河泾开发总公司作为企业,只能通过谈判、回购、拍卖等经济手段来进行园区内土地的二次开发,这就需要充足的资金保证。企业可能会通过抬高回购价格来影响园区的土地二次开发,而开发总公司为了完成对这些土地或厂房的二次开发,就需要通过大量的谈判和付出较高的成本,这是开发总公司在中区、西区进行土地二次开发时遇到的最大难题。而对于像东区老国有企业这样的盘子过大的企业,漕河泾开发总公司根本就没有足够的经济实力对企业的土地或厂房进行回购,因此面临着较大的经济压力是漕河泾土地二次开发过程中的又一大问题。

三是二次开发中缺乏相应的约束措施。漕河泾中区、西区的土地二次开发一直是由漕河泾开发总公司主导,但是由于东区主要集中的是老国有企业,土地大多是由行政划拨而来,企业对“补交土地使用权出让金或者以转让、出租、抵押所获收益抵交土地使用权出让金”方式积极性不高,开发区总公司也无力完全消化土地二次开发所带来的资金压力,从而造成漕河泾东区的土地二次开发出现一些无序的状况。但是,漕河泾开发区的二次开发主要还是靠激励机制来运作,而缺乏相关的约束措施和约束机制,从而影响部分地块二次开发的有效实施。

另外,土地出让方式的变化对二次开发也产生了新的影响。从 2006 年开始,工业用地的开发、供应,要求完全市场化,工业用地使用必须通过招标、拍卖、挂牌的方式出让或租赁。“招拍挂”参与的双方是政府和企业,漕河泾开发总公司的参与程度大大降低,但同时园区的招商工作又还是由开发总公司来完成。这样的操作方式一方面对园区的招商产生了很大的影响，另一方面对工业用地的前期开发和储备也带来较大的影响。根据现行的土地政策，回收后的土地要通过“招拍挂”的方式再供向市场，而土地出让金并不属于漕河泾开发总公司，因此对于企业化管理的漕河泾开发总公司来说，没有动力进行土地回购和整理。

7.3.2 案例二：闵行开发区的二次开发

上海闵行经济技术开发区（以下简称闵行开发区），是国家 1986 年首批设立的 14 个国家级开发区之一，园区面积 352.34 hm^2，是面积最小的国家级工业开发区，其中已建成城镇建设用地为 343.30 hm^2，占开发区土地总面积的 97.4%。闵行开发区位于上海市近郊区，区位条件优越，但发展空间小，土地资源十分稀缺（图 7-2）。至 2000 年闵行开发区土地基本开发完毕，近年来开发区通过产业结构调整升级、土地节约集约利用和提升开发区服务理念三项措施，大力推进土地二次开发利用，经济发展方式率先由“粗放型”向“集约型”转变，开发区各主要经济指标连续 6 年保持 20% 左右的增长，单位土地面积企业利润、上缴税收和工业增加值在全国工业开发区中名列第一。上海闵行联合发展有限公司（以下简称闵联公司）以市场化、企业化的管理模式，负责闵行开发区的开发、建设和经营管理。闵联公司是由上海地产（集团）有限公司、香港东银发展（控股）有限公司和上海东兴投资（控股）发展有限公司三方合资的沪港合资企业，成立于 1985 年 2 月，注册资本为人民币 4 亿元。

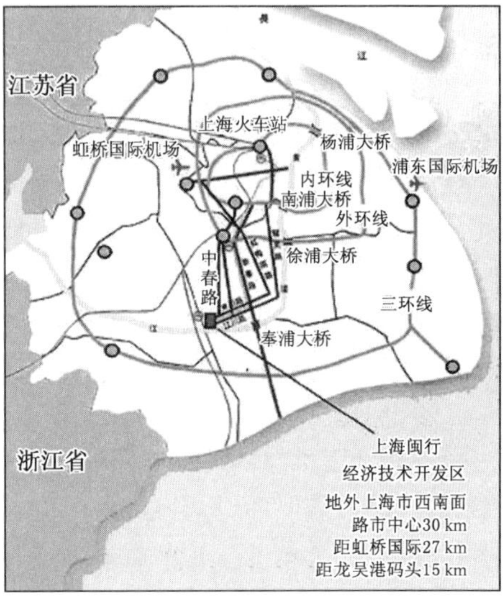

图 7-2 闵行经济技术开发区的区位图

闵行开发区设立时间早，园区内土地全部由闵联公司以“划拨”形式取得。进驻企业通过与闵联公司签订场地使用合同取得场地使用权（使用权年限一般与企业经营期相同）。企业获得“场地使用权”后，按 62.4 元/年 · m^2 的标准支付“场地使用费”。场地使用费由土地使用费（10 元/年 · m^2）、基础设施开发费（50 元/年 · m^2）、场地管理费（2.4 元/年 · m^2）等费用构成，其中，土地使用费上缴政府土地管理部门。因此，该“场地使用权”可以被认为是一种特殊形式的土地有偿使用方式。闵联公司一般根据入驻企业的经营执照年限长短与之签订场地使用权期限，分为 15 年、25 年、30 年不等，最长为 50 年。

闵行开发区土地二次开发的主要有以下运作模式：

1990 至 2009 年的二十年间，闵行开发区累计回购场地占地面积 32.1 万 m^2，建筑面积 16.8 万 m^2，共支付回购金额达 1.3 亿元人民币。闵行开发区主要采取了以土地回购为主，场地退租和容积率提高为辅的土地二次开发方式。

一是土地回购。闵行开发区土地回购实践中主要有 6 种方式：(1) 功能回购，指对原来的配套用地进行功能调整；(2) 动迁回购，指按照企业的要求，把优势企业周边效益不好的邻居动迁，将土地用于支持效益好的企业；(3) 拍卖回购，指有的企业停产若干年且拖欠银行债务，在破产拍卖时，把厂房从拍卖市场购回；(4) 协议回购，指对有退出意向的低效企业，与之签订协议进行土地回购；(5) 违约回购，指对产业不符合开发区发展方向，且违反合同约定的企业用地，按规定将土地回购；(6) 到期回购，指企业取得的场地使用权到期后，按规定收回土地。总的来说，被实施回购的企业主要是纺织和轻工等劳动密集程度较高、附加值较低的落后产业；回购后再入驻的企业约半数为附加值较高的、较为先进的机电产业。开发区通过厂房和土地回购，加快了产业集聚，大大提高了土地的集约利用效率。

二是场地退租。自 1990 年起，闵行开发区共有 40 家企业的场地退租，总面积达 50.4 万 m^2，占目前开发区可利用土地面积的 21.4%。从时间上来看，闵行开发区场地退租主要发生在 2000 年以后，特别是 2000—2005 年共发生 19 起场地退租案例，约占场地退租企业总数的 50%。原因是闵行开发区成立于 1986 年，不少企业由于 15—20 年生产经营期到期，因此场地到期退租的频率较高。从退租企业产业分布来看，多为化工、建材、纺织等附加值较低的产业；二次开发承租企业则主要是机电、医药、食品等园区主导产业。目前，开发区排名前 20%的企业，即 16 强企业中有 7 家企业的场地，是通过其他企业退租场地获得的，园区二次开发对促进产业集聚起了重大作用。

三是容积率提高。闵行开发区充分挖掘存量土地的潜在价值，努力提升存量土地的产出水平。鼓励企业在充分利用原有土地资源基础上，通过加层、改建、扩建厂房、扩大产能，用足容积率和建筑密度指标，提高单位土地产出率，2008 年园区容积率已提高到 0.58。

四是坚持土地二次开发与产业结构调整相结合。经过 20 余年发展，闵行开发区的企业从创建初期的自然集中，到快速发展时期的产业集聚，再发展到现阶段的企业集群，闵联公司在招商选资工作中，坚持把集约用地与产业结构优化有机结合。闵行开发区原来是三个产业齐头并进发展，最近几年主动进行了调整，形成重点发展以轨道交通、电站设备为代表的先进制造业，辅助发展医药医疗产业和轻工食品产业的产业发展格局。积极引进 500 强企业和跨国公司进驻开发区。现在和世界 500 强企业投资的项目有 40 家，占开发区企业总数的 34%。以开发区优势企业为龙头，推进企业集群化发展。已形成圣戈班、强生、西门子等多个外资企业集群。

值得注意的是，闵行开发区的土地二次开发之所有能够顺利地加以推进，主要得益于其特定的土地获取背景。由于园区内土地全部由闵联公司以“划拨”形式取得，并且都是以租赁方式供应给企业，因此，闵联公司掌握了二次开发的主动权，从而有力推动了二次开发的开展。

7.3.3 案例三：康桥工业区的土地二次开发

上海浦东康桥工业区创建于 1992 年，是经上海市人民政府批准成立的市级工业区，国家公告面积 26.88 km^2。康桥工业区位于浦东新区的中心位置，北联浦东陆家嘴金融贸易区，南望洋山国际深水港，西临世博会场馆用地，东靠迪斯尼乐园，区位以及交通优势十分明显(图 7-3)。经过十多年的建设和发展，工业区确立了电子信息和汽车零部件两大主导产业。2010 年，工业区实现规模以上工业总产值 998 亿元，上缴税收 48 亿元，全口径固定资产投入76亿,主导产业集聚度达78%。康桥工业区2008年、2010年连续开展了区域内土地节约集约利用评价,评价结果显示:截至2009年底,康桥工业区土地节约集约利用水平较高,按市级工业区标准评价分值为91分,按国家级工业区标准评价分值为78分。单位工业用地产值产出率为158.57亿元/km^2,单位工业用地固定资产投资强度为51.85亿元/km^2,均超过全市开发区的均值,位列前茅。土地供应率现状值为98.71%,土地建成率现状值94.38%。综合容积率现状值0.92,建筑密度现状值24.9%,其中,工业用地综合容积率0.58,工业用地建筑密度现状值41.07%。

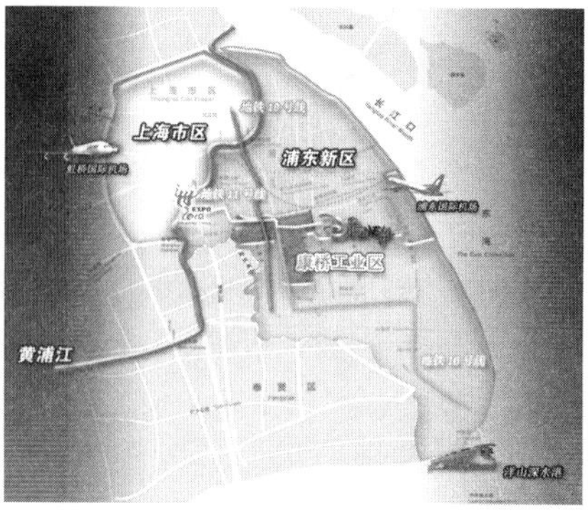

图7-3 康桥工业区位置图

1) 主要背景

随着康桥工业区的快速发展,面临着两方面问题:一方面,康桥工业区国家公告范围内未来新增土地供应有限,公告范围内尚可供应的工矿仓储用地仅21.8 hm^2。另一方面,西康地区和外环线以北地区早年引进的项目,产业生命周期已到,企业技术落后、设备老化,有的甚至处于停产的边缘,项目的土地利用率不高,影响了工业区的整体土地投入产出水平。同时,工业用地中容积率偏低,土地潜力没有得到有效发挥。

据有关方面2011年初的调查,康桥工业区内企业大致可以分为四类:一类是优质企业,即符合产业导向的、投入产出较高的,共31家,总用地175.87 hm^2,总产值为688.80亿元,每平方公里产出为391.65亿元。优质企业用地比例占区域工业总用地的36%,产值占区域总产值的69%。二类是闲置企业,分三小类:(1) 厂房闲置,没有生产经营行为;(2) 生产在康桥,但税收和产值统计不在康桥;(3) 厂房出租,但税收和产值统计不在康桥。这类企业共53家,占地124.76 hm^2,产值统计为0,上缴税收为0。闲置企业用地比例占区域工业总用地26%。三类是低效企业,即不符合产业导向的、投入产出很低的,这类企业以内资为主,产业规模很小,按行业标准均低于《上海产业用地指南(2008版)》要求。这类企业共36家,占地79.06 hm^2,总产值为4.21亿元,每平方公里产出为5.33亿元。低效企业用地比例占区域工业总用地16%。四类是其他,即不属于上述分类的企业,总用地面积为105.06 hm^2,占区域工业总用地的22%。

2) 康桥工业园区二次开发的主要做法

一是通过调整和优化规划,促进土地利用功能转型和产业升级。由于历史上根据工业用地技术规范要求,产业园区规划开发容量普遍不高,平均容积率大多在0.5—0.6;原有规划中,产业用地与生活居住、服务用地截然分开,配套服务设施不够齐全,难以适应产业升级的需要。因此,康桥工业区着力"优化布局、理清业态、拓展空间",通过土地用途更新、土地结构转换,土地布局调整等规划优化措施,实现土地现有功能和潜在功能再开发,提升产业能级。比如:(1) 将工业仓储用地调整为总部经济,发展生产性服务业;(2) 进一步完善工业区城市化功能、商业服务环境和基础设施建设,统筹发展消费性服务业和生产性服务业,突出发展金融保险、科技研发、商务服务、展览展示、信息咨询等功能性服务业,提升产业能级;(3) 同步发展教育、卫生、文化体育等公共事业,促进地区共同繁荣,进一步提升工业区土地价值;(4) 通过功能的整合,以城建建设用地置换产业用地,换取产业发展的空间(图 7-4)。

图 7-4 康桥工业区的产业分区图

二是鼓励企业进行技术改造,提升单位土地的产出水平。早期入驻的企业,特别是外环线以北地区,经过十几年的发展后,都面临着级差地租、设备淘汰或技术落后等困境,迫切需要技术升级、设备改造或结构调整。对于上述企业,给予如下政策支持:(1) 就地调整结构的企业(即建设企业总部或研发中心),符合规划布局和产业导向的,在环境容量允许的情况下,可以在“两个不变”(即产权人不变、用地性质不变)的前提下,给予一定支持鼓励;(2) 就地改造或技术升级的企业,符合规划布局和产业导向的,可以给予优先享受相关产业优惠政策。

三是通过土地回购、“关转并停”等手段,推进“腾笼换鸟”。对工业区内一些不符合产业导向、土地产出水平较低、三废排放和资源利用较差的企业,采取“关转并停”的政策。利用政府建立的土地收购储备机制,采用市场与行政相结合的方式,回购相应土地,已批未用、多批少用、长期空闲土地的企业,开发区通过回购方式将其收回,进行再储备,对外招租、转让,进行二次开发,并根据产业发展规划,按市场供地。具体包括:(1) 回购闲置土地。2006 年,将一长期闲置土地市场回购,重新规划用于建设多功能、紧凑型的新型总部与研发经济集聚区。目前已招商完成,预计年产值可达 15 亿元,税收近 2 亿元。对规模以下的工业企业原则上不供地,要求入驻标准厂房。(2) 利用闲置厂房。2008 年,将包装行业巨头利乐从杨高南路搬迁至康桥路的汇丽闲置厂房当中,产值可达 3 至 4 亿元,上缴税收近 2 000 万元。此外,还有奔驰汽车的 4S 店和哲山电子科技项目均为康桥工业区原有空置厂房的再利用。

3) 康桥工业园区二次开发中面临的主要问题

一是现有的土地供应方式难以适应二次开发的需要。园区企业的一些工业产品经过十多年的发展,如橡胶、塑料等行业产品,不少已过生命周期。随着产业结构调整和产品升级换代,业主单位大多希望把工业用地转性为研发用地或作为经济总部办公使用,但在实际操作中存在很大困难。目前的程序是,首先由政府相关机构进行土地收储、市场评估,然后通过“招拍挂”推向市场,但事实上原业主单位往往不愿意采用这种方式,致使原有产品逐步淘汰,新的业态难以形成。

二是现有的规划调整机制还难以适应园区产业转型升级的步伐。按照康桥目前的产业发展规划,原来为生产制造的地块要向研发和总部方向转变,在此过程中,可能涉及空间布局、容积率、用地性质等方面的调整。但是按照现有的规划调整程序,市审核同意,并报经市规划部门同意后,方可实施,这个程序相当繁琐,从而严重影响了二次开发的积极性。

三是现有的制约手段还不够有力。对于工业区内污染严重、技术落后、存在消防卫生安全隐患等问题的企业,希望能通过部门联合执法的方式,推动其加速淘汰或迁移。

7.3.4 案例四:市北工业园区的转型发展与土地二次开发

上海市北工业园区地处上海市闸北区,位于上海市的中心城区(内城),东临共和新路,西傍淀浦河,南起汶水路,北至走马塘。园区公告规划面积为 1.298 6 km^2(图 7-5)。市北园区是上海中心城区唯一的市级开发区,也是一个老工业基地转型开发的典型案例。市北园区作为上海彭浦工业基地组成部分之一,原是精工、纺织、电器等传统产业的集聚区。随着上海经济社会以及城市建设的发展,闸北区政府为配合旧城区工业迁建和进一步发展第三产业,加快该区域的工业改造和结构调整,于 1992 年经上海市人民政府批准成立市北园区。经过近 20 年的发展,市北工业园区取得了巨大的成就。市北高新技术服务业园区(以下简称"市北高新区")是上海市首个高新技术服务业园区,目前已初步形成总部经济集聚、高新技术产业、生产性服务业和综合配套服业全面发展的产业格局(图7-6)。截至 2009 年底,市北高新区集中企业 2 600 多家,其中优质企业 1 600 余家,在园区内实地经营的企业超过 300 家。2009 年园区实现销售收入 330.54 亿元,税金总额 25 亿元,2006 年国家发改委批复园区为省级开发区,2008 年获批为"上海市级高新技术产业开发区",2009 年成为"上海国家高新技术产业基地——市北高新技术服务业园区"。

图 7-5 上海市北高新区规划范围

图 7-6 市北工业园的总部经济园

1) 市北园区实施再开发的背景

市北园区由于是在老工业区的基础上发展起来的,期间经过了多次土地的再开发。自 1992 年成立至今,经过近 20 年的发展,经历了两次再开发,从一个纯制造业的工业园区转型为高科技园区和生产性服务业园区。

第一次再开发是从 2003 年起,园区从老的化纤、纺织等传统工业的生产基地转型为以电子通讯为主的现代都市型工业区。市北工业园区抓住全市传统产业向现代服务业转型的契机,实行产业升级换代,大力发展生产性服务业,将老工业厂房改建为智能型工业楼宇,引进大批研发设计,服务外包等现代服务业企业。第二次再开发是从 2008 年起,园区开始了新一轮的再开发与产业升级换代,大力引进科研孵化器、技术研发、软件设计生产等高新技术和生产性服务的企业,成功实现了园区发展从第二产业向第三产业的转型,目前园区内生产性服务企业占 69%,贸易类企业占 21%,制造业占 8%,基本形成以都市产业园为重要特征、以电子通信业为龙头、以生产性服务业为核心的高新技术产业与生产性服务业的集聚区(图 7-7)。

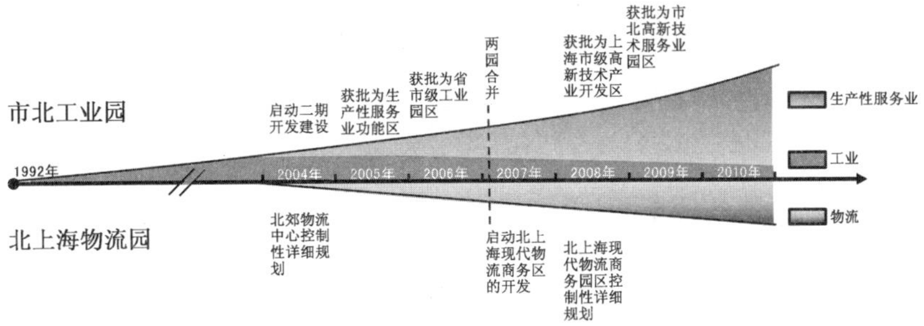

图 7-7　市北高新区的发展历程

从目前市北工业园区已建成土地的利用结构特点看，该区主要呈现四个特点：(1) 工业用地率高。工业用地面积为 84.74 hm^2，占开发区全部土地的 67.41%，主要因为市北工业园区是从传统的工业基地发展变化而来的，这是其产业功能与发展的显著表现。但由于园区位于中心城区，过高的产业用地，减弱了开发区承担的城市功能。(2) 土地建设率高，尚可供应土地非常有限。市北工业园区已开发建设的土地面积为 121.32 hm^2，尚可供应土地面积只有 1.17 hm^2，为已建成集体土地。市北园区开发建设率高体现了园区是由老工业基地逐渐演变而来的，开发区未来发展空间将完全借助土地的"二次开发"，开发建设成本将很高。(3) 划拨土地面积所占比例比较高。市北工业园区土地面积中，划拨土地面积 70.24 hm^2，占开发区全部土地面积的55.88%，主要因为市北工业园区是由老工业基地发展而来，承载了上海 20 世纪 90 年代的传统工业，为上海的经济发展做出巨大贡献。(4) 高新技术产业用地所占比例比较低。市北工业园区高新技术产业用地面积只有 5.92 hm^2，只占开发区全部土地面积的 4.71%，这个比例在高新技术开发区是比较低的。但园区企业实际从事软件设计、产品设计开发、高新技术服务、电子通讯等高新技术行业众多，未来的发展潜力巨大。

2) 市北园区二次开发的做法

市北园区成立以来，依靠政府的政策优势，不断探索国有土地有偿使用方式，对区域内土地进行滚动开发，积累了丰富的区域性土地综合开发的经验，特别是二次开发的经验。园区开发建设中始终围绕"二次开发"节约集约利用，坚持"聚焦、提升、创新、优化"，积极破解开发建设中的难题，按照"统一规划、分期实施"的原则，紧紧依托中心城市，进一步聚合上海中部不同功能区块资源，贯彻以"项目入手，逐步发展"为指导思想，实行"解决一块、建设一块、循序渐进"的做法，进行园区的开发建设，特别是二次开发，取得较好的成果，其开发建设的经验与开发模式具有一定推广价值。主要有以下特点：

(1) 采取征地、回购、共同开发等方式进行二次开发。目前，园区主要采用三种开发建设模式，第一种模式是市北集团公司对园区内部分集体土地进行征地后开发，现在已非常少；第二种模式是集团公司回购园区内企业的土地进行二次开发；第三种模式是市北集团公司与区内企业共同进行二次开发建设。但总体来说，还是以市北集团公司回购开发为主。

(2) 进行土地收储后再开发。市北集团公司根据总体规划对土地进行综合性开发、平整场地、建设给排水、供电、通信、燃气、道路等市政公用设施，形成工业用地和其他建设用地的条件。市北集团公司招商引进项目，依照国家土地管理的法律和行政法规通过划拨、协议出让、招拍挂等形式出让土地使用权。

(3) 建设标准厂房出租。为更好执行园区规划控制，将园区建设成高科技产业与生产性服务业集聚区，市北集团公司积极主动参与园区土地的受让，通过协议出让等获得土地使用权建设标准厂房或商办楼，大力发展楼宇经济建设。

(4) 再开发土地的利用效率高。市北公司二次开发建设的高新技术产业与生产性服务功能区的功能性商务楼宇占地面积 14.38 万 m^2，建筑总面积 26.44 万 m^2，容积率达 1.84，为威旭等公司建造的标准厂房基本是无预留地，土地高度集约利用(图 7-8)。

图 7-8 再开发后土地得到集约高效利用

(5) 投入资金数额大，开发周期长。在二次开发中，土地基本是回购或转让，并且部分土地的性质发生变化，土地成本非常高，使得开发的周期比较长。

经过再开发，市北园区以国家级开发区上海大学市北工业区为主要载体，逐渐探索出一条老工业基地转型开发的成功途径。目前已转型为生产性服务业和高新技术产业集聚区。在土地利用和功能布局形成以下几个主要区块：(1) 生产性服务与高新技术产业功能区。主要定位为发展信息服务、服务外包、总部经济，由市北集团公司进行二次开发，进行楼宇经济建设。市北公司通过依法取得土地使用权后大力发展商务楼，现已建成占地面积 14.38 万 m^2，建筑总面积 26.44 万 m^2 的高新技术产业与生产性服务功能区，其中总部经济功能区占地 5.03 万 m^2，总建筑面积10.03万 m^2；前沿产业功能区占地 1.05 万 m^2，总建筑面积 2.1 万 m^2；市北半岛中心占地4.02 万 m^2，总建筑面积 8.04 万 m^2；都市信息园 4.29 万 m^2，总建筑面积6.27 万 m^2。区内引进美国科勒公司总部、日本住友化学投资、上海分析技术中心、晶澳太阳能、品天信息等生产性服务企业。华通电气、人民印刷二十二厂、苍穹环保技术、中驰自动控制等高新技术企业。(2) 电子通讯产业区：进入 21 世纪，通过改造土地批租实现有偿使用，对老工业用地进行改造升级，建造标准厂房等，引进威旭半导体、亨通光电、铁路通信公司等一批高新技术企业，经济效益较好。(3) 传统产业区：截至 2008 年，园区工矿仓储用地中划拨土地的总面积 50.72 hm^2，占已出让国有建设用地 41.81%，占市北园区工矿仓储用地的 59.84%，老工业厂房容积率较低。同时市北园区还存在集体土地，面积为 1.17 hm^2。在这些传统产业区主要从事还有竞争优势的传统产业和新兴的第三产业，如汽车修理、化工产品贸易、餐饮等，这些地块的“二次开发”任务仍然较重(图7-9)。

3) 园区在推进二次开发和产业转型中的诉求

按照市北园区的“十二五”规划,“十二五”期间,市北园区将着力构筑以总部经济集聚、高新技术产业、生产性服务业和综合配套服业全面发展的产业格局,着力构建上海“北部”产业转型和优化升级的新基地。同时,随着产业高速发展,现有的详规(2008版)已经不能满足园区未来发展的需要。主要表现为:

图7-9 一河之隔的土地利用效率对比

一是希望调整部分地块的容积率。园区提出,“十二五”期间要建成云计算产业基地,云计算产业总产值达到80亿元,成为上海市最大的云计算应用功能中心之一。云计算产业需要在工业用地上高密度集聚发展。但是目前园区的规划仍然依据生产性企业的模式,工业用地容积率设施较低,最高只有2.0,不能满足云计算产业的发展需求。云计算产业属于适合建设多、高层厂房进行生产的行业,通过提高容积率能够提升单位土地的产出率,节约利用土地资源,同时也能够降低成本。目前市北高新区可用于发展云计算产业的4块工业用地容积率均为2.0,地块总面积约8万m^2,可建设建筑面积约16万m^2的工业用房,远远不能满足2015年园区发展云计算产业所需要的建筑面积33万m^2。云计算产业通过提高容积率能够提升单位土地的产出率,节约利用土地资源,同时也能够降低成本。为此,园区希望将以上4块工业用地的容积率调整至3.0。

二是希望适当调整用地规划性质,增强综合配套能力。园区提出,“十二五”期间,将健全配套设施,从建设功能性配套设施向多元化配套设施转型,着力健全商业、酒店、会展等商务性配套支持功能,完善娱乐、休闲、餐饮等基本生活性配套支持功能。在配套的层次上,不但需要满足技术、研发、销售、财务等专业人士的商务配套需求,还需要满足高端经营管理人士的个性化配套需求。但是,目前园区开发的商业、金融、商品房等六类经营性用地相对较少,中高端商务人流还不够多,商务氛围不浓,商务办公、住宅、酒店等综合配套设施不够完善。园区虽已形成了产业发展特色,配套了基本的商店、旅馆等设施,但是综合配套能力十分有限,不能满足园区产业快速发展而带来的对综合配套的巨大需求,特别是缺少大型商务办公、住宅、酒店等配套项目。为此,园区提出,建议通过改变商业办公综合配套土地利用性质,满足未来产业发展的需求,即原十一块商业金融业用地调整为商业办公综合用地,用于建设商务办公、旅馆、住宅等项目,同时适当小幅提升部分商业办公综合用地的容积率,以利于园区发展总部经济,满足未来综合配套需求。同时,现有控制性详细规划仅规划一块住宅用地,建筑面积约9万m^2,远远不能满足实际需求,住宅的缺口在27万m^2左右。为此,希望能增加住宅配套用地,以满足园区中高层次人才的居住需求,提升园区对产业发展的综合配套能力。

7.3.5 案例五:吴淞工业区的二次开发和转型发展

吴淞工业区的范围东起同济路—逸仙路,南抵长江路—长江西路,西迄西泗塘—蕰藻浜—宝钢铁路支线,北达宝杨路以北上钢五厂专用铁路,占地约20.4 km^2。从区位情况看,吴淞工业区位于上海中心城区边缘,外环线沿线部位,同时又位于上海的“黄金水道”黄浦江沿岸,区位条件十分优越(图 7-10)。

吴淞工业区是上海市传统的老工业基地之一。建国前,以上钢一厂为代表的一批工业企业在吴淞建立,吴淞地区的工业发展开始起步。20 世纪 50 年代,吴淞成为上海市重点建设的七个卫星工业区之一,大量工业企业在此加速集聚。1989 年,上海市政府批准建立市级工业区,同毗邻的宝钢一起形成了我国东部规模最大的重化工业基地。2000 年市政府将吴淞工业区定位为钢铁基地。目前,吴淞工业区仍是一个以重工业为主的工业基地,也是上海城市规划保留的 104 个工业区块之一。

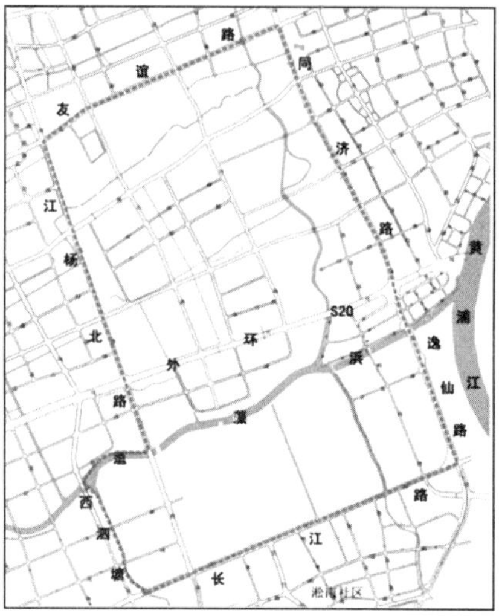

图 7-10　吴淞工业区地域范围图

1) 吴淞工业区面临的主要问题

一是环境污染严重,对周边的居住环境影响较大。这里集聚着 300 多家企业,其中上钢一厂(现为宝钢股份不锈钢事业部)和上钢五厂(现为宝钢股份特钢事业部)是吴淞工业区内的主要企业。其中,宝钢股份有限公司不锈钢事业部占地 3.4 km^2,特殊钢分公司占地 2.9 km^2,均为三类工业用地;此外,三冠钢厂、钢研所分别占地 27 hm^2、24 hm^2。上述共计约 6.8 km^2,约占整个吴淞工业区面积的 1/3。钢铁行业是世界公认的大气污染和水污染最为严重的产业。尽管近年来经过了综合整治,关闭了一些“三高”企业,但工业区内仍然存在污染物排放相对集中,大气污染总量大,水系有机污染重、且固体废弃物产量高等问题,严重制约了宝山的投资环境和产业结构的调整和优化。另外,居民区围绕工业区、工业区包围居民区的犬牙交错状况,降低了城市品位,难以建立适宜人居的生态生活环境,局部地区的矛盾相当尖锐。

二是该地区的功能定位和周边地区的产业结构不相适应。吴淞工业区地处宝山滨江产业发展带,其不锈钢事业部、特殊钢分公司等企业在发展过程中形成的以黑色冶炼等支柱产业和传统工业为主体的重化工产业结构,与市、区高新技术产业化发展的布局要求不相适应,与周边地区的产业结构也不适应。

2) 吴淞工业区二次开发的难点

针对目前存在的问题,宝山区委、区政府正在着力进行二次开发和功能转换,明确提出,吴淞工业区要实现从环境整治到功能提升的战略转型,促进生产、生态和生活协调发展,加快形成创意研发、总部经济、高端制造、产城融合、生态宜居等功能集聚的带动引领区,成为“后世博”城市最佳实践区的成功范例,带动周边地区整体发展,与滨江地区交相辉映,整体提升市民生活品质和城市靓丽形象。

同时,在推进二次开发和功能转换时也面临着一些难点:一是功能定位问题。是单纯的环境整治,还是实现综合开发;是单纯的自身开发,还是实现与周边的联动发展,等等,这一系列问题还需要深入研究。二是涉及企业类型多,土地权属复杂。涉及约 300 家企业,较为分散的土地权属影响地区转型的再开发进程。在吴淞工业区中,国有土地占 81.9%。另外,还有“城中厂”与“城中村”并存现象。如此大规模的工业用地再开发在上海市区是极为少见的。三是由于大型企业用地的阻隔,地区内部的次干路和支路相当薄弱。随着地区的转型发展,需要建立完善的地区内部路网。四是治理成本比较高。规划范围以外,重工业用地的再开发,必须进行土壤污染治理,这将在一定程度上提高土地开发成本。五是工业遗产保护难。这里是以钢铁工业和港口运输为主导的传统产业区,具有独特的工业文化积淀,承载着上海工业文明的历史记忆。如何保存和利用好展现主导工业特色的标志性建筑物和构筑物,形成独特的工业遗产风貌,以及如何与滨水环境相结合,打造独具特色的地区景观,还需要深化研究。

7.4 国外和我国港台地区工业区二次开发的经验借鉴

7.4.1 德国:鲁尔区的区域整治

鲁尔区位于德国北莱茵—威斯特法伦州的西部,介于莱茵河及其支流鲁尔河、利伯河之间,面积 4 593 km^2。鲁尔区是德国和欧洲最大最重要的工业区之一,以采煤工业起家,素有“德国工业引擎”之美称(图 7-11)。从 19 世纪中叶开始,在之后的一个世纪中煤炭产量始终占全国 80 %以上,钢产量占全国的 70 %以上。该工业区的显著特征一直是以采煤、钢铁、化学、机械制造等重工业为核心。从 20 世纪 50 年代起,由于世界能源结构的改变和科技革命的冲击,鲁尔区逐步陷入了结构性危机之中。经济增长速度减缓,主导产业衰落,失业率上升,大量人口外流,环境污染日益加剧。20 世纪 60 年代以来,联邦政府制订了整治和改造的一系列规划和政策措施,如:成立鲁尔煤管区开发协会,负责制订整治、发展规划;在资金、税收等方面也采取了相应的扶持政策等,以促进全区经济结构的转变,至今已取得显著成效,为老工业区的改造做出有益的尝试。

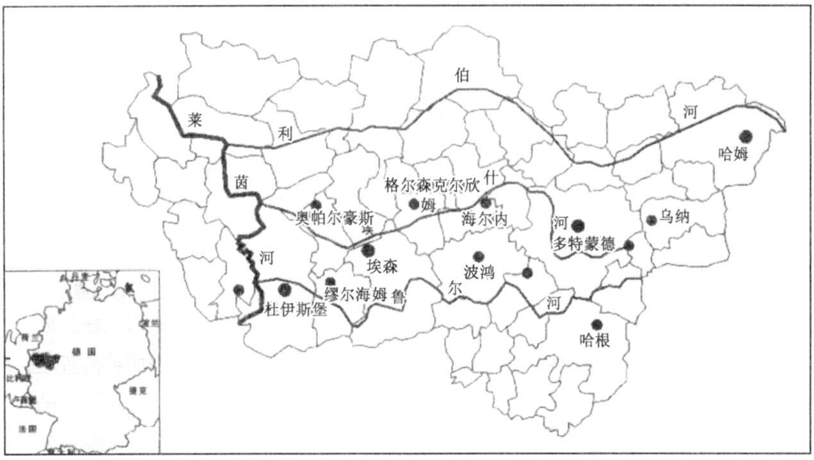

图 7-11 鲁尔区略图[①]

鲁尔区通过调整产业结构、调整生产力布局、完善资源配置、完善交通运输等,有力促进了土地二次开发和转型发展。主要经验和做法有:

① 冯革群,陈芳. 2006. 德国鲁尔区工业地域变迁的模式与启示[J]. 世界地理研究,15(3):93-98.

（1）明确区域整治目标，制定区域整治规划。鲁尔区发展初期，缺乏对土地利用、城镇布局、环境保护方面的全面规划，造成了煤矿石成山，污水遍地，塌陷坑随处可见，居民点布局零乱分散，铁路线杂乱无章的现象。随着煤炭、钢铁等重工业的发展，地区环境质量不断恶化，区域形象受到了严重的损害。如何从全区整体的角度来进行全面规划、统筹安排，以促进区域整体的协调、可持续发展为人们所关注。为此，从 1920 年开始建立鲁尔煤管区开发协会的规划协调机构，协调市、县各项建设事业，经费由各市、县分摊。协会归州内政部领导。它不仅是德国独有的机构，在世界上也是独一无二的。协会的工作基础是“总体开发规划”，其主要任务有八项：保护森林绿地；处理地区垃圾；改善环境质量；建设职工业余所需要的各项文化、娱乐设施；研究全区各市县的发展规划；接受各市县的委托咨询；进行规划示范；开展全区的测绘工作。此外，鲁尔区还设有若干专业委员会，负责全区性专项业务。同时，针对鲁尔区的衰落现状，鲁尔区于 1966 年成立了鲁尔煤管区开发协会，进行宏观调控指导。1969 年鲁尔区制定了《鲁尔区域整治规划》，提出“以煤钢为基础，发展新兴产业，改善经济结构，拓展交通运输，消除环境污染”的整治目标，同时制定了整治方案。包括：“稳定第一地带”，指沿鲁尔河一带的煤钢集中区域；“控制第二地带”，指中部重新规划区；“发展第三地带”，指鲁尔河东、西部的新兴工业和第三产业区。

（2）调整产业结构，发展新兴产业。重点是实现从资源型为主的城市向服务型为主的城市转变。为此，先后进行了两次大的产业结构调整。第一次是从 20 世纪 60 年代开始，产业结构从煤炭、钢铁占绝对优势向煤炭、钢铁、化工、机械制造四个门类为主转化。第二次转型开始于 20 世纪 90 年代，目前仍在继续，欲形成以机械制造、专门化工、汽车配件、能源技术、旅游等 12 个门类为主的多样化的产业结构①。同时，在北莱茵一威斯特法伦州的帮助下，于 1961 年在波鸿建造鲁尔区的第一所大学，创办研究机构，为产业结构的转型输送技术成果，建立以欧宝汽车为代表的新兴产业。在服务行业的就业率，由 1964 年只占总就业人口的38％提高到 1995 年的 61 ％。与之相反，煤钢企业的就业率由 20 世纪 70 年代 50％以上下降到今天 10 ％以下。

（3）加强生态修复和改善，改善人居环境。由于历史原因，在采矿开发过程中，对城市的地形、地貌、植被和大气环境的破坏比较严重，地质环境破坏诱发的各类问题日渐突出，因此，一些矿区的环境修复已成为该地区资源枯竭型城市经济转型的首要任务。为了加快治理环境污染的步伐，吸引高新技术企业的进入，吸引高知识高技术人员的入住，吸引来自全世界的旅游者前往，州政府投资设立环境保护机构，颁布环境保护法令统一规划，决心花大力气修复环境。鲁尔区提出了“在公园中就业”的理念，在每一季度的区域形势分析、区域市场分析和区域经济分析中，都会有生态化指标和数据分析，所有的生产活动必须符合该区域的各项生态指标。对鲁尔工业区的生态修复有以下几方面措施，主要包括：对于空气污染的治理；对于污染水体的修复和雨水的利用；煤矿山的改造；建立自然保护区；恢复植被和群落生境。另外，许多工业废旧地被重新回收利用，经过加工处理，用来吸引新型创新性的中小企业，或规划成绿地和休憩疗养用地。

（4）加强工业遗产开发和利用，大力发展旅游业。发展以旅游业为主导的服务行业

① 赵国浩，阎世春. 2008. 煤炭工业可持续发展研究[M]. 北京：经济管理出版社：19.

也成为鲁尔区转型的重点策略之一。鲁尔区把旅游资源的开发投向那些工业化时代留下来的大批厂房、车间和机械构架等工业纪念遗址。主要有以下几种开发模式[①]：①工业博物馆模式。例如多特蒙德的工业博物馆、波鸿的德国矿业博物馆、埃森的矿业同盟。②景观公园模式。例如蒂森钢铁公司所在地现在被改造成为一个以煤铁工业景观为背景的大型景观公园。③商品集散地模式。奥伯豪森就是典型的例子，它是在工厂的废弃地上修建了一个大型购物中心，这里有许多品牌商店，而且不乏物美价廉的商品，吸引了德国全国及周边国家例如荷兰等国的人们前来购物。而且在大商场附近还开辟了一个工业博物馆，户外还保留了一个高 117 m、直径达 67 m 的巨型储气罐，这个储气罐已经成为奥伯豪森的地标。④"工业遗产旅游之路"模式。规划建设了 30 个环绕该地区的游览线路，19 个工业遗产旅游景点、6 个国家级的工业技术和社会史博物馆等。

另外，随着新企业的建立，鲁尔区采取措施拓展交通，完善交通运输网络。例如，最大限度地发挥本区水运优势，搞好水陆联运，加速南北向交通线路的建设；新建几条高速公路；改造现有交通线路，实现交通设备现代化等。

7.4.2　英国：棕地再利用

财政税收政策是政府对于土地使用行为最为直接的调控手段之一。通过相应的财税政策可以直接影响土地使用者使用土地的相关成本，直接调节土地使用者的使用行为。英国政府发起的"棕地再利用"计划是这方面的典型案例[②]。

"棕地"(Brownfield)实际上是指已利用的土地，也就是说，"棕地再利用"行动就是在已经被开发和利用的土地上进行再次的开发，对原来未被充分利用的、利用效率低下的土地进行再开发，并限制在绿地上进行开发。1998 年 2 月，英国政府宣布国家目标是到 2008 年，至少 60％的新增住房要建立在棕地上。但是对于地产开发商来说，开发"棕地"比开发新的土地需要更多的投入，而且缺乏明显的利润驱动。为了促成房地产开发商加大对于已利用土地的投资和开发力度，政府对于"棕地"开发行为给予多种税收优惠和经济优惠。这些政策包括：对利用"棕地"直接审批通过；给予津贴、低利率贷款和税收优惠；同时，严格限制建设占用绿地，在绿地上开发建设采取严格行政审批和增加税收压力。经过多方的努力，到 2003 年有 67％的新建住宅是建立在已开发土地上的，实现了"棕地"的循环利用。英国"棕地计划"的成功首先取决于英国拥有较为完备的土地税收体系。该体系鼓励土地的合理流动，并且在土地流通的基础上通过各种税收来调节土地资源的配置。在英国，只要有土地和房屋，业主一般都会进行开发经营并使之产生效益，因为业主始终要为拥有的土地和房产纳税。一旦发生空置，就不能产生效益，业主就不得不从其他收入中转移税收，这会增加经济负担，所以纳税的压力使英国人很少空置自己的土地和房屋。英国的土地税费主要包括：所得税，是针对从不动产中得到的定期回报而征收的税种；资产增值税，针对资产转移时发生的溢价征收的税种；家庭税，也称为不动产税，是针对国内不动产(如住宅和公寓)征收的税种；营业房产税，是英国政府对于

---

① 武红艳. 2010. 浅析德国鲁尔区工业遗产旅游的模式及启示[J]. 太原大学学报，11(3)：77-79.

② 郭文华. 2005. 英国土地管理体制、土地财税政策及对我国的借鉴意义[J]. 国土资源情报，(11)：7-12.

非住宅的房屋(包括法人营业用房和自然人营业用房)征收的税种,是从原财产税中分设的新税种。这些税种之间相互结合,涵盖了土地开发利用过程中的各个环节,形成了一套完整的土地税收体系,并且在实践中得到了不断地完善。在实施“棕地”计划的优惠政策时,正是由于有了这样一套完善的土地税收体制,才能够保证政府的税收和经济优惠政策能够充分发挥作用,对于提高相关政策的运行效率,起到了立竿见影的效果。例如,作为工业革命诞生地的曼彻斯特,已成为英国城市重建和转型发展的典范。特别是充分利用上述政策,在老工业区改造过程中,将产业重组、城市功能提升、地区历史和文化传承等有机结合起来等,取得了很好的效果。

7.4.3 新加坡:“商务地带”计划

新加坡国土面积 710 km^2,人口 484 万,人口密度高达 6 329 人/km^2,是世界上人口密度最高的国家之一。在土地资源十分紧张的情况下,新加坡政府高度重视土地节约集约利用和土地的二次开发,以土地利用结构和方式的转变推动产业转型升级,造就了许多经济奇迹。

(1) 建立土地使用的评估和退出机制。一方面,新加坡十分注重土地使用的绩效评估,并以此为基础,严格管理土地租赁合同,建立淘汰机制。对入驻工业园区的企业满 3 年进行一次是否符合入园承诺指标的全面评估考核,考量因素有:土地容积率占 20%、投资占 45%、增加值占 30%、企业运营业绩占 5%。另一方面,以调节租金和租期为手段,建立低效用地的退出机制。例如,裕廊镇管理局在土地出租时,按照最低投资额及容积率指标批准土地租赁年限,并规定可从事的工业生产活动。未经批准不可转让。土地出租后,租金每 5 年调整一次,调整幅度不得超过 50%,或者每年调整一次,幅度不超过 7.6%。对鼓励类产业项目,实行较低的租金;对限制类产业项目,收取较高的租金。通过调高租金、到期不再续租等经济手段,引导一些不符合本国产业政策的工业项目从新加坡转移出去。近年来,裕廊镇管理局通过直接掌控配置土地及厂房这一战略举措,有效地促进了产业转型升级。过去十年间,平均每年约有 60 家企业被“腾笼换鸟”。

(2) 实施“商务地带”计划,增加土地改性的灵活性。所谓“商务地带”,是指将园区中原工业、电信和市政设施用途的地带重新规划为新的商务地带,包括商务地带 1 和商务地带 2。商务地带 1 用于无污染的用途,商务地带 2 用于有污染的用途。新的商务 1、商务 2 地带内的产业及与之相关的活动是否允许布置在该地带内,主要依据的是该活动对周围环境是否带来不良的影响。商务 2 地带内布置的设施对周围环境影响比商务 1 地带内的设施要大,其所需的缓冲地带或隔离带更大。这种“以影响为基础”的规划方式,将允许商务落户于不同用途的建筑内。在该区域内,改变用途(区划规定的变动范围内)不需再重新申请。同一栋建筑也允许具有不同的用途(区划规定的变动范围内)。

(3) 新加坡在放松工业用地规划变更管制的同时,为了规范市场行为,防止各种投机行为的发生等,也提出了严格的控制措施和要求。例如,新加坡明确规定,工业区内的工厂生产面积必须达到 60%以上,办公及其他辅助面积为 40%以下,从而防止土地使用性质的变相转换(表 7-1)。

表 7-1 仓库附带零售和工业建筑附带零售的数量控制

数量控制		用途类型	允许的用途举例
不小于 60%	不小于 36%	主导的仓储或工业用途	在 B1、B2 地带内的工业用途，例如，制造、装配、服务、修理、工场、电子商务类型①、媒体服务中心
	不大于 24%	辅助的仓储、工业用地	辅助的办公、需要室内空间的媒体服务、会议室、病人休息室、卫生间、机械电子服务、流通空间
不大于 40%	—	辅助零售用途	必须是为仓储或工业活动提供服务的零售活动
不允许的用途	—	—	独立的、与仓储或工业活动无关的零售

7.4.4 台湾：工业区再生利用

台湾工业区自 1960 年开发以来，既面临设施老旧、厂房不堪使用等问题，同时也面临着产业转型升级的压力。在土地使用上，存在着不少闲置土地或不当使用的土地。在土地使用结构上，由于早期开发的工业区以生产为导向，缺乏与生活产业及关联性设施结合，土地使用结构急需调整。为了兼顾外在环境变迁及内部需求调整以促进工业区再生，并朝多元化发展的目标，政府先后拟定工业区更新或再发展策略、用地变更规划政策等，以适应产业发展需求。其中，依据《促进产业升级条例》制定的《工业区用地变更规划办法》，赋予了工业部门根据市场需求变化适当调整用地规划的政策，放宽既有的工业区土地使用管制，促使传统工业区转型为多功能、复合产业工业区，提升工业区用地利用效能②。从工业区再生的类型看，主要包括产业再生、用地再生、公共设施再生等(表 7-2)。

表 7-2 工业园区再生利用的类型

种类	定义	申请人	奖励措施
产业再生	为办理产业转型、升级或厂房更新所申请的再生计划	产业兴办人	转型：技术辅导、研发辅助、融资协助、外国人聘雇、税捐减免 更新：容积转移、融资协助、税捐减免
用地再生	为办理用地变更使用所申请的再生计划	主管机关公民营事业	容积转移、融资协助、税捐减免、周边公共设施改善辅助款
公共设施再生	为办理公共设施的重建、整建、维护所申请的再生计划	主管机关公民营事业	容积转移、融资协助、技术辅导、研发辅助、外国人聘雇、税捐减免

具体通过两种途径，促进工业区再生利用：

(1) 建立一系列奖励措施，激励企业实施产业和用地再生。由于台湾的土地大多数是私有土地，为了让私有土地进行环境再造及产业转型，台湾当局更多的是采用激励和

---

① 电子商务是指提供网络基础设施和软件应用的服务，媒体服务中心是指诸如产品的前期服务、技术培训、流通、网络程序服务。

② 根据办法规定，工业区内原先设厂用地即可变更规划为相关产业用地，允许作批发零售、餐饮、运输仓储、通信、工商服务以及社会与个人服务等。凡是依据原奖励投资条例与促进产业升级条例所开发的官方与民间工业区均可适用。

引导的手段。比如，政府为协助老旧工业区内企业办理产业升级或厂房更新、改善园区公共设施的功能及增加园区内生活服务功能，鼓励厂商提出再生计划申请补助。补助方式包括：技术辅导、研发补助、容积率移转、融资协助及公共设施改善补助款等，具体由工业管理部门根据再生计划的内容及企业实际需求给予适当补助。

(2) 完善工业用地规划变更机制，通过调整土地利用结构促进产业结构优化。台湾工业区的用地分类主要包括：规划生产事业、相关产业、小区、公共设施及其他经中央工业主管机关核定的用地类型。其中，生产事业用地主要是供生产、设计、研究发展、环境检测、产品检验、储配运输物流及仓储事业使用为主；相关产业用地是指配合工业区营运所需的具有商业及服务机能的产业或设施的土地；社区用地是用于兴建住宅及相关设施，工业主管机关开发的工业区，其小区用地供兴建住宅，并优先提供工业区内的员工使用；工业区内公共设施用地是配合工业区发展的需求，为增进区内机能及确保良好生产和生活环境，规划为公共使用的土地，包括绿地等。为了适应产业转型升级的要求，近年来，台湾先后多次调整开发区的用地结构，制定了《工业区用地变更规划办法》。该办法的核心是增加土地的使用弹性和规划调整的及时性。工业区用地变更规划可与工业区再生策略结合，因政策或产业发展的需要，在不违反用地种类及规定比例的前提下，应给予变更使用的机制及赋予调整用地比率的弹性。例如，《工业区用地变更规划办法》规定，工业区内原设厂用地得变更规划为相关产业用地，允许作批发零售、运输仓储、餐饮、通讯、工商服务、社会与个人服务、金融、保险，以及不动产业使用，使工业区土地使用更具弹性。主要是：允许生产事业用地、相关产业用地、社区用地、公共设施用地或其他经中央工业主管机关核定之用地相互间的比例关系在一定幅度内可以进行调整。同时规定了各类土地的调整上限或下限。

7.4.5 香港：工业大厦活化

香港作为国际大都市，其土地资源十分紧缺，2007 年人均建设用地仅 37 m^2，位居全球各大都市的末位。但是香港在城市规划过程中十分重视工业用地的发展，工业用地占建设用地的比重近几年还有所上升，由 2000 年的 8.26%提升至 2007 年的 9.27%，2007 年工业用地总面积达到 24 km^2。2007 年，香港共有 1 757 万 m^2 的工业大厦和 700 万 m^2 的私人仓库。香港的工业用地主要以建设多层和高层工业大厦为主，容积率较高，甚至有超过 30 层、楼高近百米的工业大厦。

香港曾经一度是制造业中心，但随着 20 世纪 80 年代制造业北移，出现了工业大厦空置的现象。为此，香港政府积极鼓励空置的工业及仓库大厦转变成另类用途楼宇，在工业大厦房屋安全保证的前提下，转型发展住宅、办公等功能。香港政府关于工业大厦的相关政策取得了较好的效果，在近几年香港工业用地面积逐年增加的情况下，工业大厦的空置率从 20 世纪末的 10%以上，下降到 2007 年的 6.2%左右。

2007 年以来，香港政府再次放宽工业大厦用途，开展“工业大厦活化”“创意工业”等运动；允许业主补偿适当地价，转变工业大厦用地性质；简化工业大厦改变用途的手续，充分利用港岛等中心城区工业大厦所占的土地资源，进行商业开发。为此，不少工业大厦利用位于中心城区的区位优势和租金较低的成本优势，转变成宾馆、主题式行业市场、特色工业行业发展中心，为香港带来新的商机和旅游吸引点。同时，近年香港工业大厦的转让价格也持续上涨。

7.5 促进上海工业区二次开发的土地利用政策创新

推动工业区发展关键在于科学编制再开发规划，明确二次开发的目标和重点；核心在于创新机制，完善政策，充分调动企业和当地政府的积极性。主要的调控措施包括：

7.5.1 以产业转型、用地集约、环境优化为导向，科学编制二次开发规划

建议尽快启动编制全市统一的二次开发专项规划，引领二次开发的有序推进。在编制过程中，结合二次开发的目标，坚持"三个注重"：一是要注重提高土地利用的效率和效益。重点是要结合工业区中现有的闲置土地和低效用地情况，有针对性地进行更新改造。一方面，在符合环境交通承载量以及不破坏城市景观的前提下，尽可能提高开发强度，包括提高容积率、建筑高度、建筑密度等，或者探索复合式、立体式开发的土地利用模式，提高土地利用效率；另一方面，根据产业转型要求，调整土地使用性质。特别是对工业用地转为研发用地、生产性服务业用地的，可适当放宽条件。二是要注重与工业区的产业转型相结合。发挥土地的调控作用，通过优化土地利用结构推进产业结构转型。重点是根据产业转型的目标，重新划定各个功能区，尤其对于生产性服务业聚居区、总部经济区、研发区、高新技术产业区等新兴产业，根据园区的工业定位，要尽可能予以保证。同时适当增加相关配套设施的用地比例。对于发展物流业的，要扩展交通，完善交通网，以此推动园区的生产、生态、生活等综合功能发展，促进园区的转型升级。三是要注重历史文化与文脉的保存。在编制二次开发规划时，不能大拆大建，对于有历史文化价值的建筑，要注意保护，或实施保护性开发。例如，可规划方向有景观公园、博物馆等。另外，对于中心城的老工业区，倡导复合式发展模式。例如，可构筑工作—生活—休闲融为一体的后工业化发展模式，使之成为充满活力的 24 小时城区。城市空间的复合功能模式不仅强化空间集聚效应、形成充满活力的 24 小时城区，而且有助于缩短出行距离、鼓励公共交通和慢行交通的主导地位，形成低碳化的城市建成环境。尤其是像吴淞工业区这样处于中心城边缘和滨江地区的工业区，要充分发挥区位优势，应在进一步加强环境综合整治的基础上实现全面整治向整体转型转变，不是原来"小打小闹"式的整治，而是"另起炉灶"式的整体转型。通过规划的调整和实施，彻底改变该地区环境面貌，逐步建设为融研发创新、高端制造、生产服务、生态休闲等功能为一体的上海北部现代化城区，成为承载上海结构调整和产业升级的重要空间，以发挥吴淞工业区对宝山城市功能提升的带动效应、对上海发展转型的引领作用和对全国老工业区转型的示范效应。

7.5.2 创新土地制度与政策，激发企业二次开发的积极性

一方面，建立激励机制，调动企业二次开发的积极性。主要包括：

(1) 健全土地收储制度。目前的土地的收储机制是，政府先进行土地收储，形成净地后，再通过招拍挂出让重新开发。这种先收储再开发的模式，在实际操作中遇到两方面

问题:一是由于得不到土地的增值收益,原土地权利人参与的积极性不高。二是单靠政府进行收储,对储备资金的要求较高,难以大规模开展。西方国家“棕地再开发”的经验表明,“棕地再开发”应充分调动各级政府、非政府组织、企业和其他利益团体的积极性,共同参与到策略实施中来;将“棕地再开发”转变为市场化运作,才能更好地解决“棕地”的区域性问题,更大地挖掘“棕地”的潜力和价值。为此,建议以调动原土地权利人积极性、实现多方共赢为着力点,加快完善现有土地储备机制。方案一:探索建立合资入股、共同开发的收储机制。即通过建立股份合作方式,由原土地使用权人与地方政府的资产经营公司以一定的股份进行联合储备和开发,并且由政府的资产经营公司控股。这种收储方式的好处在于,让原土地使用权人参与储备和开发,有利于调动企业的积极性。不足之处在于,对地方政府资产经济公司的资金实力要求比较高。方案二:探索建立以返还一定比例的建筑面积为前提的收储机制。即在土地收储时,明确在土地储备后进行招拍挂时,返还给原土地使用权人一定面积房屋作为补偿,作为土地招拍挂的前提条件进行约束,并将该条件写入土地出让合同中。该方式的好处在于:让原土地使用权人参与土地储备,并获得一定的房屋面积作为补偿,不仅有利于调动其积极性,而且通过土地出让合同的方式明确相关内容,操作起来比较方便。方案三:探索建立共享土地增值收益的收储机制。即对于一些低效或闲置工业用地,由土地储备机构收购后,在下一次土地出让时,返还给原土地使用权人一定比例的土地收益作为补偿。该方式的好处在于:通过给原土地权利人一定比例的土地出让收益分成,使原土地权利人享受了一部分土地增值收益,有利于调动其参与改造的积极性。同时该模式也存在着受市场行情影响较大,土地收益波动较大等问题,当土地收益较小时,将难以满足各参与方的要求,从而影响该模式的实施。

(2) 探索建立土地转让新机制。对于一些土地权利人自己无条件或无能力进行再开发的地块,如果能够调动这些土地权利人的积极性,及时将土地转让给第三方进行开发,也可加速土地二次开发的进程。目前遇到的困难是,转让成本比较高,制约了其转让的积极性。据了解,目前土地转让中涉及土地增值税、营业税等多项税费,而且税率都比较高,特别是土地增值税,最高可达总成交价的60%,一定程度上限制了土地转让行为的发生。为此,建议完善相关政策,建立土地转让新机制。一是减免转让成本。对于经认定需要进行二次开发的地块,减免相关土地增值税或营业税等,鼓励其通过转让进行再开发。二是鼓励分割转让再开发。鼓励企业在符合规划、满足安全且不超过企业生产配套用地比例的前提下,利用厂区内的空闲土地新建厂房后,通过分割转让后实施再开发。

(3) 通过土地价格优惠政策,鼓励企业进行二次开发。现有的工业用地在符合规划、不改变土地用途的前提下增加容积率的,经核准,不再增收土地价款。同时,对于需要改变土地用途的,经相关部门同意后,与出让人签订出让合同变更协议或者重新签订出让合同,由受让人按照批准改变时新土地使用条件下土地使用权市场价格与批准改变时原土地使用条件下剩余年期土地使用权市场价格的差额补缴出让金。

另一方面,建立制约机制,迫使企业进行二次开发。主要包括:

(1) 同一企业集团有多宗土地、部分土地尚未建设或已建成但投资强度低于规定标准的,不得安排新的项目用地。

(2) 建立综合行政干预机制。存量工业用地达不到原出让合同约定要求或有关节约集约用地控制指标的，企业必须在规定时间内增加有效投资或由当地政府安排其他项目，若企业仍未在规定时间内增加有效投资的，则每年按照上限标准征收城镇土地使用税等相关税费；闲置土地以及未达到土地出让合同约定的抵押条件的土地，原则上不得办理土地抵押登记。另外，相关部门要加强综合执法力度。对于需要二次开发的地块，金融部门要严格审查并限制新的贷款申请；环保部门要加强环境监测，对存在严重环保违规的企业，要加大处罚力度；水电部门也要加大了制约力度。

(3) 建立合同约束机制，在出让合同或租赁合同中增加限制性条款，明确规定企业生命周期结束后，由政府或开发区按照一定价格回购。

(4) 建立弹性出让和土地租赁制度。目前国内一般采用的工业用地的使用权出让最高年限为50年，而一般企业的生命周期约为10—20年，企业在竞拍时一次性缴纳50年的土地出让金，不仅提高了企业成本，而且还加大了盘活存量再开发的难度。根据产业或企业生命周期，既可以选择出让，也可以选择租赁。考虑到降低企业投资成本以及增强政府对土地使用的调控性等因素，借鉴新加坡或台湾等地区经验，建议最好选择短期出让或租赁的方式供应。

(5) 集中建设标准厂房的运作方式。通过集中建设标准厂房的方式，克服以土地出让形式批租土地造成土地一次出让后就无地可供的问题，为土地的持续利用提供保障，这种方式有利于掌握土地二次开发的主动权。通过不再续约或厂房回购的方式，可以引入更多的优势企业，实现产业的升级。同时，该方式还有利于减少土地增值收益流失，同时通过租金的调节机制，进一步增加政府的调控能力。例如，新加坡通过对租金和租赁期限等约束，对产业项目进行调节，取得了很好的效果。例如，对鼓励类产业项目，政府实行较低的租金，对限制类的产业项目则收取较高的租金。通过调高租金、到期不再续租等经济手段，引导一些不符合本国产业政策的工业项目从新加坡转移出去，有效促进了产业转型升级。

(6) 通过价格杠杆，促进二次开发。对于土地利用效率低的项目，抬高供地价格；对土地投资强度高、科技含量高的项目，降低厂房租赁地税。一般来说，当用地价格提高时，企业的生产成本就会随之提高，为降低用地成本，企业就不得不设法提高土地利用效率。

7.5.3 建立控增逼存机制，促使地方政府加快推进二次开发

一是实施新增建设用地指标的差别化奖惩机制。把盘活工业区存量土地的情况与该区域下一年度新增建设用地指标分配相挂钩。对地方政府和园区实施差别化奖惩机制，“倒逼”土地二次开发。对于存量盘活力度大的区域，在新增建设用地指标上给予适当奖励；对于盘活存量不力的区域，将适当扣减相应指标。

二是把盘活存量土地情况作为开发区扩区的前提条件。加强对开发区土地集约节约利用的考核评估，并将评估结果作为开发区扩区升级的重要依据。对于在盘活存量土地方面达不到要求的，不允许扩区。

三是探索规划区外工业用地与开发区的增减挂钩政策。对于土地利用效率高的开发区，支持地方政府选择规划区外部分环境较差、配套不全、开工不足的小型独立工业点

进行复垦，运用"城乡建设用地增减挂钩"等政策工具，按照建设用地总量不增加、耕地总量不减少的基本原则，实现存量用地的指标平移和空间腾挪，进行扩区。

7.5.4 健全工业用地用途管制制度，规范二次开发行为

产业转型要求土地"转性"，对此，既要积极支持，又要控制风险。按照现有政策，土地"转性"（改变产证上的用途），必须走"招拍挂"程序。如果严格该项规定，势必又影响到原土地权利人的积极性。但如果完全放开政策，又可能产生两方面的风险：一是有些企业以搞工业为名，实质上想适时加以转性并转让，变相搞工业房地产，势必将扰乱正常的房地产市场；二是大批的工业用地转性，还可能动摇园区工业发展的基础；三是可能造成土地收益的大量流失。

为此，借鉴新加坡和台湾等地区的经验，在园区转型或土地转性过程中，建立严格的工业用地用途变更调控机制。

一是在推进土地"转性"和盘活利用过程中，必须把握尺度，局部支持，适度控制，严格限定区域、规模和主体，防止因政策过度放开带来的风险。例如，新加坡规定，在工业用地转性的规模控制上，要求工厂的生产面积达60%以上，办公及其他辅助面积为40%以下，严防大规模的工业用地转性。台湾出台了《工业区用地变更规划办法》，明确规定了工业区中各类用地"转性"的上限或下限。例如，工业生产用地所占面积，不得低于全区土地总面积扣除公共设施用地及小区用地后的50%；社区用地不得超过全区土地总面积的10%；公共设施用地不得低于全区土地总面积的30%；工业以外的相关产业用地不得超过全区土地总面积扣除前二款公共设施用地及社区用地面积后的50%。

二是建立以合同管理和土地绩效评估为主的监管机制，规范用地行为，及时推进土地二次开发。一方面，严格土地合同管理。对于"转性"的工业用地，以及以优惠地价出让或以定向挂牌、邀请招标等方式出让的工业用地，要按照合同约定，加强跟踪管理，确保按照其规定的用途使用，严防投机活动。另一方面，加强土地使用的绩效评估，并以此为基础，建立奖惩机制和淘汰机制。例如，新加坡规定，对入驻工业园区的企业满3年进行一次是否符合入园承诺指标的全面评估考核，对达不到要求的企业，及时予以淘汰。

7.6 本章小结

推进工业园区内部土地二次开发，加大存量土地盘活利用，既是节约集约用地的客观需要，也是推动园区转型升级的内在要求，符合产业（产品）生命周期发展规律和循环经济的发展趋势。同时，土地二次开发也是工业园区转型发展中面临的一个难点。

为此，本章首先分析了土地二次开发的内涵、特征和意义，总结归纳了国内外土地二次开发的相关理论和实践经验，在此基础上，深入分析了上海工业园区二次开发过程中存在的问题及原因，结合漕河泾开发区、闵行开发区、康桥工业区、市北工业园区、吴淞工业区等的实际情况，从调动企业和政府的积极性等方面入手，提出促进工业区土地二次开发的路径和调控策略。

8 结语

随着资源环境约束的日益加剧,"十二五"及今后一段时期,我国将大力推进经济发展方式转变和产业结构调整,提高国家综合竞争力。上海已将"创新驱动、转型发展"作为"十二五"期间全市的工作主线,同时明确要求,要按照"三个导向"(需求导向、问题导向、项目导向)的思路抓好推进落实工作,进一步提升产业的国际竞争力。在此背景下,本文结合上海土地资源紧缺的特点以及产业转型升级的要求,从需求导向、问题导向、项目导向入手,重点研究以土地利用政策促进产业结构调整的调控机理和实施路径及措施。

8.1 主要结论

8.1.1 关于促进工业区产业转型升级的土地利用调控机理

首先,分析了土地利用调控对产业转型升级的影响。从产业发展与土地利用的关系看,二者联系十分密切。土地不仅是产业发展的载体,同时又是重要的生产要素。选择发展何种产业,直接影响到土地利用的效率和效益。从产业结构与用地结构的关系看,两者也十分密切。产业结构的调整影响到土地利用结构的变化。产业结构调整通过影响土地资源的利用方式、结构和空间布局,进而影响到土地资源的配置和利用效益。反过来,土地利用结构又会促进产业结构的变化。土地资源的优化合理配置要求土地资源在各个产业中合理分配,最大限度地提高土地利用效率,而土地利用结构的不断调整又会成为产业结构调整的重要动力,推动产业结构不断优化。

其次,提出了促进土地利用结构调整的动力机制:一是市场机制下的土地价值规律和产业集聚规律。二是政府对土地利用的引导和调控机制。

第三,提出了土地利用调控的政策工具。包括:(1) 规划政策。包含城市规划和土地利用规划。(2) 土地供应政策。包含:土地储备制度、土地供应计划、土地供应方式等。(3) 利益调节政策。包含:土地税收政策、土地金融政策、土地价格政策、土地收益分配政策等。(4) 管理体制。包含:开发区的管理体制、规划管理体制、土地管理体制等。四个政策工具的综合运用,形成了土地利用调控的政策体系。

第四,土地利用调控的传导机制。总的思路是,政府调控部门运用土地调控政策工具,直接或间接地调节土地市场的供求关系,进而控制全社会的土地供应量、供应结构、空间布局等,使微观主体不断调整自己的经济行为,从而达到促进产业结构调整的目的。具体的传导机制是:在土地利用调控过程中,政府调控部门通过土地利用规划、城市规划的制定和实施,控制和引导开发区的空间布局以及企业在开发区内的空间布局;通过土地供应政策的调节,选择适应产业发展导向的企业入驻开发区;通过利益调节机制,引导企业发展高端产业，并及时淘汰落后产能，提高土地利用效率和效益；通过建立高效的规划管理体制，特别是规划的审批和变更机制，及时调整土地利用性质和开发强度，适应产业快速转型升级的需要。

8.1.2 关于上海土地利用调控的思路和目标

首先，分析了上海工业区的发展历程，以及产业结构调整趋势。新中国成立以来，上海工业区经过四个阶段的发展，得到了极大提升。目前全市规划确定了104个工业区块（产业区块），包括公告开发区、产业基地及城镇产业区块三个部分，规划总面积834.69 km^2，城市规划和土地利用总体规划“两规合一”规划面积760.57 $km^2$①。上海目前处于工业化的中后期阶段，正朝着世界城市的目标迈进。按照上海市十二五规划，上海产业结构调整的方向是，按照高端化、集约化、服务化，推动三二一产业融合发展，加快形成以服务经济为主的产业结构的发展方针，大力推进产业结构战略性调整，优化产业布局，加快构建以现代服务业为主、战略性新兴产业引领、先进制造业支撑的新型产业体系，不断提高产业核心竞争力。

其次，重点剖析了工业区发展过程中面临的问题。在当前上海工业区的快速发展中，由于历史或其他方面的原因，土地利用方面还存在一些与产业转型升级不相适应的地方，主要表现在：(1) 工业区与周边城镇的关联度不高，配套设施不完善；(2) 工业区内部土地利用结构不合理，产业关联度有待提高；(3) 工业区新增建设用地日趋紧张，产业同质竞争现象严重；(4) 工业区存量用地盘活难度较大，土地利用效率亟待提高；(5) 产业用地管理效率有待提高。

最后，在总结工业区的发展演变规律的基础上，结合上海产业转型升级的目标，针对当前工业区发展过程中存在的土地利用问题，提出了加强土地利用调控的路径。即要实现“四个发展”：(1) 融合发展。针对工业区配套设施不完善，与城镇脱节等问题，重点推进产城融合，以产城融合促进二三产业融合，引导产业向高端化发展。(2) 集群发展。针对工业区内部土地利用结构不合理，产业关联度低等问题，建议从优化土地利用结构和空间布局入手，延长产业链和价值链生命周期，推进产业的集群化发展。(3) 联动发展。针对不少工业区新增用地严重不足，新兴产业项目难以落地等问题，建议从推动不同开发区之间的联动发展，实现资源整合，推动联动发展、错位发展。(4) 集约发展。针对不少工业区土地利用效率低，盘活存量难度大等问题，建议从完善土地利用标准，建立激励约束机制等入手，调动企业二次开发的积极性，推进产业用地“腾笼换鸟”，实现集约发展，为产业的持续升级提供空间。

8.1.3 关于促进产城融合的土地利用政策创新

该章主要从区域空间结构优化的角度，研究如何通过土地利用调控政策促进产城融合，进而达到促进产业转型升级的思路和方法。

首先，总结了产城融合的相关理论，以及土地利用和管理对产城融合的影响机制。

---

① 上海市经济和信息化委员会.2011.2011年上海产业和信息化发展报告——开发区[M].上海：上海科学技术文献出版社：40.

这里所指的“产城融合”，是指工业区与周边城镇的融合发展。产城融合的核心是实现生产、生活、生态的融合，形成集聚效应，推动服务业和高端产业的发展。产城融合的相关理论主要包含城市功能分区理论、卫星城和新城建设理论等。

其次，分析了上海产城融合的历程和特点。上海的产城融合先后经历了四个阶段：(1) 1958 年之前，产业与居住的混杂时期。(2) 1958—1978 年，结合工业布局调整推进卫星城建设。(3) 1978—2008 年，城镇发展滞后于工业区建设。(4) 2009 年以来，推进新一轮产城融合时期。采取的措施有：依托新城(镇)和产业园区，规划建设了一批大型居住社区；依托新城(镇)和产业园区，大力推进轨道交通建设；加大中心城区的教育、医疗等资源向新城(镇)迁移的力度，等等。

第三，结合案例，分析了目前上海在产城融合方面存在的主要问题有：(1) 在规划上，产业区与城镇分离的现象还比较多；(2) 在建设上，公建配套设施缺乏，城市功能不足；(3) 在管理上，产业区与城镇在发展过程中尚未形成合力。并结合上海国际汽车城的实际案例，对产城融合面临的问题及原因进行了深入剖析，认为人气不足、公共设施缺乏、交通不够便捷等是上海国际汽车城面临的核心问题。

最后，在总结国外经验和相关理论的基础上，提出了促进上海产城融合的土地利用调控措施。(1) 创新规划理念，由单纯“产业区”规划转向“产业新城”规划。要注重规划的融合，注重“职住平衡”，注重各项的功能融合。(2) 营造高品质的居住生活环境，凝聚开发区人气。加强人才公寓和职工宿舍建设，注重生活品质和休闲娱乐环境营造。(3) 创新机制和政策，加快公建配套设施建设；加强政府的财政支持力度，探索建立税收返还机制；探索建立“捆绑式”的土地出让机制。(4) 完善管理体制，以管理整合推动产城融合。推动开发区和所在城镇政府实现兼职或交叉任职，共同管理；建立开发区和所在城镇政府协调运作机制，分工负责，共同推进，即开发区主要负责经济功能，社会功能则由当地政府负责。

8.1.4 关于促进产业集群发展的土地利用政策创新

该章主要从工业区内部空间结构优化的角度，研究如何通过土地利用调控政策促进产业集群发展的思路和方法。

首先，分析了产业集群的相关理论和特点。产业集群化是产业发展的一种空间组织形式，目前已成为国际产业发展的主要趋势。产业集群是指一组在地理上靠近的相互联系的公司和关联的机构，它们同处或相关于一个特定的产业领域，由于具有共性和互补性而联系在一起。产业集群的核心是在一定空间范围内产业有规律的高集中度，这有利于降低企业的制度成本(包括生产成本、交换成本)，提高规模经济效益和范围经济效益，提高产业和企业的市场竞争力。产业集群具有空间集聚性、互惠共生性、根植性、资源共享性、创新组织的开放性等特征。按创新程度高低，产业集群可分为模仿型产业集群和创新型产业集群两种。

其次，重点分析了国际上政府对产业集群发展的参与管理方式，以及土地利用和管理对产业集群发展的影响。在对国际上产业集群的发展动力进行归纳的基础上，将其划分为两种发展类型：一种是市场主导型(也称为“自下而上”型)；一种是政府扶持型(也称为“自上而下”型)。从政府的参与方式看，主要有四种方式：(1) 制定规划；(2) 政策支持;(3) 完善体制;(4) 加强工业园区建设。从土地利用和管理对产业集群发展的影响看,主要反映在空间布局和功能分区、土地利用结构和开发强度、土地供应方式、土地税费政策等对产业集群的影响。

第三,结合案例,在总结上海产业集群发展经验的基础上,指出了上海产业集群发展中面临的问题:(1) 现有的用地分类标准,不适应产业集群升级的需要。(2) 现有的规划理念和用地结构,不能适应创新空间环境的营造。(3) 土地供应方式还不能适应产业集群发展的需要。并以张江高科园区创新集群的建设为例,对产业集群建设的现状和问题进行了深入剖析。

最后,本文提出了促进上海产业集群发展的土地利用调控措施。(1) 创新土地分类标准,适应产业转型要求。建议在"工业用地"中增加"工业研发用地"种类;在"仓储物流用地"中增加"物流用地"种类;增加"生产性服务业"用地,作为"工业用地"下面的一个种类,在土地出让和管理时按照工业用地对待。(2) 科学编制开发区控详规划,增强规划弹性。根据产业集群发展的需要,及时调整控制性详细规划,增加新兴产业发展区;创建良好的创新空间和氛围;建立大学与开发区之间的纽带桥梁,充分发挥支撑作用;预留备用地;倡导混合用地,增加用地的兼容性。(3) 完善土地供应政策,实行产业链招商。建立一套严格的审核制度和标准,严格对入驻企业进行把关;创新工业用地供应政策,探索"价格优先、综合评估"的挂牌出让方式确定工业地块受让人,在开发区内推行工业用地租赁制度等。(4) 创新土地管理机制和模式,提高土地审批效率。工业区的土地管理,探索实行"审批权上收,供地权下放"的办法,既要严格管理土地,又要提高审批效率和土地利用效率。在提高土地一级市场宏观调控水平和效率的同时,适当放宽工业区内部的自主运营和项目审批权限,简化各种审批程序并落实到具体的"一条龙"或"一站式"服务,实施扁平高效的规划土地管理体制。

8.1.5 关于促进工业区联动发展的土地利用政策创新

联动发展(或称异地联合开发)是近年来开发区在发展过程中形成的一种新的运作模式。该章主要从如何解决工业区在新增建设用地严重不足的情况下,研究如何利用土地政策,促进工业区之间的联动发展,进而促进产业集群发展的思路和方法。

首先,分析联动发展的特点和相关理论。所谓联动发展,是指一些开发区在发展过程中,由于土地资源不足,就联合土地资源相对丰富地区(或开发区)进行联合开发,共同在资金、项目、土地、技术、人才、管理经验等方面进行沟通,实现资源共享,优势互补,通过构建一种良性的协作分工机制,以实现双赢发展局面及相应的产业开发目标。从本质上看,联动发展主要是一些工业区在自身开发用地不足的情况下,向外实施空间拓展,"借地"发展、联合其他工业区共同发展的一种策略。联动发展的理论依据主要有:集聚—分散理论、产业转移理论、地租理论、"点空间"向"关系空间"转变理论等。

其次,结合案例,重点分析了上海开发区联动发展的现状、趋势和难点。从地域空间范围来看,上海开发区的联动发展主要在两个层面:一是上海市域范围内的联动发展。二是上海与周边省市的联动开发。从发展趋势看,这两方面都呈现加速发展的势头。从开发区在联动发展中面临的难点看,主要表现在:(1) 联动双方在产业布局上的统筹规划问题;(2) 联动双方在用地指标上的统筹安排问题;(3) 联动双方积极性的调动问题;

(4) 企业积极性的调动问题。并以上海漕河泾开发区松江园区、外高桥启东园区、浦东新区范围内开发区联动发展为例,从跨行政区(跨区县、跨省市)和同一行政区(区县范围内)内部的两个层面,对在不同情况下联动发展的经验做法和面临的问题进行剖析。

最后,通过理论分析和大量的案例分析,并在系统总结和充分借鉴了江苏、广东等相关省市经验的基础上,提出了促进上海工业园区联动发展的土地利用调控措施。主要是按照"政府引导、市场运作、优势互补、互利共赢"的方针,在四个方面加强引导和调控。(1) 加强统筹规划,构建错位发展、相互支撑的联动发展格局。一方面,要科学选择联动开发合作伙伴。作为"输出方"的开发区,在选择联动对象时,应充分考虑以下因素:土地资源的丰富程度;土地价格的高低;考虑"承接方"与"输出方"之间的交通联系情况;"输出方"的产业配套情况以及劳动力情况。另一方面,要加强对"输出方"与"承接方"产业统筹规划,"输出方"与"承接方"要形成一种产业链的关系,相互依托,相互支撑。(2) 建立利益调节机制,引导输出方企业向承接方转移。降低"承接方"园区的经营成本;加大财政信贷支持力度。(3) 加大土地政策支持力度,激发输出方积极性,支持承接方建设。在土地利用总体规划上,上级国土部门在统筹安排两地的土地资源利用基础上,充分考虑两地工业区的联动发展,合理确定两地的基本农田保护面积和规划建设用地指标;对于"承接地"的工业园区,在用地指标和土地税费方面给予大力支持。(4) 完善运作机制,发挥各自优势,形成发展合力。一方面,建立股份合作制运作模式,分工合作,激发参与各方的积极性。在日常管理上,把社会事务和经济开发分开管理,发挥各自优势。另一方面,建立考核机制,督促政府推进工业区的联动发展。

8.1.6 关于促进工业区二次开发的土地利用政策创新

本章重点研究在土地资源日益紧张的情况下,如何盘活工业区的存量土地,加大土地二次开发力度,推进土地的节约集约利用和产业转型升级。

首先,总结了土地二次开发的特点及相关理论。二次开发重点是对产业园区内闲置土地和低效土地进行再开发和再利用。二次开发的相关理论包括:产品生命周期理论、产业生命周期理论和区域生命周期理论,"循环经济"理论,累积因果理论,土地置换理论等。

其次,结合案例,重点分析了上海工业区二次开发的推进情况和存在问题。认为上海工业区在二次开发过程中主要面临以下问题:(1) 缺乏有效的规划引领;(2) 现行土地出让制度的制约;(3) 政策体系不完善;(4) 企业和地方政府的积极性不高。并结合漕河泾开发区、闵行开发区、康桥工业区、市北工业园区、吴淞工业区,深入剖析推进这些工业区二次开发的背景、成功经验和面临的难点。

最后,在系统总结德国、英国、新加坡以及我国台湾地区、香港地区老工业区再开发的经验做法的基础上,提出了促进上海工业区二次开发的土地利用调控措施。包括:(1) 以产业转型、用地集约、环境优化为导向,科学编制二次开发规划。在编制过程中,要注重提高土地利用的效率和效益;注重与工业区的产业转型相结合;注重历史文化与文脉的保存;对于中心城的老工业区,倡导复合式发展模式。(2) 创新土地制度与政策,激发企业二次开发积极性。一方面,建立激励机制,调动企业二次开发的积极性。例如,健全土地收储制度,具体方案有:探索建立合资入股、共同开发的收储机制;探索建立以返还一定比例的建筑面积为前提的收储机制;探索建立共享土地增值收益的收储机制。再如,建立土地转让新机制,具体方案有:减免转让成本,鼓励分割转让再开发等。另外,通过土地价格优惠政策,鼓励企业进行二次开发。另一方面,建立制约机制,迫使企业进行二次开发。同一企业集团有多宗土地、部分土地尚未建设或已建成但投资强度低于规定标准的,不得安排新的项目用地;提高低效用地的税费标准;建立土地合同约束机制;建立弹性出让和土地租赁制度;集中建设标准厂房。(3) 建立控增逼存机制,促使地方政府加快推进二次开发。实施新增建设用地指标的差别化奖惩机制;把盘活存量土地情况作为开发区扩区的前提条件;探索规划区外工业用地与开发区的增减挂钩政策。(4) 健全工业用地用途管制制度,规范二次开发行为。一方面,在推进土地"转性"和盘活利用过程中,必须把握尺度,局部支持,适度控制,严格限定区域、规模和主体,防止因政策过度放开带来的风险;另一方面,建立以合同管理和土地绩效评估为主的监管机制,规范用地行为,及时推进土地二次开发。

8.2 需要进一步探讨和研究的问题

8.2.1 土地利用调控的政策体系还需要深化完善

土地调控是2003年以来才在我国首次提出的,整个理论框架和政策体系还不完善。尽管本书结合大量的实际案例,以及国际经验等进行了较深入的研究,提出了一整套政策体系和实施策略,但随着工业区转型升级的不断推进,相应的政策体系也需要在实践中进一步深化和完善。

8.2.2 在产业结构调整过程中,如何加强土地政策与其他相关政策的搭配应用,也需要加强研究

产业结构调整是一个复杂的系统工程。工业区的转型升级需要财政、税收、金融、技术、土地等多种手段的相互配合和综合运用。限于篇幅,本书重点对土地调控政策进行了研究。如何加强土地政策与其他相关政策的搭配应用,还需要加强研究。

附录

附录 6-1

江苏省政府办公厅关于促进江阴经济开发区靖江园区加快发展若干政策措施的通知

苏政办发〔2003〕105 号

无锡、泰州市人民政府，省各有关部门：

为加快推进跨市跨江的沿江开发，按照《省委、省政府关于加快沿江开发的意见》(苏发〔2003〕13 号)和《江苏省沿江开发总体规划》(苏政发〔2003〕94 号)的要求，省政府决定加快推进江阴、靖江联动开发园区，园区先期开发 8.6 km^2，基础设施投资超过 20 亿元，把江阴经济开发区靖江园区(以下简称园区)建成沿江联动开发的先导区和示范区。经省政府同意，现通知如下：

一、关于项目审批

园区管委会享有省辖市项目管理权限，对园区范围内新办限额以下工业项目，凡符合国家产业政策和《江苏省沿江开发总体规划》、生产建设条件可自行平衡、不涉及岸线使用的，园区管委会可自主审批，报省有关部门备案，抄报无锡、泰州市。园区范围内新办限额以上的工业项目，可按项目性质直接上报省有关部门审批，抄报无锡、泰州市。涉及岸线使用的项目，须经省发展计划委员会审核后报国家有权部门审批。

二、关于工商登记

园区范围内新办的外商投资企业，凡由国家商务部、省外经贸厅直接审批合同章程的项目，由国家工商行政管理总局或省工商行政管理局登记注册；凡由市、县两级审批机关或园区管委会按照审批权限负责审批合同章程的项目及内资项目，由省工商局负责协调市、县工商局分别派员在园区办理登记注册手续。

三、关于财税扶持

5 年内，每年省对园区给予奖励，奖励额不超过 1 000 万元。园区内新建项目在 2007 年年底前投产的，自投产之日起，新增增值税、所得税省、市、县留成部分，连续 3 年全部由省、市、县财政补贴给园区。园区内企业出口退税指标计划单列，优先办理退税。

四、关于用地政策

对园区新建工业项目用地，新增建设用地有偿使用费省集中部分的 45%(扣除省集中部分 10%信息化建设专项资金之后的 50%)返还给园区，按规定用途使用。农地转用、征用按项目审批。省国土部门在统筹安排两市的土地资源利用的基础上，合理确定江阴、靖江两市的基本农田保护面积和规划建设用地指标。为提高办事效率，由靖江市国土部门派员在园区办理手续。

五、关于跨江交通收费减免

向园区管委会发放 8 张车辆特别通行证，免收江阴大桥、广靖锡澄高速公路江阴南和靖江收费站区间内的过路过桥费。对园区常驻企业，每个企业发放 2 张车辆特别许可证，减半征收上述区间的过路过桥费用。

六、关于沿江高等级公路建设

为策应江阴、靖江两岸联动开发,先期实施苏中沿江高等级公路靖江段 16 km 路段。省交通厅按 350 万元/km 定额补助标准优先下达。

七、关于金融扶持

鼓励商业银行在示范园区适当增设分支机构,在资金规模、贷款权限上给予支持。大力推进银团贷款,简化审批手续。

八、关于外事

园区管委会出国招商团组可直接报省外办审批(不再分别报经无锡、泰州市政府审批);省外办可直接受理园区出国招商的护照签证手续。

二〇〇三年六月二十九日

附录 6-2

广东省政府办公厅《关于进一步推进产业转移工作的若干意见》

粤府办〔2010〕61 号

各地级以上市人民政府,省政府各部门、各直属机构:

为深入贯彻落实省委省政府关于大力实施产业转移和劳动力转移的战略部署,加强政府引导,增强企业有序转移、转型升级的内生动力,进一步推进产业转移工作,经省人民政府同意,现提出如下意见:

一、拓展园区发展空间

(一) 支持具备一定产业基础、发展前景较好的产业转移园相邻区域,在符合环境保护、土地利用总体规划和城乡规划的前提下,依法依规纳入产业转移园,促进园区加快形成规模效应。

(二) 支持产业转移园与国家级和省级开发区、高新区建立战略合作联盟,促进各类园区在规划、开发、招商和管理等方面的统筹协调,协同发展;鼓励产业转移园在符合国家有关政策规定前提下纳入开发区、高新区统一开发与建设。

(三) 支持产业转移园按程序申报省产业集群升级示范区、循环经济工业园、高新技术开发区和海关特殊监管区域。

二、创新园区管理和合作共建机制

(四) 产业转移园区合作共建双方要进一步完善促进产业转移优惠政策,充分运用财政、税收、级差地价、要素成本等经济杠杆引导和激励企业转移。

(五) 依法扩大产业转移园的经济管理权限,鼓励园区在管理体制机制上先行先试。

(六) 产业转移园共建双方要根据目前园区发展存在的主要问题,按照解放思想、改革创新、先行先试的原则,在继续落实好《关于抓好产业转移园建设加快产业转移步伐的意见》(粤府〔2009〕54 号)规定政策的基础上,结合合作共建园区的区位优势、产业基础等要素,积极探索合作共建体制机制,在园区管理架构和利益共享机制等方面大胆创新,可在产业转移园划出一定区域,约定开发年限,由珠三角合作方政府负责开发建设和管理,并享受相关收益。

(七) 鼓励由园区共建双方政府共同出资,并鼓励其他社会资金入股,成立产业转移园开发股份有限公司,加快产业转移园的开发建设;推动产业转出地和转入地企业组建股份制公司,以资本为纽带形成低成本、高效率的产业融资发展新模式。

三、加强园区招商引资工作

(八)加大产业转移园共建双方联合招商引资力度,建立由各地级以上市政府主要领导亲自抓园区招商引资的工作机制;切实加强招商引资的后续跟踪服务工作,确保项目按期落实到位。

(九)加强产业转移园招商引资队伍建设,建立健全干部挂职招商机制,鼓励省有关部门和珠三角地区政府选派专业招商人员带项目、带资金、带招商渠道到产业转移园挂职锻炼。

(十)创新园区招商引资模式,加强产业招商和产业链招商,引导产业链整体转移和项目组团式转移,大力引进带动力强的优质项目。鼓励珠三角合作方优势产业制造环节向外延伸,优化产业配套,做大做强跨区域产业链。

(十一)支持产业转移园充分利用大型经贸展会等平台,采取委托招商、网上招商等多种方式广泛开展招商引资。组织开展园区集体招商引资活动,加快形成园区招商品牌。加强产业转移园合作双方招商引资信息共享平台建设,建立转移项目信息交流机制。

四、加强园区环境保护和规划工作

(十二)省财政安排的产业转移工业园发展资金,按有关规定安排一定比例用于产业转移园污水处理厂等环保设施建设。鼓励采取市场化投融资模式,委托专业公司承担产业转移园环保基础设施的建设和营运。

(十三)在确保完成全省污染减排任务的前提下,根据产业转移园产业发展实际情况,按分类管理的原则科学分配产业转移园所在地污染物排放总量指标。

(十四)抓紧上报审批园区总体规划成果和控制性详细规划,并严格按审定的规划推进园区建设。

(十五)提高产业转移园土地利用效率,根据产业转移推进实际情况,有计划安排园区工业用地指标,对发展比较好的产业转移园适当增加用地指标,对占用土地指标两年以上仍未开工建设的项目,依法收回其用地指标。

五、强化产业转移园区综合竞争优势

(十六)实行工业用地出让最低价标准,对符合产业转移园产业发展规划、列入《广东省产业结构调整指导目录》鼓励类、用地集约度高的工业项目,允许按不低于所在地土地等别相对应的工业用地出让最低价标准的70%确定土地出让底价。

(十七)在省级权限范围内,研究出台土地转让行政事业性收费优惠政策,对产业转移园内符合国家规定条件的企业,适当减征或免征土地行政事业性收费和土地使用税。

(十八)落实粤东西北地区现有电价政策,支持符合条件和政策规定的产业转移园争取国家批准开展直供电试点工作,提高园区竞争力。

(十九)创新园区人才集聚机制,完善人才工作配套政策,吸引高素质、创新型人才入园创业。加强园区劳动力职业技能培训,强化劳动力转移培训与产业转移的有机衔接。

六、加快园区产业建设

(二十)各地要根据本地现有产业基础、产业优势和未来产业发展定位,抓紧制定完善园区主导产业发展规划,进一步明确园区主导产业定位,实现园区产业的错位发展,增强园区产业配套和产业集聚功能。

(二十一)鼓励以园区为载体建设仓储、物流、风险投资、电子商务、科技信息、技术支撑、人才培训和质量检测等生产性服务平台,省有关专项资金对园区生产性服务平台项目给予重点扶持。

（二十二）提高珠三角地区产业准入标准，紧密结合珠三角地区产业结构调整工作，对有必要转移的产业或企业进行调查摸底，实行严格的能耗、水耗和污染物排放标准，制定劳动密集型产业和优势产业制造环节转出目标，有针对性做好企业转移引导工作。

七、加大财政金融支持力度

（二十三）2010年至2013年，省财政共安排产业转移奖励资金25亿元，鼓励珠三角地区加快产业转出，促进产业转移园加快产业集聚、培育特色经济。

（二十四）从2010年起，省每年安排欠发达地区（含江门市）的省产业转移园发展资金，由省财政直接划拨到各产业转移园，并适度向一般园区倾斜，用于支持园区贷款贴息及基础设施建设。

（二十五）采取贷款贴息、注入资本金等形式，鼓励金融机构加大对产业转移园开发建设的信贷支持，全面落实与产业转移园签订的融资协议。支持各类信用担保机构积极为产业转移园开发建设和园区企业发展提供融资担保服务。鼓励民间投资主体参与园区开发建设。

（二十六）鼓励成立产业转移园开发投资公司并发行企业债券，加快园区基础设施建设和重点项目建设。

八、加强政务服务和督促检查

（二十七）强化企业转移全程服务，积极帮助解决企业转移中遇到的困难和问题，完善产业转移园用地、规划、环评等事项报批绿色通道，简化审批程序，提高审批效率。

（二十八）每年结合产业转移责任目标考核评价，由省财政厅牵头对省产业转移财政资金的使用情况和实际效果进行检查；由省国土资源厅、环境保护厅分别开展产业转移园土地使用管理、环境保护专项检查；由省物价局牵头开展产业转移园“零收费”政策落实情况专项检查；相关检查情况及时报告省政府。省政府不定期对各地落实产业转移政策情况进行督查。

广东省人民政府办公厅

二〇一〇年十一月九日

主要参考文献

·中文文献·

[1] 阿尔弗雷德·韦伯. 1997. 工业区位论[M]. 李刚剑,等译. 北京:商务印书馆.
[2] 埃比尼泽·霍华德. 2000. 明日的田园城市[M]. 金经元,译. 北京:商务印书馆.
[3] 安佑志,尹占娥,等. 2011. 上海城市土地利用变化及生态风险研究[J]. 地域研究与开发,30(1):130-134.
[4] 奥沙利文. 2003. 城市经济学[M]. 苏晓燕,等译. 北京:中信出版社.
[5] 白谨. 2000. 公园化、人性化、科技化——台湾科学园区规划经验[J]. 世界建筑,(7):28-30.
[6] 边学芳,吴群,刘玮娜. 2005. 城市化与中国城市土地利用结构的相关分析[J]. 资源科学,(3):73-78.
[7] 伯齐. 1995. 应充分地发挥土地的宏观调控作用[J]. 中国土地,(5):31.
[8] 卜心国. 2009. 深圳市地形对土地利用动态的影响[J]. 地理研究,(4):1011-1021.
[9] 曹康,金涛. 2007. 国外"棕地再开发"土地利用策略及对我国的启示[J]. 中国人口、资源与环境,17(6):124-129.
[10] 陈鹏. 2006. 西方城市空间结构研究新进展及其启示[J]. 规划师,22(10):81-83.
[11] 陈萍. 2009. 城市经济发展理论与实践[M]. 北京:经济管理出版社.
[12] 陈涛. 2009. 德国鲁尔工业区衰退与转型研究[D]. 长春:吉林大学.
[13] 陈威. 2007. 景观新农村:乡村景观规划理论与方法[M]. 北京:中国电力出版社.
[14] 陈志. 2006. 武汉市土地利用结构信息熵演变及动力分析[J]. 湖北大学学报,(3):28.
[15] 池仁勇,王会龙,葛传斌. 2004. 英国企业集群的演进及分布特征[J]. 外国经济与管理,(2):9-15.
[16] 丹尼斯·迪帕斯奎尔,威廉·惠顿. 2002. 城市经济学与房地产市场[M]. 北京:经济科学出版社.
[17] 丁成日,宋彦,等. 2005. 城市规划与空间结构——城市可持续发展战略[M]. 北京:中国建筑工业出版社.
[18] 杜能. 1986. 孤立国同农业和国民经济的关系[M]. 北京:商务印书馆.
[19] 范恒山. 2010. 土地政策与宏观调控[M]. 北京:经济科学出版社.
[20] 冯健. 2004. 转型期中国城市内部空间重构[M]. 北京:科学出版社.
[21] 冯科,吴次芳,刘勇. 2007. 浙江省城市土地集约利用的空间差异研究——以 PSR 与主成分分析的视角[J]. 中国软科学,(2):102-108.
[22] 冯志佰,周冠夫,张革红. 2008. 城市边缘区的土地利用问题研究[J]. 规划师,(12):91-93.
[23] 甘藏春. 2009. 土地宏观调控创新理论与实践[M]. 北京:中国财政经济出版社.
[24] 高进田,张兆换. 2006. 土地宏观调控的传导机制分析[J]. 开放导报,(1):26-28.
[25] 歌德伯戈,钦洛依. 1990. 城市土地经济学[M]. 北京:中国人民大学出版社.
[26] 顾朝林. 1999. 北京土地利用/覆盖变化机制研究[J]. 自然资源学报,14(4):307-312.

[27] 郭洁. 2004. 土地关系宏观调控规范若干问题探讨[J]. 政法论坛,(1):107-112.
[28] 哈维. 2004. 后现代的状况:对文化变迁之缘起的探究[M]. 阎嘉,译. 北京:商务印书馆.
[29] 何芳. 2003. 城市土地利用及其潜力评价[M]. 上海:同济大学出版社.
[30] 胡晓玲. 2009. 企业、城市与区域的演化与机制[M]. 南京:东南大学出版社.
[31] 黄花叶,聂鸣,孙理军. 2003. OECD国家产业集群政策分析和对我国的启示[J]. 中国地质大学学报:社会科学版,2(1):28-35.
[32] 黄鹤. 2002. 信息时代城市空间结构发展趋势探讨[J]. 华中建筑,20(4):61-63.
[33] 黄凌翔,陈学会. 2005. 土地政策作为宏观调控手段的理论和实践探讨[J]. 经济问题,(2):17-19.
[34] 黄亚平. 2002. 城市空间理论与空间分析[M]. 南京:东南大学出版社.
[35] 纪良纲,陈晓永. 2005. 城市化与产业集聚互动发展研究[M]. 北京:冶金工业出版社.
[36] 贾晓峰. 2004. 中国产业结构研究[M]. 南京:南京师范大学出版社.
[37] 姜广辉,张风荣,秦静,等. 2006. 北京山区农村居民点分布变化及其与环境的关系[J]. 农业工程学报,(11):85-92.
[38] 姜仁荣,李满春. 2006. 区域土地资源均衡利用及其评价指标体系构建研究[J]. 地域研究与开发,(4):117-119.
[39] 杰拉尔德·沃恩. 1994. 伊利·威利和全国经济一体化中的土地经济学[J]. 经济资料译丛,(3):21-24.
[40] 金其铭,董新,陆玉麒. 1990. 中国人文地理概论[M]. 西安:陕西人民教育出版社.
[41] 卡斯特·曼纽尔. 2000. 网络社会的崛起[M]. 夏铸九,王志弘,等译. 北京:社会科学文献出版社.
[42] 卡斯特·曼纽尔. 2001. 信息化城市[M]. 崔宝国,等译. 南京:江苏人民出版社.
[43] 克劳斯·丹宁格. 2007. 促进增长与缓减贫困的土地政策[M]. 北京:中国人民大学出版社.
[44] 雷利·巴洛维. 1989. 土地资源经济学——不动产经济学[M]. 谷树忠,等译. 北京:北京农业大学出版社.
[45] 李和平,严爱琼. 2002. 信息时代城市空间结构的发展[J]. 重庆建筑大学学报,24(4):1-6.
[46] 李茂. 2003. 美国、加拿大等发达国家土地用途管制制度及其对我国的启示[J]. 国土资源情报,(10):8-13.
[47] 李培祥. 2007. 城市产业结构转换与土地利用结构演变互动机制分析[J]. 安徽农业科学,(31):10069-10071.
[48] 李其荣. 2000. 对立与统一——城市发展历史逻辑新论[M]. 南京:东南大学出版社.
[49] 李睿璞. 2008. 长沙市产业结构优化与土地利用战略研究[J]. 国土资源科技管理,(1):57-60.
[50] 理查德·佛罗里达. 2010. 创意阶级的崛起[M]. 司徒爱勤,译. 北京:中信出版社.
[51] 梁红梅,等. 2008. 深圳市土地利用社会经济效益与生态环境效益的耦合关系研究[J]. 地理科学,28(5):636-641.
[52] 梁展. 2002. 信息产业的空间组织方式对国家职能的启示[M]. 上海:上海三联书店.
[53] 刘玲. 2005. 土地新政下再论中国土地管理体制改革. 国土资源导刊,(6):11-14.
[54] 刘盛和,吴传钧,等. 2001. 评析西方城市土地利用的理论研究[J]. 地理研究,20(1):111-119.

[55] 刘彦随,邓旭升,甘红. 2005. 我国城市土地利用态势及优化政策[J]. 重庆建筑大学学报,27(3):1-4.
[56] 刘彦随. 1997. 沿海地区土地适宜性及可持续利用模式[J]. 经济地理,(3):58.
[57] 刘艳君,刘勇,韩桐魁. 2006. 土地宏观调控在宏观调控中的传导[M]. 上海:上海社会科学院出版社.
[58] 刘运通,张争胜,等. 2002. 珠海市土地资源可持续利用研究[J]. 国土与自然资源研究,(3):32-33.
[59] 卢爱学. 2008. 土地参与宏观调控的机制与手段选择[J]. 中国国土资源经济,21(6):16-17.
[60] 卢新海. 2006. 城市土地管理与经营[M]. 北京:科学出版社.
[61] 卢为民. 2002. 大都市郊区住区的组织与发展——以上海为例[M]. 南京:东南大学出版社.
[62] 卢为民. 2010. 宏观调控中的土地政策传导机制[J]. 浙江学刊,(3):5-8.
[63] 卢为民,马祖琦. 2011. 土地政策与产业转型升级路径研究[J]. 浙江学刊,(6):23-25.
[64] 卢为民. 2008. 土地政策促进产业结构调整的路径分析[J]. 上海经济研究,(3):43-71.
[65] 卢为民. 2008. 土地政策与宏观调控[M]. 北京:经济科学出版社.
[66] 卢为民,姚文江. 2011. 中外公共租赁住房租金定价机制比较研究[J]. 城市问题,(5):2-8.
[67] 卢为民,于晓峰. 2010. 土地政策在房地产市场调控中的作用[J]. 城市问题,(2):60-62.
[68] 陆冠尧,朱玉碧,潘科. 2005. 国外及中国台湾地区土地用途管制制度研究比较[J]. 中国农学通报,21(8):452-455.
[69] 马才学,郭玲霞. 2009. 武汉城市圈土地资源优化配置研究[J]. 天津农业科学,(2):20-23.
[70] 马春文,张东辉. 2005. 发展经济学[M]. 2 版. 北京:高等教育出版社.
[71] 马东山. 2007. 城市产业结构与土地资源利用关系研究[D]. 石家庄:石家庄经济学院.
[72] 马瑟. 1991. 土地利用[M]. 中译本. 北京:中国财政经济出版社.
[73] 毛蒋兴,闫小培,李志刚,等. 2008. 深圳城市规划对土地利用的调控效能[J]. 地理学报,(3):311-320.
[74] 倪绍祥,刘彦随,杨子生. 2004. 中国土地资源态势与持续利用研究[M]. 昆明:云南科技出版社.
[75] 宁越敏,李健. 2007. 上海城市功能的转型:从全球生产系统角度的透视[J]. 世界地理研究,(4):47-54.
[76] 宁越敏. 1991. 新的国际劳动分工、世界城市和我国中心城市的发展[J]. 城市问题,(3):5-8.
[77] 宁越敏. 2004. 外商直接投资对上海经济发展影响的分析[J]. 经济地理,24(3):313-317.
[78] 欧文·拉兹洛. 2004. 人类的内在限度——对当今价值、文化和政治的异端的反思[M]. 北京:社会科学文献出版社.
[79] 欧阳南江. 1995. 20 年代以来西方国家城市内部结构研究进展[J]. 热带地理,15(3):229-234.
[80] 潘涛,罗颖,潘裔莎,等. 2008. 郑州市城市边缘区土地利用化研究[J]. 安徽农业科学,36(3):1204-1206.
[81] 彭快先. 2009. 土地资源调控与产业结构优化——以浙江省为例[J]. 浙江经济,(20):44-45.

[82] 戚名琛. 1994. 论地租地价对城市土地利用的调节作用[J]. 中国土地科学,(7):23-25.
[83] 钱纳里,等. 1995. 工业化和经济增长的比较研究[M]. 上海:上海人民出版社.
[84] 任保平. 2007. 衰退工业区的产业重建于政策选择:德国鲁尔区的案例[M]. 北京:中国经济出版社.
[85] 任艳敏. 2007. 广州产业结构优化与城市土地资源配置研究[J]. 广东土地科学,(2):40-44.
[86] 任艳敏,张加恭,张争胜. 2007. 城市产业结构优化与土地资源配置研究——以广州市为例[J]. 安徽农业科学,(18):5640-5642.
[87] 上海市城市规划设计研究院. 2007. 上海产业园区规划发展研究.
[88] 上海市城市规划设计研究院. 2009. 上海市土地利用空间发展战略研究.
[89] 上海市地质调查研究院,等. 上海市国家公告开发区土地利用绩效评价报告(2009—2010年).
[90] 上海市地质调查研究院. 2010. 闵行经济技术开发区土地二次开发调研报告.
[91] 上海市规划和国土资源管理局,上海市规划编审中心. 2011. 上海市控制性详细规划技术准则研究总报告.
[92] 上海市经济和信息化委员会. 2011. 2011 年上海产业和信息化发展报告——工业[M]. 上海:上海科学技术文献出版社.
[93] 上海市经济和信息化委员会. 2010. 2010 年上海产业和信息化发展报告——工业[M]. 上海:上海科学技术文献出版社.
[94] 上海市经济和信息化委员会. 2011. 2011 年上海产业和信息化发展报告——开发区[M]. 上海:上海科学技术文献出版社.
[95] 上海市经济和信息化委员会. 2010. 2010 年上海产业和信息化发展报告——开发区[M]. 上海:上海科学技术文献出版社.
[96] 上海市浦东新区人民政府,上海市规划和国土资源管理局. 2011. 上海市浦东总体规划修编(2010—2020 年).
[97] 上海投资咨询公司. 2011. 市北高新技术服务业园区产业发展研究报告.
[98] 邵捷传. 1996. 地租和地价是国家直接掌握的宏观经济调控的杠杆[J]. 中国土地科学,(10):63-65.
[99] 邵晓梅,刘庆,张衍毓. 2006. 土地集约利用的研究进展及展望[J]. 地理科学进展,(2):85-95.
[100] 沈开艳,徐美芳. 2009. 上海张江高科技园区创新集群模式特征及主要政策[J]. 社会科学,(9):3-9.
[101] 石忆邵,等. 2010. 国际大都市建设用地规模与结构比较研究[M]. 北京:中国建筑工业出版社.
[102] 宋戈. 2005. 中国城镇化过程中土地利用问题研究[M]. 北京:中国农业出版社.
[103] 孙钮,王晶,等. 2002. 城市空间经济学[M]. 北京:经济科学出版社.
[104] 孙习稳. 2007. 土地政策参与宏观调控理论研究[D]. 北京:中国地质大学.
[105] 唐子来,寇永霞. 2000. 面向市场经济的城市土地资源配置:珠海实证研究[J]. 城市规划,(10):21-25.
[106] 唐子来. 1997. 西方城市空间结构研究的理论和方法[J]. 城市规划汇刊,(6):1-11.
[107] 陶志红. 2000. 城市土地集约利用几个基本问题的探讨[J]. 中国土地科学,(5):1-5.

[108] 滕堂伟,曾刚. 2007. 从集群制造到集群创新的典型案例分析——以张江高科技园区为例[J]. 中大管理研究,2(4):126-141.
[109] 田明. 2008. 中国就业结构转变与城市化[M]. 北京:科学出版社.
[110] 同济大学,上海市城市规划管理局. 上海产业园区规划发展研究——各类园区现状调研报告[R].
[111] 汪明林. 2002. 城市土地资源优化配置的思考[J]. 国土经济,(1):30-31.
[112] 王国恩,黄小芬. 2006. 城镇土地利用集约度综合评价方法[J]. 华中科技大学学报,(3):69-74.
[113] 王洪渠. 2007. 北京市产业结构调整的问题研究[D]. 北京:北京交通大学.
[114] 王克强,马祖琦,石忆邵,等. 2009. 城市规划原理[M]. 上海:上海财经大学出版社.
[115] 王磊. 2001. 城市产业结构调整与城市空间结构演化——以武汉市为例[J]. 城市规划汇刊,(3):55-58.
[116] 王梦奎. 2004. 关于统筹城乡发展和统筹区域发展[J]. 管理世界,(4):1-8.
[117] 王荣华. 2005. 构建和谐发展的世界城市——上海"十一五"发展规划思路研究[M]. 上海:上海社会科学院出版社.
[118] 王万茂. 1996. 土地利用规划学[M]. 北京:中国大地出版社.
[119] 王兴平. 2005. 中国城市新产业空间:发展机制与空间组织[M]. 北京:科学出版社.
[120] 王业侨. 2006. 节约和集约用地评价指标体系研究[J]. 中国土地科学,(3):24-31.
[121] 王颖. 1999. 信息网络革命影响下的城市:城市功能的变迁与城市结构的重组[J]. 城市规划,(8):24-27.
[122] 王钺,张壮云. 1999. 规划可操作问题刍议[J]. 城市规划,(12):50-51.
[123] 威廉·配第. 1978. 赋税论[M]. 北京:商务印书馆.
[124] 吴次芳,叶艳妹. 2000. 20 世纪国际土地利用规划的发展及其新世纪展望[J]. 中国土地科学,(1):15-20.
[125] 吴晓,魏羽力. 2010. 城市规划社会学[M]. 南京:东南大学出版社.
[126] 吴郁玲,曲福田,姜海. 2007. 江苏省开发区土地利用集约度的诱因分析[J]. 经济地理,(1):145-148.
[127] 肖梦. 1993. 城市微观宏观经济学[M]. 北京:人民出版社.
[128] 谢正峰. 2002. 浅议土地的集约利用和可持续利用[J]. 国土自然资源研究,(4):31-32.
[129] 徐匡迪. 2000. 调整优化产业结构保持经济持续健康增长[J]. 国家行政学院学报,(1):1-2.
[130] 徐萍. 2004. 城市产业结构与土地利用结构优化研究——以南京为例[D]. 南京:南京农业大学.
[131] 徐唐奇. 2009. 闲置土地管理长效机制研究——以深圳市为例[J]. 广东土地科学,(4):28-32.
[132] 许学张,周一星,宁越敏. 1995. 城市地理学[M]. 北京:高等教育出版社.
[133] 阳建强,罗超. 2011. 后工业化时期城市老工业区更新与再发展研究[J]. 城市规划,(4):80-84.
[134] 杨家文. 1999. 信息时代城市结构变迁的思考[J]. 城市发展研究,(4):16-17.
[135] 杨建文. 2008. 产业经济学[M]. 上海:上海社会科学院出版社.
[136] 杨宇. 2008. 城市土地利用结构与产业结构关系研究——以都市为例[D]. 雅安:四川农业

大学.
[137] 杨志荣. 2009. 土地供给政策参与宏观调控的理论与实证研究[M]. 西安:电子科技大学出版社.
[138] 叶敏婷,等. 2008. 深圳市土地利用效益变化及其区域分异[J]. 资源科学,(3):401-408.
[139] 叶延琼,秦钟,章家恩,等. 2008. 梅州市产业结构优化与地资源配置研究[J]. 安徽农业科学,36(34):15174-15176.
[140] 伊利尔·沙利宁. 1986. 城市:它的发展、衰败与未来[M]. 顾启源,译. 北京:中国建筑工业出版社,169-172.
[141] 伊利,莫尔豪斯. 1982. 土地经济学原理[M]. 北京:商务印书馆.
[142] 袁丽丽. 2005. 城市化进程中城市用地结构演变及其驱动力制分析[J]. 地理与地理信息科学,21(3):51-55.
[143] 张敦富. 2005. 城市经济学原理[M]. 北京:中国轻工业出版社.
[144] 张文忠,等. 2009. 产业发展和规划的理论和实践[M]. 北京:科学出版社.
[145] 张宇星. 1996. 试论我国土地市场的宏观调控[J]. 舟山师专学报:社会科学版,(4):5-7.
[146] 张志斌,李雪梅. 2007. 城市产业结构调整与空间结构优化研究——以兰州市为例[J]. 干旱区资源与环境,(12):1-5.
[147] 张忠国. 2006. 城市成长管理的空间策略[M]. 南京:东南大学出版社.
[148] 赵伟. 2005. 城市经济理论与中国城市发展[M]. 武汉:武汉大学出版社.
[149] 赵燕菁. 2004. 宏观调控与制度创新[J]. 城市规划,(9):11-21.
[150] 甄峰,顾朝林. 2002. 信息时代空间结构研究新进展[J]. 地理研究,21(2):15-19.
[151] 郑新奇. 2004. 城市土地优化配置与集约利用评价[M]. 北京:科学出版社.
[152] 中国城市规划设计研究院. 2010. 上海安亭国际汽车城发展战略规划.
[153] 中国城市规划设计研究院,上海嘉定规划设计院有限公司. 2010. 上海国际汽车城核心区控规实施评估(2001—2010 年).
[154] 中国土地矿产法律事务中心. 2007. 土地政策参与宏观调控探索[M]. 北京:地质出版社.
[155] 周建春. 2007. 中国土地勘测规划院地政研究中心开放课题研究项目选编[M]. 北京:中国大地出版社.
[156] 周年兴,俞孔坚,李迪华. 2004. 信息时代城市功能及其空间结构的变迁[J]. 地理学与国土研究,20(2):69-72.
[157] 周振华. 2009. 城市转型与服务经济发展[M]. 上海:上海人民出版社.
[158] 周振华,等. 2004. 世界城市:国际经验与上海发展[M]. 上海:上海社会科学院出版社.
[159] 朱丹. 2003. 基于区域集群的竞争优势和区域集群政策——来自欧洲的经验[J]. 科学管理研究,(5):23-25.
[160] 邹伟,吴群,曲福田. 2007. 现代物流:土地利用问题与对策[J]. 中国土地科学,21(1):53-57.

·英文文献·

[1] Alex A, Richard A, Kenneth A. 1998. Small, urban spatial structure[J]. Journal of Economic Literature, (9):1426-1464.
[2] Alex A, Ikki K. 1996. General equilibrium models of poly centric urban land use with endogenous congestion and job agglomeration[J]. Journal of Urban Economics, (9):

232-256.
[3] Alain B, Stephen M P. 2001. Measuring the costs and benefits of urban land use regulation: a simple mode with an addiction to Malaysia [J]. Journal of Housing Economics, (9):393-418.
[4] Botham R, Gibson H. 2001. Business clusters in the Uk-A first assessment.
[5] Capozza D, Helsley R W. 1989. The fundamentals of land prices and urban growth[J]. Journal of Urban Economics, (11):295-306.
[6] Coffee H E. 1994. Location factors: business as usual. More of Less[J]. Site Selection, 39(1):34-48.
[7] David E D. 1993. The role and function of urban land in market economies[J]. Workshop on Privatization of Land in U-kraine, (5):12-14.
[8] Edwin M, Bruee W H. 1989. Urban Economies[M]. 4th ed. London: Scott Foresman and Company.
[9] Fujita M. 1985. Urban land use theory[M]// Gabszewicz J J, et al. Location Theory. Reading: Harwood Academic Publishers.
[10] Henry L D, Patrick F N. 1996. Land Use in America[M]. Washington, DC: Island Press.
[11] Loyd P E, Dicken P. 1977. Location in Space[M]. London: Harper and Row.
[12] Man C. 1997. Congestion effects of spatial growth restrictions: a model and empirical analysis[J]. Real Estate Economics, (3):409-438.
[13] Porter M. 1998. Clusters and the new economics of competition[J]. Harvard Business Review, 76(6):77-90.
[14] Ray M N. 1979. Urban Geography[M]. New York: John Willey&Sons.
[15] Scott A J. 1980. The Urban Land Nexus and the State[M]. London: Pion Limited.
[16] Thomlinson R. 1969. Urban structure: The Social and Spatial Character of Cities[M]. New York: Random House.
[17] Torger R. 2006. Competitive Strength Through Industrial Clusters: The Maritime Industry[C].
[18] Vickeman R W. 1984. Urban Economics: Analysis and Policy[M]. Oxford: Philip Allan.
[19] Webber M M. 1964. The urban place and the nonplace urban realm[M]// Webber (ed). Explorations into Urban Structure. Philadelphia: University of Philadelphia Press.
[20] Wheaton W C. 1982. Urban residential growth under perfect foresight[J]. Journal of Urban Economics, 12:1-2.
[21] Young K. 1975. Urban politics: an overview[M]// Young (ed). Essay on the Study of Urban Politics. London: Macmillan.

图片来源

图 1-1　源自:http:baike. baidu. com/view/635911. htm

图 1-2　源自:作者绘制

图 2-1　源自:周诚. 2003. 土地经济学原理[M]. 北京:商务印书馆

图 2-2、图 2-3　源自:作者绘制

图 3-1　源自:上海市城市规划设计研究院. 2007. 上海城市规划演进[M]. 上海:同济大学出版社

图 3-2、图 3-3　源自:上海市城市规划设计研究院. 2010. 上海市城市规划设计研究院规划设计作品精选集Ⅱ[M]. 北京:中国建筑工业出版社

图 3-4、图 3-5　源自:上海市城市规划设计研究院. 2010. 上海市城市总体规划实施评估:上海优秀城乡规划设计获奖作品集(2008—2009)[M]. 北京:中国建筑工业出版社

图 3-6　源自:作者绘制

图 4-1　源自:Todd Litman. 2004. Evaluating Criticism of Smart Growth[R]. Victoria, BC: Victoria Transport Policy Institute

图 4-2　源自:上海市规划和国土资源管理局. 大型居住社区图

图 4-3 至图 4-5　源自:上海市城市规划设计研究院. 2010. 上海市城市规划设计研究院规划设计作品精选集Ⅱ[M]. 北京:中国建筑工业出版社

图 4-6、图 4-7　源自:上海市城市规划设计研究院

图 4-8、图 4-11　源自:上海市规划院,嘉定规划院. 2004. 上海国际汽车城控制性详细规划

图 4-9　源自:http://www. shautocity. com/chinese/cczl-01. htm

图 4-10 源自:委托单位(甲方):上海市嘉定区规划与土地资源局. 承担单位(乙方):中国城市规划设计研究院,上海嘉定规划设计院有限公司. 安亭国际汽车城核心区控规实施评估(2001—2010)

图 4-12 源自:上海市城市规划设计研究院. 2005. 上海国际汽车城及周边地区整合结构规划

图 4-13 源自:委托单位(甲方):上海市嘉定区规划与土地资源局. 承担单位(乙方):中国城市规划设计研究院,上海嘉定规划设计院有限公司. 上海国际汽车城核心区控规实施评估(2001—2010)

图 4-14 至图 4-17 源自:作者拍摄

图 4-18 源自:《上海城市规划》杂志

图 4-19 源自:上海市城市规划设计研究院. 2010. 上海市城市规划设计研究院规划设计作品精选集Ⅱ[M]. 北京:中国建筑工业出版社

图 4-20 源自:作者拍摄

图 4-21 源自:上海市城市规划设计研究院. 2010. 上海市城市规划设计研究院规划设计作品精选集Ⅱ[M]. 北京:中国建筑工业出版社

图 4-22 至图 4-25 源自:作者拍摄

图 4-26 源自:上海临港报

图 4-27 至图 4-28 源自:张捷,赵民. 2005. 新城规划的理论与实践——田园成都市思想的世纪演绎[M]. 北京:中国建筑工业出版社

图 4-29 源自:作者拍摄

图 4-30 至图 4-31 源自:The planning of milton keynes

图 4-32 至图 4-33 源自:作者拍摄

图 4-34 源自:日本大阪千里新城

图 4-35、图 4-36 源自:作者拍摄

图 4-37 源自:张捷,赵居. 2005. 新城规划的理论与实践——田园成都市思想的世纪演绎[M]. 北京:中国建筑工业出版社

图 4-38 至图 4-39 源自:新加坡有关部门

图 4-40 至图 4-41 源自:作者拍摄

图 4-42 源自:戴晓晖. 2000. 新城市主义的区域发展模式——Peter Calthorpe 的《下一代美国大都市地区:生态、社区和美国之梦》读后感[J]. 城市规划汇刊,(5):77-80

图 5-1 源自:张江高科技园区管委会等单位

图 5-2 源自:作者拍摄

图 5-3 至图 5-5 源自:滕堂伟,曾刚. 2007. 从集群制造到集群创新的典型案例分析——以张江高科技园区为例[J]. 中大管理研究,2(4):126-141

图 5-6 源自:上海市城市规划设计研究院. 2010. 上海市城市规划设计研究院规划设计作品精选集Ⅱ[M]. 北京:中国建筑工业出版社

图 5-7 源自:作者拍摄

图 5-8 源自:滕堂伟,曾刚. 2007. 从集群制造到集群创新的典型案例分析——以张江高科技园区为例[J]. 中大管理研究,2(4):126-141

图 5-9 源自:作者拍摄

图 5-10 源自:金桥出口加工区管委会等单位

图 5-11 源自:作者拍摄

图 6-1 至图 6-2 源自:上海市城市规划设计研究院,上海市地质调查研究院等单位

图 6-3 源自:上海外高桥保税区网站

图 6-4 源自:作者拍摄

图 6-5 至图 6-8 源自:上海市浦东新区人民政府,浦东新区规划和土地管理局,上海市城市规划设计研究院等单位

图 6-9 源自:张江高科技园区管委会等单位

图 6-10 源自:江阴经济开发区网站

图 6-11 源自:世联顾问. 江苏-靖江工业园区两大产业集聚区整体定位及发展战略

图 7-1 源自:上海市地质调查研究院等单位

图 7-2 源自:http://www.smudc.com/ground/ground.asp

图 7-3 源自:http://www.pudong.com.cn/about.aspx

图 7-4 源自:http://sh.no1cf.com/kangqiao/channels/685.html

图 7-5 源自:上海投资咨询公司,上海市市北高新技术服务业园区

图 7-6 源自:作者拍摄

图 7-7 源自:上海投资咨询公司. 市北高新技术服务业园区产业发展研究报告

图 7-8 至图 7-9 源自:作者拍摄

图 7-10 源自:http://shanghai.kankanews.com/shgov/2013-01-17/168443.shtml

图 7-11 源自:冯革群,陈芳. 2006. 德国鲁尔区工业地域变迁的模式与启示[J]. 世界地理研究,15(3):93-98

图 7-12 源自:作者拍摄

表格来源

表 2-1　源自:有关资料整理

表 3-1　源自:作者根据有关资料绘制

表 3-2　源自:《上海统计年鉴》(1979—2012 年)

表 3-3　源自:江阴—靖江工业园区管委会、福卡智库. 2001. 江阴—靖江工业园区“十二五”发展规划

表 4-1　源自:于洪俊,宁越敏. 1983. 城市地理概论[M]. 合肥:安徽科学技术出版社

表 4-2　源自:凌莉. 2011. 从“空间失配”走向“空间适配”——上海市保障性住房规划选址影响要素评析[J]. 上海城市规划,(3):58-61

表 4-3　源自:上海市市政工程管理局,上海市城市交通管理局. 根据《上海市统计年鉴》(2003—2010)有关资料绘制

表 4-4　源自:林建元. 1992. 工业区开发整体规划之研究[R]. 台北:经济部工业局委托研究计划

表 5-1　源自:中华经济研究院 1991 年 5 月高科技专业引进策略与园区条例修正

表 6-1　源自:石忆邵,等. 2010. 国际的大都市建设用地规模与结构比较研究[M]. 北京:中国建筑工业出版社

表 6-2　源自:上海市经济和信息化委员会. 2010. 上海产业和和信息化发展报告——开发区[M]. 上海:上海科学技术文献出版社

表 7-1　源自:顾翠红. 2006. 新加坡适应知识经济的土地利用形式管理和控制[J]. 现代城市研究,(6):83-88

表 7-2　源自:中国台湾地区有关资料

后记

记得孙中山先生说过一句话——“要立志做大事,不要立志做大官”;习近平主席最近也强调——“空谈误国,实干兴邦”,这些说的都是要踏踏实实地做事,不要好高骛远、华而不实、急功近利。其实,这些年来,我也一直遵循这一原则,要求自己一定要踏踏实实做几件有意义的事,对得起关心我的各位领导、朋友和亲人,对得起自己,不虚度光阴。我觉得,结合自己的工作和感兴趣的领域深入研究,出版一些著作,发表自己的观点,和同行们交流学习,也是一件非常有意义的事情。当然,写作本身是一件痛苦的事情,特别是在繁忙的工作之余进行写作,就更不容易了。同时,这也像一位十月怀胎的母亲,虽然在怀胎和分娩过程中比较艰辛和痛苦,但是一朝分娩,是看着自己呱呱坠地的孩子,其喜悦是不言而喻的。

长期以来,我对城市发展和土地管理等领域很感兴趣,陆续发表了一些著作,也得到了理论和实务界不少同行的好评。为了不断提高自己的业务水平,一方面,我十分注重系统的专业理论学习,在2001年取得人文地理学博士学位后,又回到高校陆续开展了经济学和城市规划方面的博士后研究,完善自己的知识结构;另一方面,结合自己近年来在住宅建设、房地产、城市规划、土地管理等岗位的实践经验,深入钻研各项实务操作,不断提升自己的工作能力。

在参加土地管理实务过程中,我深切感受到,与西方国家不同的是,土地问题在中国显得尤为重要。土地不仅是民生之本、发展之基、财富之源,而且还是调控经济运行的“有形之手”。土地调控问题也就成为我近年来着力研究的重点之一。早在2002年出版的《大都市郊区住区的组织与发展》一书中,我对上海郊区城镇化和住宅建设研究的同时,就开始关注土地问题;在2008年初出版的《土地政策与宏观调控》一书中,对在中国特定的国情背景下,为什么要实施土地调控,如何进行土地调控,如何提高调控的有效性等重大理论和实践问题进行了较系统的研究。在该书中,我提出,当前以及今后一段时间,土地调控应重点关注房地产市场、产业转型升级以及城乡区域统筹发展三个领域。

本书就是在《土地政策与宏观调控》基础上的深化研究。重点探讨了产业转型升级中土地利用调控问题。之所以选择这个命题,主要基于三方面考虑:一是产业转型升级,是当前我国沿海发达地区面临的突出问题,必须从多渠道多角度入手寻找解决路径;二是土地资源短缺和粗放利用是制约产业转型升级的重要因素,也是当前急需解决的问题;三是有关这方面的国内外研究成果很少,难以适应当前形势发展的需要。

作为长期在实务部门工作,同时又关注理论发展的人员,我在研究过程中坚持以下原则:

1. 目标导向。在本书中,首先明确工业园区转型升级的目标和实施路径,以及对土地利用调控的要求,并据此进行深入研究,提出对策建议。整个研究着眼长远性和战略性。

2. 问题导向。为了避免本书在研究过程走“为研究而研究”“为理论而理论”的怪圈,在研究过程中,不是关起门来写作,而且结合当前大城市工业园区发展中面临的突出问题,以及未来可能遇到的问题,本着解决实际问题的原则,逐项进行深入剖析,提出对策建议。整个研究具有较强的针对性和实效性。

3. 理论导向。列宁曾经说过:“没有理论指导的实践,是盲目的实践”。理论的挖掘和提炼,也是本书的着力点之一。本书在对国内外大量的实践经验总结基础上,结合适当的演绎推理,对相关的理论问题进行了较深入的探索。既从总体上对土地利用与产业转型的关系问题进行了理论分析，又分别对产城融合、产业集群发展、联动发展、二次开发的理论进行梳理。在此基础上，着力建构一个促进产业转型升级的土地利用调控理论体系和政策创新体系。

4. 案例支撑。俗话说："事实胜于雄辩"。基于对大量案例的分析，得出来的结论才会有说服力，才更有操作性。本书在写作过程中，实地踏勘了大量开发区和城镇工业用地，先后实地考察了英国、日本、新加坡、中国香港等地的城镇和工业区，考察了上海的绝大多数工业园区以及江苏、广东许多省市的工业园区，分别进行了较系统的总结和问题剖析。本书涉及的案例有 30 多个，其中配发的图片除了部分是选取相关研究成果或规划图件，其余多是本人实地拍摄的。

土地政策是一项新的宏观调控手段，同时也是一项系统工程。除了产业转型以外，房地产市场调控、城乡区域协调发展等都需要土地政策的参与以及土地制度改革的协同推进。下一步我将在对产业转型升级研究的基础上，加强对房地产市场的土地调控以及对城乡区域统筹发展的土地调控等问题的研究，着力构建一个具有中国特色的土地政策调控理论体系和实用性较强的政策操作体系。

在本书写作过程中，得到了东南大学段进教授的悉心指导，以及王建国、董卫、阳建强等教授的热忱帮助，也得到了我的博士生导师，也是本丛书主编刘君德教授自始至终的关心和督促。另外，华东师范大学宁越敏教授，上海财经大学王克强教授、马祖琦副教授等也给予了很多指导，提出了不少好的意见和建议。

感谢国土资源部、上海市规划和国土资源管理局、上海市城市规划设计研究院、上海市地质调查研究院以及上海市土地交易事务中心等有关领导和专家，为本书的完成提供的诸多方便、支持和帮助。

感谢张江高科技园区、漕河泾开发区、金桥工业园区、外高桥保税区、上海国际汽车城、市北工业园区、康桥工业园区等园区领导在我调查和研究过程中提供的大量资料和无私帮助。

感谢东南大学出版社徐步政副编审和孙惠玉老师为本书的出版所做的大量工作，以及提出的宝贵意见。

感谢我的家人长期以来对我开展研究给予的默默无闻的支持和奉献。

最后，本文引用了大量的珍贵文献和学术观点，对有关作者表示衷心的感谢。

卢为民

二○一三年三月于上海